VOLTAIRE

BIBLIOTHÈQUE DES PHILOSOPHIES

Directeur : Michel MALHERBE

VOLTAIRE

DU CARTÉSIANISME AUX LUMIÈRES

par

Éliane MARTIN-HAAG

PARIS
LIBRAIRIE PHILOSOPHIQUE J. VRIN
6, Place de la Sorbonne, V^e^

2002

Imprimé en France
ISSN 1281-5675
ISBN 2-7116-1537-5

À Michel Haag

ÉDITIONS UTILISÉES ET ABRÉVIATIONS

Œuvres complètes de Voltaire, éd. Louis Moland, Paris, Garnier-Frères, 1877-1885, ci-après abrégées en M, suivi de l'indication du tome et de la page.

Œuvres complètes de Voltaire / Complete Works of Voltaire, Voltaire Foundation, Oxford, 1968-, ci-après abrégées en VF, et également suivi de l'indication du tome et de la page. Cette édition, qui comporte un appareil critique remis à jour par de nombreux spécialistes de Voltaire, mais qui reste inachevée, a été privilégiée dans les citations.

SVEC, Studies on Voltaire and the Eighteenth Century (Oxford).

Encyclopédie, ou Dictionnaire raisonné des sciences, des arts et métiers, par une société de gens de lettres. Mis en ordre et publié par M. Diderot, et quant à la partie mathématique par M. D'Alembert, Paris, Briasson, David, Lebreton, Durand, 1751-1775, ci-après abrégée en *Encyclopédie*.

Œuvres de Diderot, éd. Laurent Versini, Paris, Robert Laffont, 1994-1997, ci-après abrégées en VER.

INTRODUCTION

L'immense bibliographie que F. A. Spear a consacrée à Voltaire (1966-1990) montre que ce dernier a été largement oublié des historiens de la philosophie, malgré le regain d'intérêt actuel pour la philosophie des Lumières. C'est pourquoi elle propose, par exemple, vingt-huit titres sur Shakespeare et Voltaire. Le « newtonien » et « l'historien » bénéficient l'un de quatorze, l'autre de plus de cent études, mais du point de vue philosophique il s'agit généralement d'articles ou de parties d'ouvrages plus généraux, tels que *L'Avènement des sciences humaines au siècle des Lumières* (1973) de G. Gusdorf, *La Philosophie de l'inquiétude en France au XVIIIe siècle* (1979) par J. Deprun, ou encore de la célèbre étude de Ernst Cassirer sur la philosophie des Lumières. Nous avons donc cherché en vain une analyse suivie de la philosophie voltairienne, et cet ouvrage est destiné à combler cette lacune. Le démembrement de l'œuvre de Voltaire a en effet produit des traditions interprétatives qui le dévalorisent : ce philosophe n'est souvent connu que comme l'adversaire inconsistant de Leibniz – Pangloss. Même un esprit tel que Yvon Belaval, qui a été le premier à considérer Diderot comme un philosophe, et dont la qualité n'est pas à démontrer, estime que l'auteur de *Candide* attaque Leibniz à la façon du « *Canard enchaîné* » et sans information sérieuse[1]. Les analyses de Ernst Cassirer nous ont également habitués à opposer Rousseau à Voltaire comme un philosophe à une sorte d'idéologue des Lumières qui aurait été incapable de distinguer le progrès de la raison théorique et celui de la raison morale, et dont la conception de l'histoire sombrerait donc dans une téléologie quelque peu naïve et optimiste. Par contraste, des études plus modernes, depuis J.-M. Goulemot[2] jusqu'à S. Baczko[3] mettent l'accent sur

1. *Leibniz, Aspects de l'homme et de l'œuvre*, Paris, Aubier-Montaigne, 1968, p. 258.
2. Voir *Le Règne de l'histoire*, Paris, Albin-Michel, 1996, en particulier p. 369-383.
3. Voir *Job, mon ami*, Paris, Gallimard, 1997, p. 17-93.

la pensée du malheur ou sur un Voltaire hanté par le problème du mal et de la dégénérescence nécessaire de toute chose.

De l'ensemble des commentaires philosophiques consacrés à Voltaire, il ressort néanmoins un problème particulièrement intéressant : celui de son rapport au cartésianisme.

E. Cassirer considère en effet que Voltaire n'a pas élaboré une véritable philosophie de l'histoire qui serait une histoire de la raison elle-même et qu'il s'est borné à étudier les manifestations phénoménales de cette raison parce qu'il la concevrait encore et en cartésien comme un substrat intemporel qui ne peut qu'être restauré. Plus détaillées, les études de F. Alquié et de J. Deprun montrent que Voltaire emprunte à Malebranche une philosophie de l'inquiétude selon laquelle l'homme est toujours mû par l'amour de l'ordre ou par le désir irrésistible et invincible du Bien que Dieu a imprimé en lui. Mais Voltaire tendrait à naturaliser cette philosophie en faisant de l'inquiétude le moteur du perfectionnement et de la transcendance historique de l'humanité, tout en conservant l'idée d'une origine divine de la raison théorique et morale. L'homme entretient alors, et vis-à-vis de Dieu, un double rapport de dépendance et de soutien, car la loi morale comme le raisonnement restent des commandements divins qui nous assurent que l'homme ne peut oublier son amour des lois naturelles, malgré tous les malheurs, les illusions et les préjugés produits par l'histoire [1]. Le problème de cette articulation entre le XVIIe et le XVIIIe siècles dans l'œuvre de Voltaire est implicitement reformulé par les commentaires qui s'intéressent au rapport privilégié à Newton. De ce point de vue, Voltaire apparaît généralement comme un newtonien déiste qui n'aborde la physique que pour en tirer une métaphysique ou une religion naturelle qu'il oppose aux matérialistes de son temps : la « science » sert fondamentalement de soutien à la religion naturelle [2]. Si Voltaire est ainsi loué pour avoir su introduire le newtonianisme en France de façon claire et pédagogique, son œuvre est néanmoins présentée comme un obstacle au développement des nouvelles lumières de l'histoire naturelle et des savoirs du vivant, représentées par Buffon, Maupertuis ou Diderot. L'examen de « la religion » risque d'aggraver cette vision d'un Voltaire conservateur qui serait l'antithèse de Rousseau : il resterait lié aux mouvements réformistes du despotisme éclairé, car son théisme, même sincère, ferait l'objet d'un double dit. Pour que la « populace » ait un « frein », il faut en effet transformer en

1. Nous résumons ici les analyses de F. Alquié, dans *Le Cartésianisme de Malebranche*, Paris, Vrin, 1974, p. 384-397, et les articles de J. Deprun, en particulier « Le *Dictionnaire philosophique* et Malebranche », *Annales de la Faculté des Lettres d'Aix*, XL, 1966, p. 73-78.

2. Sur ce point, voir l'ouvrage de R. Pomeau, *La Religion de Voltaire*, Paris, Nizet, 1995, en particulier p. 191 et 206-207.

certitudes l'immortalité de l'âme et l'existence d'un Dieu « rémunérateur et vengeur », bien que la philosophie nous apprenne le caractère indémontrable de ces deux dogmes [1].

Ces études, qui nous ont affranchis des images d'Épinal d'un Voltaire ricanant, obsessionnellement anti-religieux ou radicalement sceptique, ont cependant renforcé l'opposition traditionnelle entre un Rousseau républicain et un Voltaire utilitariste et militant qui ne se soucie pas de poser les principes philosophiques d'une pensée politique. On aboutit ainsi à un tableau incohérent, voire à une simple juxtaposition de thèmes. On ne sait si Voltaire est essentiellement cartésien ou malebranchiste, et quel est le rapport entre ce malebranchisme et le travail qui, dans les *Éléments de la philosophie de Newton*, le conduit à établir une rupture avec la physique de Descartes pour épouser celle de Newton. On ne sait pas davantage si Voltaire est l'historien du bonheur ou du malheur de l'humanité. Enfin et sur le plan politique, Voltaire apparaît tantôt comme un homme de l'Ancien Régime attaché à la monarchie, voire à un culte des grands hommes qui l'amène à mépriser la « populace », tantôt comme le célèbre militant qui intervient infatigablement dans les affaires et les procès de son temps, tels que l'affaire Calas. En résumé, l'homme et le penseur ne seraient qu'une contradiction vivante.

Sans adhérer à tous ces verdicts, car il suffit en un sens de lire attentivement les *Idées républicaines*, l'*Essai sur les mœurs*, ou même de se référer au modèle anglais des *Lettres philosophiques* pour s'apercevoir que Voltaire partage avec Rousseau un idéal républicain, nous avons fait l'hypothèse qu'il devait y avoir une logique à l'intérieur de ces contradictions. La notion « d'évolution » ne suffit pas cependant à saisir cette logique, car le *Dictionnaire philosophique*, même dans la version épurée qu'en a donnée l'édition d'Oxford (VF), reprend les thèmes de l'œuvre de jeunesse : la défense des causes finales, le refus d'une histoire de la nature, mais aussi l'idée malebranchiste que la loi morale est une et universelle parce que c'est Dieu qui l'a inscrite en l'homme, afin de l'inciter à travailler sans repos à son actualisation. À partir de là, nous avons soupçonné que l'œuvre de Voltaire est celle d'un esprit complexe plutôt qu'incohérent, parce qu'elle est l'œuvre d'un historien-philosophe qui se situe toujours du point de vue du progrès collectif des lumières théoriques et morales. Même lorsqu'il expose les « éléments » de la philosophie de Newton, il nous entretient de toute une histoire des sciences et des philosophies de la nature qui comprend Bacon, Copernic, Galilée, Kepler, Descartes, Leibniz, Huygens

1. Sur ce point, voir la synthèse de R. Pomeau, qui fait actuellement référence, *op. cit.*, p. 398-405, sur Dieu et l'âme, et p. 347-348, sur Voltaire et le despotisme éclairé.

ou même Berkeley. Il n'hésite pas non plus à remonter à Platon ou aux présocratiques afin de mesurer le progrès accompli par la physique mathématique des *Principia*. Quant à l'histoire générale des mœurs morales, politiques, économiques et religieuses de l'humanité, nul ne doute que Voltaire ne s'y soit particulièrement intéressé et qu'il ait inventé, contre Bossuet et son judéocentrisme, une histoire universelle et cosmopolitique.

Nous avons donc pris le parti de chercher, tant dans la philosophie de la nature que dans la politique ou la religion, une pensée de l'histoire qui unifie l'œuvre de Voltaire, mais dont la nature exacte pose un problème. Il faut en effet tenir compte de la pluralité des conceptions de la rationalité à laquelle cette invention de l'histoire peut elle-même participer. Voltaire est bien, en un sens et indéniablement, un malebranchiste pour qui la raison se définit comme une loi éternelle et immuable, et en un autre sens un philosophe des Lumières par l'affirmation que l'homme est perfectible, c'est-à-dire capable d'accomplir des réformes et des révolutions historiques, à commencer par la science newtonienne qui rompt véritablement avec l'ère des systèmes ou des « romans » de physique des Cartésiens. La question essentielle est donc de savoir comment Voltaire pense cette rupture, et si sa conception du progrès de la raison ne retient pas une idée encore cartésienne de la méthode scientifique. De plus, son immense labeur d'historien nous a suggéré de réexaminer les verdicts d'E. Cassirer quant à la philosophie de l'histoire en soulevant le problème d'une spécificité des « révolutions » historiques, c'est-à-dire le problème de savoir si l'on peut distinguer ces révolutions de leur modèle initial, astronomique et physique, où la nature n'a pas d'histoire mais un ordre fixe et immuable qui est l'ouvrage de Dieu. En toute rigueur, l'affirmation que la nature n'a pas d'histoire conduit en effet à ces questions : Voltaire peut-il, sans incohérence, analyser l'histoire humaine en lui appliquant les mêmes notions qui servent à penser le caractère fixe et immuable de la nature, et la récurrence des mêmes termes comme les termes de « lois » et de « révolutions » ne masque-t-elle pas un changement de sens ?

Ces questions fondamentales exigent elles-mêmes la définition d'une méthode d'historien de la philosophie, car elles apparaissent sans objet et vaines si l'on se fie de façon systématique à la notion « d'épistémè » élaborée par M. Foucault. On sait que l'épistémè désigne les conditions de possibilité d'une multiplicité de pensées philosophiques dont elles constituent le socle commun : ces conditions s'avèrent indépassables pour une époque donnée. C'est ainsi que « l'âge classique » resterait cartésien, même lorsqu'il proclame qu'il a inventé l'histoire naturelle ou qu'il a détruit le substantialisme et l'innéisme. Dans cette perspective en effet il n'existe pas d'histoire au XVIIIe siècle, y compris chez un Buffon ou un Maupertuis, mais seulement une histoire naturelle, c'est-à-dire un savoir qui s'ordonne sur le modèle spatial du tableau des identités et des différences, comme semble effectivement le confirmer l'importance accordée au principe de continuité dans la pensée du devenir. Ce principe, qui permet d'affirmer l'existence d'une grande chaîne des êtres vivants, réduit le temps à n'être qu'une combinatoire ou un dénombrement de toutes les variations possibles des vivants sur un seul et même animal prototype. Le temps n'est donc pas « historique » au sens de « créateur » : quel que soit le domaine du savoir considéré, le principe de continuité domine la pensée du devenir[1].

Les études maintenant plus avancées de la philosophie de Diderot tendent cependant à remettre en cause cette analyse d'un double point de vue[2]. D'une part, le fait d'être matérialiste et de rejeter toute finalité ne paraît pas indifférent quant à la conception du devenir. Cette absence de finalité permet à Diderot de construire une métaphysique de l'imagination selon laquelle la nature opère, à travers l'organe supplémentaire de la raison humaine, une création de « génies » ou d'individualités exceptionnelles qui introduisent des révolutions au sens de ruptures radicales dans le savoir. L'*Encyclopédie* a précisément pour tâche de consigner et de conserver les créations de ces rares génies, mais aussi de les analyser et de les critiquer. D'autre part, cette théorie du génie aboutit en effet à l'idée que la rationalité se distingue précisément par l'historicité elle-même, c'est-à-dire par son caractère critiquable ou réfutable, à la différence des discours dogmatiques, magiques ou religieux qui se « métamorphosent » et « dureront toujours », car ils échappent par définition au principe de non contradiction comme aux objections de l'expérience. Parce qu'il faut bien distinguer dans une métaphysique de l'imagination la pure fantaisie et le discours rationnel, Diderot prend conscience que ce que l'on reproche habituellement à la philosophie constitue une caractéristique positive : le temps de la raison est créateur d'un progrès ou de ruptures qui s'opposent aux révolutions immobiles ou aux métamorphoses des dogmes religieux. La théorie du génie est donc essentielle pour comprendre l'inflexion de l'épistémè cartésienne vers une conception historique de la rationalité. Le cas de Voltaire permet de réexaminer la pertinence de ce verdict car, à la différence de Diderot, il se livre à une critique des « génies » et des métaphysiques de l'imagination, ce qui semble le faire pencher du côté du cartésianisme. Il nous faut donc reposer le problème du passage d'une épistémè à une autre d'un nouveau point de vue, et plus précisément le problème de savoir si l'on peut repérer des ruptures avec le cartésianisme

1. M. Foucault, *Les mots et les choses*, Paris, Gallimard, 1966, en particulier p. 162-170.

2. Sur ces deux points, voir notre ouvrage : *Un Aspect de la pensée politique de Diderot : savoirs et pouvoirs*, Paris, Ellipses, 1999.

dans une œuvre individuelle. L'œuvre de Voltaire se prête particulièrement bien à ce programme de recherche puisque, de l'aveu de tous, elle se rattache indéniablement à Descartes ou à Malebranche.

Nous avons donc adopté une méthode dont l'idée la plus claire peut être donnée par le modèle mathématique des « transformations continues », c'est-à-dire par l'idée que toute continuité constitue en elle-même une transformation, une reprise ou une relecture qui peut graduellement nous mener à une rupture capitale ; en effet le travail philosophique n'équivaut pas à l'œuvre mythique de Sisyphe : à force de travailler les mêmes termes et les mêmes notions, l'on parvient parfois à un point de basculement qui fait que l'histoire s'accélère et que l'on entre dans une autre configuration du savoir. Sans invalider par conséquent les passionnantes études de M. Foucault, dont la mise en œuvre n'est d'ailleurs pas aussi systématique que le laisse supposer l'opposition entre « l'archéologie du savoir » et l'étude superficielle des auteurs, nous avons tenté de redonner toute sa valeur à l'œuvre originale d'un Voltaire (1694-1778) qui participe, tant chronologiquement que philosophiquement, du XVIIe et du XVIIIe siècles. C'est pourquoi notre étude comporte deux parties. La première s'attache à vérifier l'existence d'une démarche historienne dans le domaine des lumières théoriques, c'est-à-dire dans le domaine de la physique et de la métaphysique, et interroge à cet égard le double rapport de Voltaire au cartésianisme et au newtonianisme. Aussi s'intéresse-t-elle aux notions récurrentes de « génie », de « goût », « d'éléments de la philosophie » comme à l'opposition entre « l'esprit dogmatique » et « l'esprit systématique » pour savoir dans quelle mesure ces notions permettent la constitution d'une véritable histoire de la raison. La seconde partie poursuit cette analyse dans le domaine de l'éthique, du « monde moral » ou de l'histoire universelle et cosmopolitique des mœurs en se concentrant plus particulièrement sur le célèbre problème de la permanence du mal : cette permanence semble interdire la pensée d'une historicité de la raison morale.

PREMIÈRE PARTIE

L'ORDRE NATUREL ET L'HISTOIRE DU SAVOIR : VOLTAIRE ENTRE DESCARTES ET NEWTON

« J'envisage encore le Siècle de Louis XIV comme celui du génie, et le siècle présent comme celui qui raisonne sur le génie ».
(*Défense de Louis XIV*, M, XXVIII, p. 328)

CHAPITRE PREMIER

LE GÉNIE, LE GOÛT ET LES MŒURS : DESCARTES ET NEWTON RÉÉVALUÉS

Avant d'examiner le newtonianisme de Voltaire et ce qu'il est convenu d'appeler sa « métaphysique » déiste ou théiste, il convient de resituer la raison ou le bon sens dans sa démarche historienne, car son point de départ général est en un sens analogue à celui de Rousseau. Voltaire souligne en effet qu'il n'y a aucune absurdité qui n'ait été soutenue par la *turba philosopharum*, depuis les chimères platoniciennes d'un monde régi par le Bien jusqu'aux théodicées optimistes de Leibniz, Shaftesbury, Bolingbroke ou Pope. Voltaire remonte parfois jusqu'aux présocratiques pour établir que même en physique chacun a choisi un « élément » primordial en se fiant à l'expérience sensible et à son imagination. Thalès, par exemple, fait de l'eau le premier principe de la nature parce que « la semence des animaux est aqueuse », ou « qu'il faut de l'humidité aux plantes [1] ». Ces raisons sont taxées de « merveilleuses », comme la « cosmogonie d'Homère » qui dit que l'Océan est le père de toute chose. Or, ces « imaginations » ont été reprises par Benoît de Maillet qui veut que les espèces vivantes aient commencé par les poissons marins, inventant ainsi une nouvelle version des « *Métamorphoses* » d'Ovide[2]. Quant aux trois éléments et à la physique de Descartes, on sait que Voltaire les ramène à un conte ou à un roman inférieur aux *Mille et une nuits*[3].

1. *Des Singularités de la nature*, M, XXVII, p. 156 ou *Le Philosophe ignorant*, VF, 62, p. 57.
2. *Des Singularités de la nature*, M, XXVII, p. 156.
3. *Ibid.*, p. 171.

Il faut donc comprendre que l'esprit humain s'est égaré dans l'imaginaire et que sa marche ou son histoire contredit la raison théorique et morale que Dieu a inscrite en nous. C'est pourquoi « la raison est née dans ce siècle en Angleterre[1] », tant avec le modèle moral et politique qu'elle fournit qu'avec la grande synthèse newtonienne des *Principia*, ainsi qu'en témoignent les *Lettres philosophiques* qui brossent un tableau général des mœurs et des connaissances de la nation la plus avancée de l'Europe. En dehors de l'Angleterre, Voltaire reconnaît également que le progrès des lumières théoriques n'a pas entraîné celui des lumières morales et politiques. En 1768, il écrit « qu'il est honteux que la société ne se soit pas perfectionnée en proportion des lumières acquises », car l'économie, la politique et la morale sont restées tributaires d'une multitude de mauvaises administrations ou de gouvernements régis par la routine, la fureur des passions et les intérêts particuliers. Le verdict est aussi sévère que chez Rousseau : la « justice » est totalement absente de nos mœurs. S'il faut commencer par examiner les lumières théoriques, qui ne sont encore qu'un « crépuscule », c'est qu'historiquement ce sont elles qui ont commencé à nous faire « sortir d'une nuit profonde », tout en nous laissant « attendre le grand jour »[2]. Voltaire se soucie donc, après avoir tenté d'être un grand poète et un tragédien national, d'introduire le newtonianisme en France, parce que l'Europe continentale peut réformer plus facilement la cité des philosophes que la cité toute entière : il n'y a pas de préséance de droit mais de fait des lumières théoriques sur les mœurs. Cette préséance s'oppose d'ailleurs à l'unité de la raison que Dieu a donnée à l'humanité : elle signifie que les mœurs des gens de lettres sont elles-mêmes restées arbitraires ou absolutistes.

Voltaire s'est en effet attaché à restituer une histoire des relations entre les mœurs et la connaissance théorique. Cette histoire ne comprend guère, en Europe, que quatre grandes périodes. Après la chute de l'Empire Romain, c'est une ignorance barbare et générale qui règne. Cette ignorance fournit l'occasion favorable à un nouvel « ordre de choses » : la force guerrière et les ruses du pouvoir papal s'installent, de telle sorte que la raison théorique est oubliée au profit de l'opinion dominante et changeante de l'Église Catholique et Romaine, qui remplace le faux ou le contradictoire par la notion « d'hérésie[3] ». Aussi Voltaire estime-t-il que les clercs n'ont fait que substituer à l'ignorance barbare leur « ignorance scolastique », qui est beaucoup plus dangereuse parce qu'elle se perd dans les conflits perpétuels de « l'esprit dogmatique », c'est-à-dire dans les disputes sur les

1. *Dictionnaire philosophique*, art. « Newton et Descartes », M, XX, p. 122.
2. *Des Singularités de la nature*, M, XXVII, p. 191.
3. *Dictionnaire philosophique*, art. « Hérésie », M, XVII, p. 237 et 243.

dogmes religieux qui provoquent régulièrement des bains de sang[1]. Le massacre de la Saint-Barthélemy constitue, en France, le produit inévitable de cette longue histoire régie par la tyrannie des opinions religieuses. La Renaissance morale et théorique, qui a d'abord lieu dans la seule Florence des Médicis, se voit poursuivie et enrichie par le Grand Siècle de Louis XIV. Mais ce siècle ne participe pas exactement de la même histoire que le XVIIe siècle anglais. Il porte bien à un plus grand degré de perfectionnement le commerce, l'agriculture et les manufactures qui se développent sous l'égide de Colbert. Ces conditions économiques et la création des Académies permettent l'éclosion de ceux que Voltaire appelle les grands hommes ou les « génies », tels que Bossuet, Pascal, Descartes ou Malebranche. Mais ces génies dogmatiques restent le fruit d'un temps d'absolutisme. C'est pourquoi Voltaire estime que la valeur de leurs œuvres s'avère ambivalente[2].

Il est significatif, à cet égard, que Voltaire ne donne une définition du génie que dans le domaine des arts en général, suggérant ainsi que le génie philosophique est davantage un artiste qui fait appel à son imagination qu'un véritable tenant de la « saine philosophie » expérimentale et géométrique de Newton. L'article *Génie* du *Dictionnaire philosophique* commence d'ailleurs par rappeler que la notion de génie est d'origine mythologique : elle renvoie à la multitude des démons, des demi-dieux, des prophètes que les différentes fables religieuses ont toujours inventés pour nourrir la superstition humaine. Croire en l'existence des génies, c'est donc croire au caractère révélé de la vérité : Voltaire allègue le démon de Socrate pour montrer que la philosophie platonicienne est symptomatique de cette confusion entre la vérité et la révélation. La raison s'est dévoyée, même en Grèce, en se donnant l'autorité à la fois religieuse et politique d'un pouvoir spirituel qui est déjà annonciateur des prophéties et des impostures du christianisme. Les Romains ont cependant perfectionné l'usage du terme de « génie » en le réservant à un talent d'origine divine, mais qui se reconnaît à l'invention et à l'originalité[3]. Au XVIIIe siècle, le terme doit encore être précisé. Le génie est bien un inventeur, tel que Le Poussin en peinture et Lulli en musique, mais ce talent exceptionnel reste naturel et ne peut plus exister que dans les commencements de l'art. C'est pourquoi l'imagination active du génie a toujours besoin d'être rectifiée et surpassée, les premières inventions étant nécessairement grossières et imparfaites. La notion de génie est ainsi sécularisée et historicisée : Voltaire n'hésite pas à affirmer qu'une tapisserie des Gobelins est préférable aux premières tapisseries

1. *Essai sur les mœurs*, M, XI, p. 506.
2. *Siècle de Louis XIV*, M, XIV, p. 539 et 548.
3. *Dictionnaire philosophique*, art. « Génie », M, XIX, p. 243-244.

flamandes, faites dans les « commencements de l'art ». Dans les beaux-arts, il en va de même. Qu'il s'agisse de Shakespeare ou des grands tragédiens du XVIIe siècle français, leurs œuvres présentent un mélange de grossièretés inouïes et d'inventions originales et délicates. Aussi faut-il que le génie soit conduit par le goût, conçu comme une faculté des règles, de l'ordre et de la méthode, sans quoi ce talent supérieur commet « des fautes grossières » qu'il ne « sent » même pas : il lui manque le prompt discernement du délicat, qui résulte d'une longue culture du goût[1]. Le génie est par conséquent inférieur au goût, qui seul peut le perfectionner et le mener à la production de chef-d'œuvres.

Voltaire ne défend donc pas, à travers le goût, la supériorité d'un vague sentiment, mais d'une faculté intellectuelle de juger qui, une fois acquise, engendre un tact ou un juste sentiment de plaisir ou de déplaisir devant les œuvres d'art. L'article *Goût* distingue en effet le goût physique et le goût intellectuel. Le premier est généralement lié à nos besoins, bien que la société le rende souvent arbitraire et le fasse confondre avec le goût intellectuel, en lui imposant une multitude de « fantaisies » et de « modes ». Mais c'est seulement le goût intellectuel pour les arts qui se discute, car il a besoin de passer de la puissance à l'acte, ou de se former par l'habitude, la réflexion, la lecture des bons auteurs[2]. Il s'agit alors d'une imagination active qui juge en comparant, en associant les idées, et qui est d'ordre intellectuel car les sensations sont, comme dans l'*Émile* de Rousseau, un divers qu'un agent spirituel doit relier, même si cet agent ou cette « âme » reste « l'effet connu d'un principe inconnu[3] ». C'est pourquoi l'on met du temps à acquérir ce bon goût qui permet, par exemple, de discerner les différentes « parties d'un grand corps de musique » ou en peinture les « gradations » de couleur, le clair-obscur et la correction du dessin. Voltaire développe ainsi une théorie à la fois rationaliste et historienne du goût en expliquant que le jugement qui est à l'origine du sentiment du beau et du sublime est souvent oublié, sous l'effet de l'habitude. Le goût dépend en effet des mœurs générales et son perfectionnement nécessite de nombreuses conditions : il faut notamment que la nation soit riche et que les citoyens y disposent de loisirs, comme dans la Florence des Médicis. Le libre commerce entre les hommes et les femmes autorise également l'affinement du goût, sous l'influence de la délicatesse féminine. Il faut encore et nécessairement que la religion ne condamne pas les beaux-arts et les spectacles comme corrupteurs, car tous les arts et toutes les muses dépendent les uns des autres et ne peuvent se perfectionner que par un

1. *Ibid.*, M, XIX, p. 246.
2. *Ibid.*, art. « Goût », M, XIX, p. 270-272/VF, 33, p. 128-129.
3. *Ibid.*, art. « Âme » M, XVII, p. 130.

commerce de lumières, en se fécondant réciproquement : en condamnant une expression artistique, on condamne toutes les autres à stagner. Ces multiples conditions expliquent que le bon goût soit rare et souvent éphémère : il n'a été le partage que de quelques peuples d'Europe et risque toujours de décliner en sombrant dans le précieux ou le maniéré, à moins qu'il ne retombe dans la grossièreté[1].

Le progrès de la raison artistique va donc du génie au goût, c'est-à-dire d'une imagination féconde mais aveugle à une faculté intellectuelle de juger ou à une justesse d'esprit qui dépend des mœurs générales d'un temps : de ses libertés morales, religieuses et politiques. C'est ainsi que la grande force de la Florence des Médicis vient d'une richesse qui permet l'éclosion des conditions moyennes, conditions qui sont nécessaires à tous les perfectionnements[2]. Parce qu'il est le produit collectif des mœurs, le goût s'oppose à la singularité, à l'originalité du génie comme à son extravagance. On peut en conclure que le génie exprime les mœurs des temps où l'on croit en l'autorité d'un seul homme ou d'un seul inventeur, c'est-à-dire où l'on continue de vivre dans un imaginaire absolutiste, tant sur le plan théorique que politique et religieux. Lorsque Voltaire parle d'un philosophe en terme de « génie », il convient donc de se demander si l'on ne retrouve pas, sur le plan de la raison théorique, toutes les ambivalences que ce terme nous a révélées sur le plan de l'art. Le génie philosophique serait alors et lui-même un inventeur, mais qui commet des erreurs énormes, parce qu'il manque de ce goût intellectuel qui renvoie aux nouvelles règles expérimentales et géométriques de la méthode newtonienne : le génie reste celui qui reproduit le mythe de la vérité révélée par la seule autorité d'une parole ou d'un *logos* individuel qu'il confond avec la parole divine ou avec un édit royal[3].

Dans cette perspective, il nous faut vérifier si Newton cesse bien d'être un génie pour devenir le représentant par excellence d'un goût philosophique qui s'est collectivement et progressivement formé, de façon à engendrer les nouvelles règles de la philosophie expérimentale. Le cas privilégié de Descartes peut confirmer ce transfert de la critique du génie du domaine des arts à celui de la philosophie, ainsi que le caractère rationaliste et historien de cette critique. Les fautes énormes de Descartes, mais aussi son génie sont sans cesse soulignés[4]. Le *Siècle de Louis XIV* ne lui consacre

1. *Ibid.*, art. « Goût », M, XIX, p. 277-279/VF, 33, p. 129-131.

2. *Essai sur les mœurs*, M, XII, p. 245-246 et *Siècle de Louis XIV*, M, XIV, p. 532.

3. *Siècle de Louis XIV*, M, XV, p. 433-434.

4. Notons que Malebranche et sa physique subissent la même appréciation, voir *Éléments de la philosophie de Newton*, M, XXII, p. 446/VF, 15, p. 270, où la « subtilité de son génie »

significativement que deux pages, car il a épuisé en vain son génie à rassembler des preuves de la divinité ou à en chercher de nouvelles. Par cette remarque, Voltaire souligne que la France catholique et intolérante du XVIIe siècle n'était pas prête à accepter une nouveauté quelconque, même s'il s'agissait de démontrer l'existence de Dieu. Descartes fut donc persécuté, à la différence de Newton, dont les funérailles solennelles et nationales (1727) ont vivement frappé Voltaire lors de son séjour en Angleterre. Cette persécution qui condamne Descartes à la solitude et à l'errance explique l'ambivalence de son œuvre. Les *Méditations* et le *Discours de la méthode* sont toujours « estimés », mais sa physique est tombée, puisqu'elle n'est fondée ni sur la géométrie ni sur l'expérience. On retrouve donc chez Descartes un mélange d'authentique savoir et de chimères. D'un côté, sa *Dioptrique* est un chef-d'œuvre qui invente la loi de la réfraction, seulement « soupçonnée » par Snellius, et qui cherche de nouvelles applications de cette loi. Descartes est également le premier à avoir eu l'idée d'étudier les chocs entre les corps en terme de « lois » : ce programme de recherche annonce une méthode expérimentale. Cette méthode, même si elle n'a pas été véritablement appliquée, constitue avec la géométrie les « monuments d'un génie extraordinaire ». D'un autre côté, la physique de Descartes sombre dans le roman des tourbillons, dont la France n'est revenue que vers 1730, c'est-à-dire quand on a enfin cultivé simultanément la « géométrie et la physique ». Descartes est donc bien un grand géomètre, mais, dès qu'il abandonne ce domaine il sombre dans l'imaginaire, encouragé en cela par les mœurs d'une nation despotique qui l'a persécuté lorsqu'il a fait œuvre de savant et qui l'a « célébré comme un demi-dieu lorsqu'il s'est trompé ». Voltaire suggère ainsi que la France de Louis XIV n'apprécie que les rêves systématiques ou l'orgueil dogmatique : ces mœurs ont amené Descartes à refaire le monde, sans recourir ni à l'expérience ni au calcul[1].

L'ambivalence du cartésianisme est réaffirmée dans le court conte intitulé l'*Éloge historique de la raison*, où Descartes est salué pour avoir fait progresser la raison en nous apprenant à douter, à raisonner *more geometrico*, et même pour sa qualité de génie et d'homme à systèmes, car il a bien fallu que des philosophes se prennent pour des « prophètes » à la fois « puissants en paroles et en œuvres » pour que la raison soit enfin tirée du puits profond où des siècles de mensonges et d'ignorance l'avaient enseveli. Mais c'est seulement « à la fin » qu'est venue la saine philosophie d'un Copernic, d'un Galilée, d'un Newton, qui ont montré la vérité « presque toute nue » et qui ont produit « l'amour » de cette vérité,

est « cause d'erreurs », quant à sa théorie de la vision, qui a le défaut de vouloir concilier les tourbillons de Descartes avec l'*Optique* newtonienne.

1. *Siècle de Louis XIV*, M, XIV, p. 62-63.

renouvelant ainsi les mœurs. Le génie de Descartes n'a fait que réveiller les esprits, essentiellement en détruisant la scolastique par la puissance de son nouveau système. Mais la raison géniale et dogmatique doit néanmoins être distinguée de la rationalité expérimentale et géométrique, qui aboutit à la connaissance des phénomènes par Newton, non sans avoir besoin de la contribution de nombreux savants, tels que Galilée et Copernic [1]. Le défaut majeur du génie réside en effet dans l'ignorance des limites de l'invention individuelle. C'est ce dont témoigne un autre conte philosophique intitulé *L'Aventure de la mémoire*, où Descartes est surtout attaqué pour s'être opposé à une vérité de sens commun, « universellement reçue », à savoir que nous n'avons d'idées que par nos sens. Sur ce point Descartes s'est opposé à tort à Aristote et apparaît comme un « argumentateur, moitié géomètre, moitié chimérique », qui rompt avec le « genre humain pensant » et désire surtout se distinguer en soutenant cette absurdité que « nous savons tout sans avoir jamais rien senti » et donc sans le secours de la mémoire. Le génie est alors celui qui veut faire table rase de l'histoire rationnelle de l'humanité pour refaire entièrement le savoir par la seule puissance de ce qu'il croit être ses idées innées, ce qui revient encore à croire en une inspiration surnaturelle : selon Voltaire, l'imagination et le jugement ne peuvent que combiner et comparer les idées qui nous viennent des sens. Aussi le conte s'achève-t-il sur un épisode burlesque où les hommes, privés de toute mémoire, retombent dans un état bien pire « qu'à Babel, où chacun inventait sur le champ une langue nouvelle [2] ». La théorie des idées innées est présentée comme la source d'une anarchie théorique qui fait obstacle au perfectionnement de la raison, parce qu'elle autorise chacun à se croire apte à recommencer le savoir en ne consultant que sa propre imagination. La philosophie se réduit alors à un imaginaire discursif de mauvais artistes, dont Voltaire fait la caricature à travers un Leibniz – Pangloss qui enseigne la « métaphysico-théologo-cosmolonigologie [3] ».

Les contes de Voltaire mettent ainsi en scène ce qui est clairement expliqué dans les *Lettres philosophiques* (1734), les *Éléments* (1738) et le *Dictionnaire philosophique* (1764-1772), où la confrontation entre Descartes et Newton est celle du génie et d'une saine philosophie, mais aussi celle d'une France absolutiste et d'une Angleterre commerçante, industrieuse, essentiellement animée de mœurs républicaines. La *Lettre XIV* oppose Paris à Londres comme deux univers : d'un côté la croyance au plein, l'explication des marées par la pression des tourbillons, l'erreur de la propagation instantanée de la lumière, l'affirmation que la

1. *Éloge historique de la raison*, M, XXI, p. 513-516.
2. *Aventure de la mémoire*, M, XXI, p. 479-481.
3. *Candide*, M, XXI, p. 138.

Terre a une figure toute ronde et que notre âme « est la même chose que la pensée ». D'un autre côté, le monde newtonien, fait de vide et de corpuscules et obéissant aux lois de l'attraction, la lumière douée d'une vitesse comme tout corps, un Locke enfin qui « prouve » que l'âme n'a d'idées que par les sens. Descartes apparaît alors comme un homme singulier et d'une imagination brillante, dont « la nature avait presque fait un poète », mais qui a dû essuyer, en France comme en Hollande, l'alternance de la persécution pour « les seules propositions de sa philosophie qui fussent vraies » et d'une « réputation éclatante » pour tout ce qui est erroné dans son système. Si Newton a mieux réussi, c'est donc aussi « parce qu'il a eu le bonheur d'être né dans un pays libre », où il a pu reprendre les études de Galilée, lui-même mort seul et persécuté[1]. On peut alors comprendre que les mœurs politiques et religieuses de la France n'ont guère autorisé Descartes à faire œuvre rationnelle qu'en se réfugiant dans la géométrie abstraite : il est le « premier qui ait enseigné la manière de donner les équations algébriques des courbes » et il a autant perfectionné la géométrie que Newton l'a fait après lui. En ce sens, Newton n'est que son continuateur et le préjugé nationaliste des Anglais est aussi sot que celui des Français. Dans cette perspective, le génie est « celui qui découvre de nouvelles terres » mais « ne peut tout d'un coup en connaître les propriétés », tandis que Newton fait partie de « ceux qui viennent après lui, et qui rendent ces terres fertiles ». Descartes participe donc de plein droit au progrès de la raison géométrique. Mais il a malheureusement abandonné « ce guide qui l'aurait conduit sûrement dans sa physique » au profit d'un « roman ingénieux, et tout au plus vraisemblable pour les philosophes ignorants du même temps ». Autrement dit, nul ne peut s'affranchir entièrement des mœurs de son temps, ce qui explique les nombreuses erreurs de Descartes qui fit le monde et l'homme « à sa mode », imitant en cela l'arbitraire des pouvoirs civils et religieux de son époque, mais avec plus de conséquence car il s'est au moins trompé « avec méthode ». C'est en ce sens qu'il a appris aux hommes de son temps « à se servir contre lui-même de ses armes ». Mais en physique, Descartes continue de représenter un obstacle à la connaissance. Voltaire explique en effet que le cartésianisme a commencé par plonger Newton dans un « précipice infini dans lequel il a dû creuser une carrière entièrement nouvelle[2] ».

Les *Éléments* comme le *Dictionnaire philosophique* accentuent cette rupture en rappelant obstinément toutes les erreurs de Descartes en physique. Descartes est alors taxé de génie au sens le plus péjoratif du terme, et Voltaire emploie la formule récurrente selon laquelle le génie veut

1. *Lettres philosophiques ou lettres sur les Anglais*, M, XXII, p. 128-129.
2. *Ibid.*, M, XXII, p. 129-131.

« créer un monde » alors qu'il ne crée qu'une fable ou un roman, parce qu'il « se met à la place de Dieu » et veut tout tirer du néant par « la seule puissance de sa parole ». Cette confusion entre le raisonnement philosophique et le mythe de la création, qui est absurde selon Voltaire, puisqu'il contredit le principe rationnel selon lequel « rien ne se fait de rien[1] », nous ramène à un âge pré-rationnel de l'esprit humain qui fait appel à la foi dans la parole de chaque auteur ou de chaque autorité. La dénonciation de cet âge pré-rationnel n'est pas sans annoncer la distinction bachelardienne du scientifique et du pré-scientifique, car Voltaire découvre, bien avant l'épistémologie moderne et du fait de sa démarche historienne, qu'un savoir qui recommence à zéro à chaque auteur n'est pas un véritable savoir. Cela revient à dire que Descartes a échoué à définir un cadre de rationalité pour la physique et que Newton a dû combattre les cartésiens qui ont imité leur maître, en substituant à la physique géométrique et expérimentale des métaphysiques ou des ontologies arbitraires qui n'ont obtenu des résultats heureux que par hasard[2]. C'est là la rupture essentielle entre Descartes et Newton. Dans les *Éléments*, Voltaire signale que le newtonianisme constitue désormais un cadre de rationalité qui peut être perfectionné, rectifié, mais non réfuté. Avec Newton, la physique a opéré la même révolution qu'Euclide en géométrie, car si la géométrie a pu être enrichie par l'algèbre et le calcul infinitésimal, elle n'en a pas été invalidée pour autant. Voltaire a une claire conscience de cette rupture fondamentale qui a lieu, dans l'histoire des sciences, lorsque les théories cessent de s'invalider et de se réfuter l'une l'autre pour se limiter, se compléter ou s'englober. C'est pourquoi les Maupertuis, les Clairaut, les d'Alembert sont salués comme les continuateurs de Newton qui « vont plus loin que Newton même », mais sans sortir du cadre de la nouvelle théorie de l'attraction : ils rejettent « l'impulsion » et allient de plus en plus la « physique » et l'expérience avec la « mathématique de la gravité[3] ». Voltaire est donc l'un des philosophes du XVIIIe siècle les plus conscients de la révolution opérée par Newton : il pense cette révolution à travers l'opposition de l'âge pré-rationnel des génies et de l'âge de la saine raison qui inaugure le caractère collectif et historique de la recherche. Aussi met-il l'accent, dans les *Éléments* comme dans le *Dictionnaire philosophique*, sur l'obstacle du génie, qui empêche la continuité réelle de la recherche. C'est ainsi que

1. Sur cette critique permanente de l'idée de création, voir, par exemple, le *Traité de métaphysique* (1734-1736), (M, XXII, p. 196/VF, 14, p. 432), où l'idée de création est impossible à démontrer comme à réfuter, et surtout l'article « Dieu, dieux » du *Dictionnaire philosophique* (M, XVIII, p. 358), où la création est remplacée par l'émanation.

2. *Éléments de la philosophie de Newton*, M, XXII, p. 439/VF, 15, p. 256 et 435.

3. *Correspondance*, M, XXXV, p. 7 et 11/VF, 15, p. 704-705.

Descartes et son imaginaire des tourbillons a séduit les Français par sa « hardiesse » toute aristocratique, comme si les disputes philosophiques devaient s'apparenter à un duel. Descartes a en effet « retardé » en France le développement de la physique corpusculaire de Gassendi, que Newton a reprise à son compte, et en Italie celui de la véritable physique expérimentale et géométrique de Galilée, qui prépare déjà le nouvel esprit scientifique en se contentant « de calculer, peser, mesurer[1] ». Galilée représente un vrai physicien, qui a su perfectionner les instruments de la science. Il a inventé, par exemple, le compas de proportion et la lunette astronomique. Ces instruments lui ont permis de mieux calculer et de vérifier ses découvertes des satellites de Jupiter, de la rotation de la Terre sur son axe, sans oublier la découverte fondamentale des lois de la pesanteur qui en fait le « restaurateur de la raison en Italie[2] ».

Voltaire s'attache alors à brosser le tableau de deux grands types de philosophes. Descartes représente le type de l'homme à système qui fait tout pour sa propre gloire et ne se soucie plus, en physique, des inconséquences que son esprit géométrique ne pouvait manquer de lui suggérer. C'est ainsi qu'en faisant tourner la Terre et la Lune sur un tourbillon qui les emporte parallèlement à l'équateur, Descartes aurait dû conclure, en bon géomètre, que dans cette hypothèse les corps ne tomberaient pas vers le centre de la Terre mais perpendiculairement à l'axe de la Terre. La connaissance de Galilée aurait donc pu l'amener à renoncer à ses tourbillons, mais il a préféré multiplier les hypothèses afin de rendre compte de la chute des corps[3]. Le même verdict est déjà présent dans les *Éléments*, où Voltaire retrace l'histoire de la découverte de la pesanteur et de l'accélération uniforme de la chute des corps vers le centre de la Terre. Avant Galilée, Francis Bacon avait essayé de vérifier cette pesanteur en observant les oscillations respectives de deux pendules placés, l'un au fond d'un puits, l'autre au sommet d'une tour : si les oscillations du second pendule s'étaient avérées moins rapides, Bacon aurait pu en conclure que la pesanteur diminue en même temps que la distance au centre de la Terre. Mais aucune différence de rapidité ne pouvait apparaître, la hauteur et la profondeur choisies étant trop petites pour que le phénomène soit observable. Cependant, Voltaire souligne aussitôt que Descartes avait connaissance, et des soupçons de Bacon et des expériences précises de Galilée, mais que son système des tourbillons l'a amené à faire de la matière subtile la « dispensatrice de tout

1. *Dictionnaire philosophique*, art. « Cartésianisme », M, XVIII, p. 59.

2. *Éléments de la philosophie de Newton*, M, XXII, p. 517-518/VF, 15, p. 413.

3. *Dictionnaire philosophique*, art. « Newton et Descartes », M, XX, p. 120-122/ *Éléments de la philosophie de Newton*, VF, 15, p. 403.

mouvement et de toute pesanteur[1] ». On peut estimer que ce verdict n'est pas sans pertinence philosophique et historique. L'article *Cartésianisme*, qui n'énumère pas moins de vingt sept erreurs de Descartes, devient particulièrement convaincant lorsqu'il explique que le mépris du calcul a conduit à cette pseudo-évidence empirique, qui n'a rien d'intellectuel : sans l'intervention du tourbillon céleste qui entoure la Terre et qui tourne plus vite qu'elle, les corps les plus denses tomberaient vers la Terre et les corps les plus légers auraient plus de force centrifuge, alors que Newton démontre exactement le contraire, un corps résistant à l'attraction terrestre en raison directe de sa masse ou de sa quantité de matière[2]. Cette supposition qui fait de la physique cartésienne une théorie « périmée » s'explique par la confusion permanente de la physique et de la métaphysique, ou par la recherche « d'éléments » au sens de causes ou de principes premiers de toute chose.

Il est néanmoins possible de juger ce verdict quelque peu rapide du point de vue de l'histoire moderne des sciences, bien qu'il ait été repris et radicalisé par G. Bachelard, pour qui la physique de Descartes n'est qu'une « physique de l'objet non mesuré, une physique sans équations, une représentation géométrique sans échelle désignée, sans mathématiques[3] ». Michel Fichant rappelle en effet que Voltaire et G. Bachelard ne tiennent pas compte de la lecture par le jeune Newton de la physique cartésienne et de sa dette envers le principe d'inertie, même si les *Principia* font preuve de mauvaise foi en attribuant au seul Galilée la formulation claire et générale de ce principe[4]. D'Alembert s'avèrerait ainsi plus proche de la vérité historique lorsqu'il va jusqu'à soutenir que le newtonianisme est le « fruit » même de la physique cartésienne[5]. Cependant, il nous faut souligner que d'Alembert ne dit pas autre chose que Voltaire à travers cette remarque. Le newtonianisme est en effet présenté comme « le fruit » d'une « émulation universelle » excitée par la physique d'un Descartes dont le « génie » et la « hardiesse » ont permis de rompre avec le « péripatétisme ». Mais il n'en reste pas moins que seuls « Galilée, Torricelli, Pascal et Boyle sont à proprement parler les pères de la physique moderne[6] ». Tout comme

1. *Éléments de la philosophie de Newton*, M, XXII, p. 519-520/VF, 15, p. 417-418.

2. *Dictionnaire philosophique*, art. « Cartésianisme », M, XVIII, p. 57-59. Sur ce point, voir également *Éléments de la philosophie de Newton*, M, XXII, p. 523/VF, 15, p. 397-398, ou 425.

3. Voir G. Bachelard, *L'Activité rationaliste de la physique contemporaine*, Paris, PUF, 1951, p. 35.

4. Voir M. Fichant, *Physique et métaphysique dans Descartes et Leibniz*, Paris, PUF, 1998, p. 60-78.

5. *Encyclopédie*, art. « Cartésianisme », t. II, p. 717 a, cité par M. Fichant, *op. cit.*, p. 62-63.

6. *Ibid.*

Voltaire, d'Alembert reproche à Descartes sa théorie des idées innées, qui l'amène à regarder les « définitions » comme les « principes propres à faire découvrir les propriétés des choses », alors qu'il faut au contraire commencer par chercher les propriétés « dans l'ordre où l'expérience nous les donne ». Autrement dit, chacun sait que Descartes « s'est renfermé tout entier dans des idées intellectuelles qui, pour avoir entre elles quelque suite, n'avait pas en effet plus de réalité[1] ». De plus, Voltaire ne s'en tient pas à la simple critique de l'innéisme et d'une absence de physique véritablement géométrique. Son originalité est en effet d'inscrire Descartes et Newton dans une histoire des mœurs, de telle sorte que la critique du cartésianisme s'approfondit lorsque le newtonianisme est considéré non seulement comme une méthode expérimentale, mais aussi comme une éthique de l'esprit scientifique.

1. *Ibid.*, p. 719 a-b.

CHAPITRE II

MÉTHODE ET ÉTHIQUE DE LA SCIENCE NEWTONIENNE

L'opposition entre Descartes et Newton devient désormais celle de deux méthodes, mais aussi de mœurs despotiques et de mœurs républicaines dans la cité des philosophes. Chacun sait, au premier chef, que Newton a recours à « l'analyse » qui part des effets, pour tenter d'en trouver les lois et l'enchaînement, sans prétendre atteindre les causes ou la nature des choses : il ne feint pas d'hypothèse. C'est pourquoi l'attraction peut être taxée de « qualité occulte » si l'on entend par là un effet dont on ignore les causes mais dont toute la nature et tous les phénomènes prouvent l'existence[1]. Voltaire montre également qu'avant d'aboutir à une théorie qui universalise les lois de l'attraction, il faut deux préalables qui exigent la rupture avec l'ère des génies.

Il faut d'abord que le fait soit construit et fasse l'objet de mesures et d'expériences exactes. C'est là un obstacle auquel Newton s'est heurté, ce qui explique la patiente genèse de sa théorie scientifique par opposition à la précipitation des constructeurs de systèmes. Depuis Francis Bacon, « l'inventeur de la physique expérimentale », l'hypothèse de l'attraction était en effet connue. Cette hypothèse n'est pas nouvelle : le problème se pose effectivement de la différencier de l'influence magique ou de la vague sympathie auxquelles les Cartésiens la réduisent. Avant d'écrire les *Principia*, Newton avait donc l'idée de l'attraction présente à l'esprit, ainsi que le projet de la systématiser en l'unifiant avec les lois galiléennes de la pesanteur. Voltaire tient même pour vrai ce moment d'inspiration géniale lié à la célèbre anecdote de la pomme tombée d'un arbre. Newton lui-même a donc

1. *Éléments de la philosophie de Newton*, M, XXII, p. 481/VF, 15, p. 446.

commencé par imaginer, mais il a su attendre le progrès des mesures et des observations pour avancer une théorie, par opposition à une simple hypothèse ou à un nouveau système. La véritable théorie doit en effet coïncider avec tous les phénomènes avérés par des mesures et des expériences fiables. Selon Voltaire, Newton s'est d'abord fait cette réflexion que de quelque hauteur que tombe un corps, qu'il s'agisse d'une pomme ou d'une planète, la chute devait se faire dans la progression découverte par Galilée, de telle sorte que les espaces parcourus soient comme le carré des temps : la Lune doit tomber sur la Terre si bien que cette pesanteur est essentielle au calcul de son orbite. Newton n'a donc pas voulu recommencer le savoir à zéro. De plus, il a défini une procédure expérimentale afin de vérifier ses réflexions, elles-mêmes inspirées par Galilée, en imaginant de comparer l'espace parcouru dans un même temps pour un corps tombant sur la Terre d'une hauteur ordinaire et pour un corps qui tomberait de la Lune. Mais afin d'opérer ce calcul, il fallait connaître la distance entre la Terre et la Lune, et pour cela connaître également la circonférence et la figure de la Terre. Or Newton ne commence par disposer que de l'estime fautive et incertaine des pilotes, c'est-à-dire d'une expérience grossière et sans mesure exacte. Il abandonne alors ses suppositions, tandis qu'un génie, qui n'aurait eu que de la vanité, aurait inventé une mesure imaginaire de la Terre « pour accommoder la nature à ses idées [1] ». Newton, au contraire, a attendu la mesure du méridien de Paris par Picard [2] (1677) pour avancer sa théorie. Voltaire souligne que de « cela seul que la circonférence de la Terre est de cent vingt trois millions et de cent quarante neuf mille six cent pieds de Paris » tout le système de l'attraction peut découler, à commencer par l'attraction de la Terre sur la Lune qui se fait en raison inverse du carré des distances.

Mais Voltaire ne se contente pas de cet abrégé historique. Il montre la difficulté de la vérification et soulève le problème de l'induction, en s'avérant particulièrement sensible aux difficultés de l'observation et de la mesure, qui sont liées à la fois aux préjugés cartésiens des Français et aux instruments non standardisés du XVIIIe siècle. Les disputes sur la figure de la Terre s'avèrent ainsi essentielles pour comprendre l'assise expérimentale du newtonianisme. Voltaire les rapporte longuement dans les *Éléments*. Il rappelle d'abord l'obstacle représenté par le vague géométrisme de la physique cartésienne qui fit mépriser les mesures exactes au profit d'une ontologie. Les Français se sont en effet acharnés à se faire

1. *Ibid.*, M, XXII, p. 520-521/VF, 15, p. 418-420.

2. Sur Jean Picard, membre de l'Académie des sciences, et sur sa mesure plus exacte du méridien, voir d'Alembert, *Encyclopédie*, art. « Figure de la Terre », t. VI, p. 752 a et 754 b. D'Alembert restitue de façon précise et mathématique les difficultés de la mesure de l'aplatissement des pôles, qui constituent encore un problème à résoudre au XVIIIe siècle.

mauvais géographes pour décider de la figure de la Terre car leur mathématisme est solidaire d'un plat empirisme. Chacun sait ainsi, au XVIIe siècle, que la Terre tourne sur elle-même en vingt-quatre heures. Si les hommes étaient conséquents, ils auraient pu en conclure que la Terre n'est pas véritablement ronde car, dans cette hypothèse, la force centrifuge liée à la rotation d'une sphère parfaite et ajoutée aux élévations des marées provoquerait l'inondation des terres à l'équateur. Il faut donc que la Terre soit plus élevée à l'équateur et aplatie aux pôles pour que ce phénomène n'ait pas lieu. Cependant, les Français ont entrepris de grands voyages. En 1672, sous l'ordre de Louis XIV, Richer[1] se rend à Cayenne où il observe que le pendule de son horloge doit être raccourci « d'une ligne et plus d'un quart » pour que la vitesse de ses oscillations soit la même qu'à Paris. De cette expérience, qui reprend aux yeux de Voltaire celle de Bacon, Richer conclut que la pesanteur qui détermine les oscillations du pendule doit être moindre à Cayenne qu'à Paris, et que l'équateur doit par conséquent être à une plus grande distance du centre de la Terre que nos latitudes. Mais les philosophes français, peu avides de nouveauté, ne font que disputer sans fin pour rejeter cette mesure, car la ligne et quart dans « l'allonge » du pendule paraît insignifiante au regard du mathématisme cartésien et de l'amour séculaire pour la forme mathématiquement parfaite de la Terre, qui est conçue comme une sphère puis comme un ellipsoïde de révolution allongée. On tente alors d'expliquer que la « chaleur » seule est responsable de l'allongement du pendule : on refuse d'allier la physique et la géométrie en décidant qu'une petite différence « d'une ligne de plus ou moins ne peut éclaircir en rien les vérités fondamentales de la physique ».

Ce règne de l'imprécision française continue jusqu'au début du XVIIIe siècle[2]. Cependant, les observations de Richer sont renouvelées dans la première moitié du XVIIIe siècle au Pérou et au Cercle Polaire. Une tentative d'explication, ne faisant pas appel à l'aplatissement de la Terre mais à la force centrifuge, est alors proposée par Huygens, indépendamment de la connaissance de Newton : un objet, même s'il est attiré de la même façon par la Terre aux pôles et à l'Équateur, sera repoussé par la force centrifuge, et cela d'autant plus qu'il s'éloignera de l'axe de rotation de la Terre en se rapprochant de l'Équateur. Mais ce raisonnement ne tient pas compte de la forme de la Terre, qui n'est pas une sphère parfaite. Or, d'après Newton, l'effet de la pesanteur décroît en raison inverse du carré de

1. Ainsi que l'indiquent R. L. Walters et W. H; Barber (VF, 15, p. 465, n. 3), Jean Richer est l'auteur d'*Observations astronomiques et physiques, faites à l'île de Caïenne*, parues dans les *Mémoires de l'Académie des sciences depuis 1666 jusqu'à 1699* (Paris 1729-1733), VII, II, 233-328, chap. 10, art. 1.

2. *Éléments de la philosophie de Newton*, M, XXII, p. 543-545/VF, 15, p. 464-466.

la distance de telle sorte que toute élévation de la surface de la Terre doit avoir un effet sur la pesanteur. Voltaire tend ainsi à minimiser la découverte de Huygens parce que ce dernier adhère à un dynamisme, voire à une ontologie, pour lesquels la pesanteur est « une force inhérente aux corps » et donc toujours égale en quelque lieu qu'on se place si l'on ne tient pas compte de la rotation de la Terre. Huygens représente, à ses yeux et sur le plan philosophique, un de ces « génies » qui croient atteindre la nature même des choses. Il n'en reste pas moins que Voltaire conclut avec justesse, sur le plan scientifique, que « c'est par les lois de la gravitation combinées avec celles de la force centrifuge » qu'on peut « voir véritablement quelle figure la Terre doit avoir[1] ». Cependant les philosophes français ne progressent guère car ils passent des mesures physiques sur le pendule aux « mesures géographiques » du méridien de Paris. L'ironie de l'histoire empirique de la mesure veut d'ailleurs que Dominique Cassini se soit trompé en 1701, dans sa mesure du méridien de Paris, qui tend à démontrer que la Terre est allongée aux pôles. Mais l'Académie accepte cependant la nouvelle théorie, par inconséquence, c'est-à-dire en interprétant à tort les mesures de Cassini sous la pression de l'opinion dominante : la Terre fut aplatie « par une juste conclusion tirée d'un faux principe », si bien que « toutes ces fausses mesures montrent qu'on avait trouvé les degrés du méridien, comme on avait voulu les trouver ».

En France, c'est donc le pouvoir des Académies royales qui tranche autoritairement le problème de l'interprétation des mesures. Ces contradictions entre les mesures de Dominique Cassini et les conclusions qu'en tire l'Académie ne furent relevées que par un ingénieur dont les publications furent censurées. Les académiciens ne cessent alors d'osciller entre les deux théories : ils ont recours à de fausses mesures géographiques de méridiens et de parallèles pour trancher en faveur de tel ou tel préjugé. L'erreur de Dominique Cassini finit cependant par être expliquée, et cela par l'erreur initiale de Picard en 1677. Mais ce n'est qu'en 1740 que le petit fils de Cassini avoue l'erreur de son grand-père après avoir refait ses calculs. C'est qu'entre temps, l'alliance de l'expérimentation newtonienne et des mesures de Picard s'est réalisée, montrant malgré les erreurs du second que « les expériences sur la pesanteur » et les pendules « étaient plus sûres pour faire connaître la figure de la Terre qu'aucune mesure géographique[2] ». Le mathématisme français n'a pas vu cette contradiction entre la

1. *Ibid.*, M, XXII, p. 544-546/VF, 15, p. 467-468.
2. *Ibid*, M, XXII, p. 546-547/VF, 15, p. 468-471.

mesure physique des pendules et la mesure des géographes, si bien que « l'expérience est trompeuse [1] » tant qu'on ne sait pas la construire.

Mais l'expérimentation et l'exactitude mathématique n'ont pas suffi à étayer la théorie newtonienne de l'attraction. Le deuxième préalable à l'élaboration d'un « système du monde » consiste dans l'accord entre les lois de l'attraction, de la pesanteur galiléenne et les lois de Kepler quant à l'orbite des planètes. Newton se distingue alors radicalement de Descartes par une sobriété philosophique qui consiste à tenter la synthèse des découvertes « sanctionnées » et reconnues par toute la cité scientifique. Voltaire se livre à de longs développements sur les lois de Kepler dont les épistémologues modernes ont redémontré l'importance dans l'élaboration du newtonianisme [2]. Du point de vue qui nous intéresse, Voltaire souligne que Newton, déjà héritier de Descartes en géométrie, de Francis Bacon, Gassendi, Copernic et Galilée en philosophie expérimentale, a eu l'originalité d'opérer une unification systématique du savoir antérieur. À la différence du Descartes de *L'Aventure de la mémoire*, il a repris la tradition rationnelle de la physique expérimentale pour tirer de la confrontation entre Galilée et Kepler la nouvelle découverte qui s'ensuit, à savoir la proportion entre la gravitation et la quantité de matière ou la masse des corps. Il faut en effet que la masse du Soleil attire toutes les planètes avec une force centripète, pour rendre compte de la seconde loi de Kepler : dans leurs différentes orbites les planètes parcourent toujours des aires égales en temps égaux [3]. Il y a là, selon Voltaire, une véritable révolution dans la marche de l'esprit humain, parce que le savoir, cessant de recommencer à chaque auteur, peut désormais quitter l'à-peu-près de la vraisemblance pour poser à la nature la question de savoir s'il peut y avoir une autre théorie que celle de l'attraction qui soit apte à coïncider avec tous les faits construits. Autrement dit, on peut enfin cesser de « sauver les phénomènes » et rompre avec les critères esthétiques d'élégance et de simplicité de la théorie, qui font que les génies ne sont que de mauvais artistes, pour atteindre la vérité expérimentale. Ce n'est donc qu'en se faisant l'objection de toutes les autres théories connues et vraisemblables et en les intégrant dans une théorie plus globale qu'on se met en mesure d'atteindre la vérité. Cette nouvelle prudence méthodique permet à Voltaire de distinguer les découvertes hasardeuses de Kepler de leur examen critique de la part de Newton. Kepler, comme Descartes, est accusé de rester « un génie » moitié

1. Sur cet adage récurrent chez Voltaire, voir, par exemple, *Des Singularités de la nature*, M, XXVII, p. 127.

2. Voir l'ouvrage classique de A. Koyré, *Études newtoniennes*, Paris, Gallimard, 1968, en particulier, p. 9-18, et 30-35 sur les lois du mouvement planétaire.

3. *Éléments de la philosophie de Newton*, M, XXII, p. 514/VF, 15, p. 426-427.

géomètre, moitié chimérique, qui a trouvé le vrai à partir du faux. Cet « astronome admirable » s'avère en effet affligé d'une imagination plus outrancière encore que celle de Descartes : il affirme dans son *Epitome* que le Soleil a une âme végétante et agissante et qu'en tournant sur lui-même il attire à soi les planètes, qui ne tombent pas sur le Soleil, et font aussi une révolution sur leur axe. Dans cette révolution, elles présentent tantôt une face amie et attirée par le Soleil, tantôt une face ennemie et repoussée. C'est donc par « hasard » que l'imaginaire de la sympathie a conduit Kepler à une vérité quant aux révolutions des satellites de Jupiter, et plus généralement quant à l'équilibre des forces centrifuges et centripètes par lequel il explique sa troisième loi, qui affirme la proportionnalité du carré de la période de révolution d'une planète avec le cube de sa distance au Soleil, quel que soit son orbite[1]. Voltaire avertit alors le lecteur qu'il ne doit pas être surpris de voir dans un même homme un « génie » en fait de calcul et un rêveur impénitent dès qu'il cesse de calculer : tant que le savoir est livré à l'imagination géniale, sa marche reste chaotique et dénuée de ce véritable « esprit systématique », ou de cet « esprit d'ordre » qui est propre à Newton et qu'il ne faut pas confondre avec l'esprit de système[2].

L'originalité fondamentale de Newton consiste à avoir démontré que seule l'attraction centripète et ses lois pouvaient rendre compte du système du monde, même si cette attraction n'est pas plus intelligible pour nous que la sympathie de Kepler ou l'impulsion et les chocs de la physique cartésienne. Il faut en effet signaler que l'expérience familière de la poussée et du choc est trompeuse car, si l'on ne conçoit pas pourquoi un corps tend vers le centre d'un autre corps, la vertu par laquelle un corps en peut pousser un autre n'est pas plus intelligible[3]. Le nouvel esprit scientifique se distingue néanmoins du cartésianisme par la capacité à opérer une intégration progressive de lois telles que les lois de Galilée ou de Kepler, pour s'élever à une loi plus générale et plus simple qui étend la portée déductive de la théorie, et non la portée explicative, ne serait-ce qu'à cause du problème des attractions à petite distance. En retraçant la genèse du newtonianisme à partir d'un histoire des découvertes antérieures, Voltaire en vient ainsi à approfondir l'opposition entre Descartes et Newton. Il s'agit désormais de

1. *Ibid.*, M, XXII, p. 527-528/VF, 15, p. 435-436.

2. *Des Singularités de la nature*, M, XXVII, p. 158-159. Sur l'importance de cette distinction, au XVIIIe siècle, et sa reprise par d'Alembert, voir M. Groult, *D'Alembert et la mécanique de la vérité dans l'Encyclopédie*, Paris, Champion, 1999, en particulier p. 336, sur la reprise de l'idée que « Descartes n'est critiquable que parce qu'il n'a pas vérifié l'accord de ses hypothèses et de la nature par le calcul », et p. 344-345, sur l'accord de principe entre d'Alembert et Voltaire, quant à la distinction de l'esprit de système et de l'esprit systématique.

3. *Lettres philosophiques ou lettres sur les Anglais*, M, XXII, p. 139.

l'opposition entre deux conceptions radicalement différentes de la « physique ». Alors que Newton procède par rectification et articulation progressives de théories déjà élaborées et relativement indépendantes, Descartes veut bâtir une ontologie et une seule, de façon à réduire tous les corps à leur configuration et à leur état de mouvement. Mais cette supposition trop générale et vague l'oblige à unifier arbitrairement les phénomènes à l'aide d'analogies mécanistes. La critique de Voltaire soulève, à notre sens, un vrai problème dans l'interprétation de la physique cartésienne : le problème de l'usage des hypothèses tel qu'il est défini dans les *Principes*, problème qui détermine le sens qu'il faut accorder au terme de « fable du monde ». Voltaire prend cette expression à la lettre, comme synonyme de « roman », suggérant par là même que Descartes n'a pas su distinguer la fiction et l'hypothèse fondée. La célèbre comparaison du monde avec un cryptogramme à déchiffrer n'est pas sans donner une pertinence à cette analyse : on peut se demander si Descartes ne laisse pas ouverte une liberté de conjecturer et de reconstruire le monde en intégrant, non pas des théories déjà vérifiées, mais des modèles mécanistes et des fictions de plus en plus complexes. Il s'agit, par exemple, de la fiction des tourbillons, mais aussi de celles de l'animal-machine ou de l'automate. Nous ne prétendons pas trancher ce débat qui reste encore ouvert dans l'histoire des sciences [1], mais montrer que Voltaire l'a déjà instauré. Au lecteur qui pourrait soupçonner cette interprétation d'anachronisme, nous répondrons que d'Alembert explique lui-même que Descartes a donné trop d'étendue à la géométrie : il a voulu « lier le tout » de la nature, mais seulement par des « mesures » et des « rapports de grandeurs », si bien qu'il a fini par croire qu'avec « deux ou trois règles de la mécanique » l'on pouvait expliquer la formation de tous les phénomènes. Mais cette explication aboutit à « montrer avec une parfaite évidence comment quelques parcelles de chyle ou de sang [...] doivent former juste et précisément le tissu, l'entrelacement et la correspondance des vaisseaux du corps d'un homme, plutôt que d'un tigre ou d'un poisson [2] ». Il y a donc un nouvel accord entre Voltaire et d'Alembert pour estimer que Descartes s'est livré à des inductions abusives ou à de vagues analogies mécanistes qui font de sa physique un système de la nature : ce système n'est pas véritablement une « physique », puisqu'il prétend englober les phénomènes les plus variés depuis la chute des corps jusqu'à l'explication de la formation du vivant.

À partir de là, on peut mieux comprendre l'enracinement du newtonianisme dans une Angleterre de mœurs républicaines, où ce n'est plus la

1. Sur ce point voir Michel Fichant, *op. cit.*, p. 71-72.

2. D'Alembert, *Encyclopédie*, art. « Cartésianisme », t. II, p. 619 a-b.

« vanité » ou le souci de se distinguer, mais la société passée et présente des différents tenants de la philosophie expérimentale qui domine la recherche scientifique. En Angleterre, la cité scientifique s'est donc constituée en une véritable « société », tandis que la France vit toujours sous le règne d'une science mondaine. C'est dans cette perspective que Voltaire insiste sur les erreurs de Descartes. Il n'y a là rien d'obsessionnel ni de caricatural, mais la volonté d'inculquer l'intelligence d'une « révolution » si radicale qu'elle n'a pas encore pénétré les consciences. Les Français continuent en effet de croire que le newtonianisme n'est qu'un nouveau système, qui sera nécessairement détrôné. C'est pourquoi Voltaire répète sans cesse que le newtonianisme n'est pas une « nouvelle philosophie » ni une « conjecture moderne » opposée aux « fantaisies des Anciens », mais bien une « science de la nature » qu'aucune autre théorie ne peut remplacer. Cette théorie « appartient à tous les hommes » quelle que soit leur nationalité, car elle fait passer à l'acte une raison naturelle et universelle que Dieu a mise en chacun de nous[1]. Mais les Français « ont ouï-dire que l'école ionique a combattu l'école de Pythagore, que Platon a été opposé à Épicure; qu'Aristote a abandonné Platon, que Bacon, Galilée, Descartes, Boyle, ont fait tomber Aristote, que Descartes a disparu à son tour », et ils en ont conclu « qu'il viendra un temps où Newton subira la même destinée ». Voltaire fait alors la critique de ce relativisme plat en reconnaissant l'existence d'un savoir « sanctionné » ou d'une science normale que l'on peut perfectionner, mais sans jamais pouvoir le remettre entièrement en doute : « ceux qui tiennent ce discours vague supposent, ce qui est très faux, que Newton a fait un système », alors qu'il n'a « annoncé que des vérités de géométrie et des vérités d'expérience. C'est comme si on disait que les démonstrations d'Archimède passeront de mode un jour ». Seul le savoir scientifique peut donc connaître un progrès, en ce sens qu'il peut être approfondi sans être rejeté : « il se peut que quelqu'un découvre un jour (s'il a des révélations) la nature de la gravitation », mais « le calcul de Newton sur la gravitation n'en sera ni moins vrai ni moins admirable[2] ».

Le newtonianisme révèle ainsi l'universel de la raison, même si par nature et du fait des inégalités sociales, nous pouvons aller plus ou moins loin dans l'intelligence des *Principia*. Mais tout homme est doué par Dieu d'une justesse d'esprit qui permet à Voltaire d'écrire les « éléments » de la philosophie de Newton. Ces *Éléments* ne sont pas une œuvre de savant, mais une œuvre philosophique qui extrait du newtonianisme les principes fondamentaux du nouvel esprit scientifique, tout en laissant à chacun le

1. *Éléments de la philosophie de Newton*, M, XXII, p. 438/VF, 15, p. 251.
2. *Correspondance*, XXXV, p. 10/VF, 15, p. 709-710.

soin de reconstituer les démonstrations mathématiques en fonction de ses possibilités. Tout lecteur accède ainsi à un nouveau goût philosophique qui lui fait au moins « former une idée juste » des démonstrations et des calculs, même s'il ne peut les refaire[1]. Voltaire exige néanmoins du lecteur une réflexion sur soi, car la raison expérimentale n'a rien à voir avec le bon sens qui nous fait adhérer à l'expérience première et naïve et à la fascination pour l'immédiat. C'est notamment dans cette perspective qu'il s'acharne contre la physique du plein. Il estime que l'horreur du vide, que nous attribuons à la nature, n'est que le fruit de notre imaginaire. Il rappelle que cette horreur du vide s'est opposée aux expériences certaines de Torricelli et de Pascal sur la pesanteur de l'air. Le cas de Pascal, déchiré entre sa qualité de savant et sa religiosité, devient représentatif de l'inconséquence des hommes. Pascal adhère en physique au vide, mais il en tire une métaphysique désespérante et une peur superstitieuse du vide infini qui conduit à la misanthropie, ou à la dévalorisation d'un monde humain où nous n'aurions rien de mieux à faire qu'à méditer sur notre mort prochaine. Ce « génie » qu'est Pascal nous avertit alors que l'horreur du vide est liée à un pathos métaphysique qui assimile le vide, la mort, la finitude humaine, à la pensée d'un Dieu invisible qui se détourne des hommes pour les punir du péché originel, ce qui nous rend misérables et insignifiants[2].

C'est donc bien en savant, mais aussi en historien des superstitions qui nous éloignent du raisonnement et de l'expérience que Voltaire rappelle inlassablement que sans le vide le mouvement serait impossible. Il insiste sur le cas de la propagation de la lumière, car dans un fluide de type cartésien, et étant donnée la vitesse prodigieuse de la lumière qui ne met que sept à huit minutes à venir du Soleil à la Terre, la matière subtile de Descartes devrait résister comme une matière compacte[3]. De plus, Newton a démontré que dans un fluide, tout corps de même densité qui se meut uniformément perd la moitié de son mouvement après avoir parcouru trois de ses diamètres[4]. Le vide est une réalité physique indéniable qu'il faut distinguer de la métaphysique désespérante de Pascal : il permet au monde entier de recevoir la lumière. Voltaire explique que c'est faute de ce vide que l'Univers ne serait qu'un misérable cachot. La critique de Pascal ou Descartes renvoie ainsi à la critique des génies, qui sont accusés de livrer le savoir à un recommencement perpétuel en l'assujettissant à un pathos ou à des mœurs despotiques, qui font également obstacle à la constitution de la

1. *Éléments de la philosophie de Newton*, M, XXII, p. 438/VF, 15, p. 254.
2. *Remarques sur les Pensées de Pascal*, M, XXII, p. 33-34.
3. *Éléments de la philosophie de Newton*, M, XXII, p. 449/VF, 15, p. 277.
4. *Dictionnaire philosophique*, art. « Chaîne ou génération des événements », M, XVIII, p. 127/*Éléments de la philosophie de Newton*, VF, 15, p. 406-407.

véritable « science de la nature ». Il faut alors accepter ce fait que la physique cartésienne est définitivement réfutée par Newton, en tant que théorie simplement imaginaire qui se contente de sauver les phénomènes en jouant sur le goût fabuleux pour les tourbillons, le plein, les formes circulaires, ou la fausse simplicité de l'impulsion mécanique qui se réduit à l'expérience familière de la poussée ou du choc.

CHAPITRE III

LES FAUX SAVOIRS DU VIVANT : UN NOUVEAU TRAITÉ DE LA CURIOSITÉ

Désormais, l'on peut comprendre que c'est la critique historique des génies et l'intelligence de la révolution newtonienne qui conduisent Voltaire à ce qu'on a souvent réduit à une polémique, c'est-à-dire à son refus des nouveaux savoirs du vivant. S'il faut en effet qu'une théorie soit en mesure de démontrer qu'aucune autre théorie concurrente ne peut se substituer à elle pour être dite scientifique, tout ce qui reste douteux ou vraisemblable ne peut qu'être rejeté comme pré-scientifique et pré-rationnel. C'est de ce point de vue à la fois historique et « épistémologique », qui réinvente le doute hyperbolique de Descartes, que la *Dissertation sur les changements arrivés dans le globe* (1746) et plus fondamentalement les *Singularités de la nature* (1768) deviennent intéressants.

À notre sens, la critique des savoirs du vivant se fonde en effet sur l'idée générale que la physique mathématique de Newton constitue le seul savoir fiable, tandis que les balbutiements des théories de l'épigenèse opposées aux théories de la préformation, tout comme les nombreuses hypothèses sur l'histoire de la Terre, nous ramènent à l'ère des génies ou des systèmes contraires entre lesquels il est impossible de trancher. Aussi faut-il souligner le titre des *Singularités* qui signale, en lui-même, que dans le domaine du vivant il n'y a pas de faits ou de phénomènes généraux scientifiquement construits, mais des cas singuliers sur lesquels chacun peut construire arbitrairement sa propre théorie. C'est pourquoi Voltaire se sert de la balance sceptique et strictement égale des raisons contraires en opposant les faits, les expériences et les théories à eux-mêmes, mais pour montrer que les philosophes français continuent de feindre des hypothèses sans avoir aucune idée de la méthode newtonienne.

En première lecture cependant, les nombreux écrits que Voltaire oppose aux tenants de l'épigenèse peuvent paraître superficiels : ils semblent ressortir d'un anti-matérialisme de principe. Ce sont en particulier les attaques contre Needham, surnommé « l'Anguillard » et transformé d'authentique savant anglais en un Jésuite ou en un imposteur irlandais, qui ont amené les commentateurs à estimer que la critique trop rapide de Voltaire ressort de la mauvaise ou bonne foi déiste [1]. Nous ne nierons pas que l'art voltairien de l'ironie, de la formule brève et terrassante puisse souvent le conduire à des jugements apparemment péremptoires. Mais ces « coups d'éclats » de l'écriture ne doivent pas masquer une argumentation qui souligne que « l'expérience est trompeuse » : pour obéir au véritable « esprit systématique », la marche de l'esprit humain doit suivre ce précepte « d'attribuer les mêmes effets aux mêmes causes, jusqu'à ce que l'expérience découvre une cause nouvelle », étant entendu que le terme de « cause » désigne une loi au sens newtonien, qui relie les phénomènes [2]. Pour s'assurer d'une « cause », il faut donc multiplier les expériences et justifier l'induction par une extension méthodique de la loi, ce qui exige une exactitude des protocoles expérimentaux. Or, cette exactitude s'avère particulièrement difficile et même impossible dans le domaine du vivant.

Le cas de Needham et de sa théorie des générations spontanées peut alors être réexaminé. Il faut d'abord reconnaître que Voltaire ne rend pas justice à Needham. Ainsi que le rappelle A. Pichot [3], la théorie des générations spontanées repose sur des expériences aussi rigoureuses qu'elles pouvaient l'être au XVIIIe siècle. John Tuberville Needham (1713-1781) est en effet un savant anglais qui n'a pas procédé sans méthode à ses observations sur les microorganismes sortant de différentes infusions de viandes ou de plantes, c'est-à-dire de matières organiques en décomposition. Ses observations annoncent même celles que Pasteur fera un siècle plus tard, car Needham se sert de fioles, qu'il croit hermétiquement bouchées : il chauffe les matières organiques et ajoute des cendres également très chaudes afin de détruire les germes qui pourraient subsister dans l'air résiduel. Enfin, Needham a multiplié ses observations de façon à distinguer deux sortes de générations spontanées : les unes engendrent des organismes

1. Sur ce point, voir en particulier J. Roger, *Les Sciences de la vie dans la pensée française au XVIIIe siècle*, Paris, Armand Colin, 1971, p. 732-748, où J. Roger conclut à un Voltaire défenseur de la foi. Mais voir aussi p. 511-520, où ce point de vue critique est nuancé par l'idée que c'est Voltaire qui a peut-être appris à un Needham, pour qui l'épigenèse est dirigée par Dieu, quelle utilisation les athées faisaient de son œuvre.

2. *Essai sur la nature du feu et sur sa propagation*, M, XXII, p. 299/VF, 17, p. 56.

3. Voir cet ouvrage de référence indispensable que constitue l'*Histoire de la notion de vie*, Paris, Gallimard, 1993, p. 431-443. Nous suivons cet ouvrage, quant à l'œuvre de Needham.

qui survivent et se reproduisent, tandis que d'autres sont éliminés et se résolvent en êtres d'un niveau inférieur. C'est donc au terme d'une procédure expérimentale rigoureuse et méthodique que Needham conclut à l'existence d'une « force réelle productrice dans la nature », qui est une force végétative ou expansive propre aux molécules organiques. Cette force explique que les molécules ne se combinent pas au hasard, mais recherchent des éléments analogues, selon une attraction dont nous ne connaissons pas la nature mais dont nous pouvons observer les effets. La force expansive est donc propre à la matière vivante et explique sa croissance ou son auto-organisation qui va du plus simple au plus complexe. Mais cette force expansive se heurte à une force de résistance, également inhérente à la matière ou au milieu où se produit l'expansion. Il y a alors une « force vitale physique, combattant une force physique résistante », combat dont résulte la force végétative. Needham s'est en effet livré à une recherche systématique des principes résistants et des variations du milieu qui entrent, avec la force expansive, dans la constitution de chaque corps organisé : il s'agit des conditions d'acidité, de salinité, de chaleur ou de fluidité qu'il étudie à l'aide des connaissances chimiques de son temps. Ses recherches l'amènent à concevoir une sorte de dialectique de l'expansion et de la résistance que l'on retrouvera chez Lamarck et qui fait de l'organisation le produit de conditions matérielles déterminées. Les propriétés vitales de la matière renvoient ainsi à des propriétés dynamiques qui ne se manifestent que dans des circonstances favorables, telles que la présence de « vibrations de chaleur » ou l'action des « fluides ».

Mais toutes les méthodes et les expériences de ces « observations microscopiques » sont passées sous silence par Voltaire, qui se contente de ridiculiser « l'Anguillard » en le comparant à un commis de ferme qui « fit accroire à tous les beaux esprits de Paris, qu'il était une jolie femme ». De plus, Voltaire fait comme si Needham supposait que tout peut naître de tout, ce qui autorise à le réfuter par Lucrèce lui-même et sa théorie des germes spécifiques[1]. En ce sens, il y a bien une mauvaise foi chez Voltaire. A. Pichot, comme J. Roger soulignent à juste titre que Voltaire croit ou feint de croire que le hasard préside aux générations spontanées. Mais d'un autre côté, A. Pichot conclut son étude sur Needham en remarquant, d'une part que les théories épigenésiques du XVIIIe siècle, dont Needham et Maupertuis sont les plus illustres représentants, restent aussi variées que les théories préformationnistes, et d'autre part qu'elles ne survivront que complètement réadaptées et accommodées à la thèse du programme

1. *Des Singularités de la nature*, M, XXVII, p. 159-160.

génétique[1]. La première remarque, d'ordre sceptique, se trouve déjà sous la plume de Voltaire. De la « force vive » de Needham, les défenseurs de l'épigenèse ont pu tirer une multitude de théories : « C'est l'attraction disait l'un, c'est la matière organisée disait l'autre, ce sont des molécules organiques vivantes qui ont trouvé leur moule. De bons physiciens furent trompés par un jésuite[2] ». Voltaire constate ainsi que les observations de Needham ne permettent pas de trancher entre trois théories. La première se réduit à une extension pure et simple de l'attraction newtonienne; la seconde au postulat d'une matière organisée qui peut renvoyer aussi bien à Diderot qu'à Maupertuis; la troisième à Buffon et à sa théorie du moule organique. Il y a donc, à la honte de l'esprit humain, un abus bien connu qui consiste à se livrer à une induction illégitime ou à « bâtir un système universel sur un fait particulier ». Le fameux *hypotheses non fingo* est ainsi rappelé, et pour faire bonne mesure, Voltaire signale que Needham a été combattu par Spallanzani qui l'a accusé de ne pas avoir assez pris de précautions expérimentales avant de décider de l'existence de ses « anguilles[3] ».

De fait, avec Spallanzani, nous n'avons plus affaire à des objections de principe, mais à un véritable débat expérimental. Spallanzani montre que les flacons de Needham ne peuvent être « stériles » parce qu'ils sont imparfaitement bouchés par du coton et que le temps de chauffage utilisé reste insuffisant pour réussir à faire périr tous les germes. Spallanzani a lui-même refait les expériences en tenant compte de ces critiques et a conclu que rien n'apparaissait dans le jus de mouton ou dans les liquides végétaux. Si Needham répond qu'en chauffant à l'excès la matière infusée, l'on détruit la force végétative et l'on violente la nature, il n'en reste pas moins que les observations de Spallanzani ont autant contribué au progrès du savoir que celles de Needham. Sur ce point, les conclusions des historiens des sciences[4] ne peuvent que renvoyer dos-à-dos Voltaire-Spallanzani et Needham, car en l'ignorance des moyens d'une stérilisation efficace, on ne pouvait bâtir une expérience concluante. Mais si l'on cesse d'adopter ce point de vue récurrent dans l'histoire des sciences, on ne peut que souligner la prudence méthodique de Voltaire, qui a trop le sens des difficultés de l'expérience pour ne pas suspendre son jugement. De plus, le *Dictionnaire*

1. A. Pichot, *op. cit.*, p. 442.

2. *Des Singularités de la nature*, M, XXVII, p. 159.

3. *Les Colimaçons du R. P. l'Escarbotier*, M, XXVII, p. 220. La connaissance de Spallanzani par Voltaire est également attestée par ce passage : « Spallanzani, excellent observateur, fait voir à l'œil la chimère de ces prétendus animaux, nés de la corruption, comme la raison le démontre à l'esprit » (*Ibid.*, M, XXVII, p. 200).

4. Nous suivons ici, sur Spallanzani, outre les ouvrages déjà cités de J. Roger et A. Pichot, l'*Histoire générale des sciences* de R. Taton, Paris, PUF, 1994-1995, t. II, p. 615-619.

philosophique estime que quand bien même la théorie de la génération spontanée s'avérerait vraie avec le progrès du savoir, il n'en résulterait pas pour autant un argument imparable en faveur de la métaphysique matérialiste, car Dieu aurait pu donner à la matière la puissance de s'auto-organiser[1]. Cette remarque, inspirée de Locke[2], reste parfaitement cohérente avec la critique du génie qui prétend « tout faire cadrer » avec son système métaphysique.

On retrouve le même usage critique de l'*épochè* en ce qui concerne les observations de Trembley sur les polypes d'eau douce. Voltaire veut en effet montrer que ce pseudo zoophyte est érigé à tort en archétype du vivant, par les tenants du matérialisme. C'est moins alors les observations de Trembley que leurs interprétations épigenésiques qui font l'objet de ses attaques. Les tenants matérialistes d'un dynamisme ou d'un vitalisme considèrent, de fait, le polype comme un zoophyte ou comme un être intermédiaire entre la plante et l'animal, qui prouve donc la continuité de la grande chaîne des vivants. Mais comme Voltaire le pressent, le polype sert aussi à accorder à l'ensemble de la matière une sensibilité, de façon à aboutir aux théories atomistes de l'épigenèse qui commencent la grande chaîne des êtres par des atomes ou des particules sensibles et éternels. Sur ce point, Voltaire n'a pu lire le *Rêve de d'Alembert* de Diderot, paru à titre posthume, mais il a pu prendre connaissance de cette théorie dans l'*Encyclopédie*, où elle est développée par Fouquet ou Ménuret de Chambeau, c'est-à-dire par les chimistes et médecins de l'École de Montpellier. De nombreux articles tels que l'article *Sensibilité de Fouquet* et l'article *Polype de Ménuret* (1765) se servent des observations de Trembley pour rejeter le préformationnisme et faire du polype le modèle du vivant, qui se reproduit par agrégation ou par mixtions de molécules sensibles, c'est-à-dire douées d'affinités chimiques. On peut en effet hacher le polype en autant de parties que l'on veut, l'art humain ne parvient pas à le détruire et à l'empêcher de se reproduire. Fouquet montre que Trembley a multiplié les expériences sur le polype de façon méthodique. Le polype, que nous appellerions l'hydre et qui est un animal, se présente comme un cylindre vivant, capable de se mouvoir à la façon des chenilles arpenteuses, ce qui l'apparente aux animaux, mais aussi capable de se reproduire par simple séparation ou par boutures, ce qui l'apparente aux plantes. L'ayant retourné comme un gant, Trembley observe notamment que le polype continue de vivre et de se reproduire. Si l'on introduit un autre animal dans un polype, les deux s'agrègent et forment, par excroissance, une sorte d'arbre vivant

1. *Dictionnaire philosophique*, art. « Dieu, dieux », M, XVIII, p. 374.

2. Voir l'*Essai philosophique concernant l'entendement humain*, IV, III, 6, éd. P. Costes, 1755, p. 440-445.

constitué d'une multiplicité d'animaux. C'est ce phénomène qui a amené Maupertuis puis Diderot[1] à comparer le polype à une « grappe d'abeilles vivantes » dont le principe de vie réside dans chaque animalcule et ne saurait donc renvoyer à une âme spirituelle, inétendue et indivisible. Fouquet tire également de ces observations la conclusion que la sensibilité est non seulement une propriété générale du vivant, mais une qualité « physique » de la matière.

C'est bien cette articulation entre les observations de Trembley et un matérialisme dynamiste ou vitaliste que Voltaire attaque, ainsi que le corrobore le rapprochement entre le polype d'eau douce et la sensitive, c'est-à-dire le mimosa : ce rapprochement est lui-même opéré par Fouquet, mais pour prétendre qu'il faut étendre les limites de la sensibilité aux organismes les plus simples. La très grande photosensibilité du polype, qu'il partage avec le mimosa, permet à Fouquet de nier la division du vivant en règnes distincts qui seraient issus de germes préformés ou créés par Dieu[2]. Mais Voltaire montre qu'on peut tirer de cette photosensibilité autant de conclusions en faveur des théories préformationnistes. Rien ne prouve en effet que le polype soit un animal, car sa photosensibilité et son apparence de poulpe qui pousse des bras l'apparentent plutôt au règne des plantes. De plus, l'on n'a pas pu établir que le polype s'alimente comme un animal : « les petits insectes que cette plante semble parfois avaler peuvent entrer dans sa substance pour s'y nourrir et y périr, aussi bien que pour être attirés par cette substance pour être mangés par elle ». La balance sceptique des raisons penche alors vers les théories préformationnistes. La reproduction par bouture représente en effet une nouvelle preuve du caractère de plante du polype. Voltaire admet que des « expériences frappantes » semblent assimiler les polypes à des animaux, mais il souligne que l'on ne sait pas exactement ce qui distingue l'animal de la plante. L'animal se caractérise peut-être par la sensibilité et la perception « consciente », ou peut-être par l'ensemble des fonctions de la vie, c'est-à-dire par les désirs, les volontés et les idées. Le fait que le polype se rétracte quand on le pique ne prouve donc pas qu'il est sensible à la façon des animaux, qui ont conscience des sentiments de plaisir et de douleur[3]. Voltaire met ainsi l'accent sur l'une des difficultés majeures du matérialisme vitaliste en usant d'un argument analogue à celui de Hume, dans ses *Dialogues sur la*

1. Comparer Diderot, *Pensées sur l'interprétation de la nature*, VER, I, p. 529, ou *Rêve de d'Alembert*, VER, I, p. 627-629 et Maupertuis, *Système de la nature*, dans *Œuvres*, éd. J.M. Bruysset, 1761, t. I, p. 150-151 et 154.

2. Voir Fouquet, *Encyclopédie*, XV, en particulier p. 43 a et 39 a. Sur le polype, voir Ménuret, *Encyclopédie*, XII, en particulier p. 946 b-947 b.

3. *Des Singularités de la nature*, M, XXVII, p. 131-132.

religion naturelle : pour faire de la matière la cause première de toute chose, il faut se livrer à une inférence analogique et attribuer aux atomes des qualités semblables à celles de l'homme, telles que le désir, l'aversion, la mémoire, c'est-à-dire un mystérieux psychisme, voire une âme matérielle [1]. Cette accusation d'anthropomorphisme et de pensée magique lui permet d'affirmer que les automates de Vaucanson ressemblent plus à un homme que le polype à un animal.

Le matérialisme s'appuie donc sur des phénomènes trompeurs et sur des apparences immédiates, aussi fascinantes que celles des dendrites ou des pierres « figurées » : il tombe dans la fascination pour une fausse simplicité et généralise à tort les curiosités de la nature. Cette conception voltairienne des erreurs expérimentales n'est pas sans consistance : les historiens des sciences, et en particulier J. Roger, estiment eux-mêmes que l'hypothèse d'une sensibilité universelle de la matière, qui n'est pas suffisante pour expliquer l'organisation du vivant, renvoie à une intuition vitaliste dont la rationalité pose un problème [2]. De même, J. Rostand, tout en critiquant Voltaire qui se trompe en faisant du polype une plante et non un animal, reconnaît cependant que les observations de Trembley posent autant de problèmes aux théories de l'épigenèse qu'aux théories de la préformation. En faveur de ces dernières, Charles Bonnet a ainsi allégué que les germes préformés pourraient se trouver non seulement dans les ovaires, mais dans les différentes parties du corps : dans le cas du polype, les germes seraient donc semés dans chaque partie. C'est pourquoi le corps du polype serait constitué d'une infinité de petits polypes qui n'attendraient, pour venir au jour, que des circonstances favorables [3]. Si Voltaire peut être accusé de mener une polémique anti-matérialiste, il faut cependant lui reconnaître le bon sens scientifique de ne pas tomber dans les excès de Bonnet. Son esprit newtonien lui interdit le recours à des hypothèses *ad hoc*, et il s'oppose tant aux partisans de l'épigenèse qu'aux abus des théories préformationnistes. On ne peut que douter et reconnaître notre ignorance du principe de la vie. L'exemple des huîtres, c'est-à-dire « d'animaux toujours immobiles », détruit en effet les arguments de Fouquet qui considère la marche des polypes comme une preuve de leur

1. Plus sceptique que Voltaire, Hume renvoie dos à dos les théistes et les athées, accusés de se livrer à la même inférence analogique, entre les opérations de la nature et celles de l'esprit humain, pour affirmer l'existence d'un ordre, soit issu de Dieu, soit issu de la matière, voir *op. cit.*, éd. M. Malherbe, Paris, Vrin, p. 213-214 et 58-69.

2. J. Roger, *op. cit.*, p. 658 et 661, où J. Roger estime que l'adhésion à l'hypothèse de la sensibilité de la matière risque de reposer sur « un acte de foi », ou « une intuition globale de la vie ». Sur la défense du vitalisme et sur son lien avec la méthode newtonienne, voir G. Canguilhem, dans R. Taton, *op. cit.*, en particulier II, p. 646-647.

3. Voir dans R. Taton, *op. cit.*, II, p. 612-614.

animalité. Cette observation vient renforcer la prudence épistémologique de Voltaire. On ne sait si les huîtres et les polypes sont des zoophytes, des plantes, des animaux ou « un autre ordre de choses », car la chaîne des êtres doit nécessairement être brisée par le vide, à l'image de ce qui se passe dans la physique : « Ne voit-on pas une disproportion marquée entre les planètes et leurs distances, entre la matière brute et l'organisée, entre la matière végétante et la sensible, entre la sensible et la pensante ? [...] Qui sait s'il n'y a pas entre elles un infini qui les sépare ? Qui saura seulement ce qu'est la matière[1] ? ». Voltaire établit donc qu'aucune théorie du vivant n'a su s'élever à la rationalité du newtonianisme.

C'est à partir de là qu'il se livre à une nouvelle critique morale et politique des génies dont la *libido sciendi*, ou la curiosité frivole, exprime une *libido dominandi et appetendi* inconsciemment liée à des mœurs despotiques. Les « nouveaux génies » tels que Buffon participent des mœurs féodales des conquérants ou des potentats ecclésiastiques, en ce sens qu'ils aiment les guerres, les grandes catastrophes[2], les « révolutions » extraordinaires et en général les événements spectaculaires. Ils participent également des mœurs d'une bourgeoisie vénale, avare, qui achète des charges pour s'ennoblir[3]. C'est pourquoi ces nouveaux génies aiment le rare, le précieux et collectionnent les curiosités de la nature, qui se prêtent à des rêveries sensuelles et fabuleuses comme à des rêves de distinction sociale. C'est du fait de son sens aigu de l'histoire des mœurs que Voltaire découvre ainsi une logique inconsciente de cette « folie » qu'est l'esprit de système.

Le cas des coquilles fossilisées est particulièrement révélateur de cette nouvelle critique qui n'est pas sans annoncer la psychanalyse de l'esprit scientifique à laquelle G. Bachelard se livre[4]. Les *Singularités* montrent en effet que les hommes commencent toujours par se laisser enchanter par les vaines curiosités de la nature. Voltaire souligne, à cet égard, que les fossiles pourraient bien n'être qu'un cas particulier de « pierres figurées » que l'on a divisées jusqu'ici, par simple analogie imaginaire, en « dendrites » lorsqu'elles représentent des arbres et en « zoomorphites » quand elles ressemblent à des animaux. Mais il n'y a là qu'un jeu de la nature, qui produit par hasard ces célèbre calcaires toscans que les amateurs de

1. *Des Singularités de la nature*, M, XXVII, p. 132.

2. *Dissertation sur les changements arrivés dans notre globe ...*, M, XXIII, p. 224-225.

3. *Fragments des instructions pour le Prince de* ***, M, XXVI, p. 446.

4. Voir *La Formation de l'esprit scientifique*, Paris, Vrin, 1993. L'ironie de l'histoire veut que Voltaire soit accusé par G. Bachelard de ce qu'il dénonce pourtant lui-même : de sombrer dans la séduction pour l'utile, au sens anthropomorphique, avec son hypothèse sur les comètes qui renouvellent l'humidité de la Terre (p. 93), ou pour l'expérience sensible et immédiate dans son *Essai sur la nature du feu* (p. 218).

curiosité ont toujours collectionné, depuis le XVIIIe siècle jusqu'à nos jours. Aussi Voltaire demande-t-il ironiquement pourquoi l'on n'a pas nommé « domatistes » les pierres qui représentent des maisons, en suivant l'habitude de multiplier les obstacles que le langage et les dénominations fabuleuses opposent à la connaissance[1]. D'une façon générale, il explique que les pierres rares et précieuses ont toujours fasciné les hommes, qui leur ont donné des noms fastueux ou galants. Comme chez Bachelard, les rêveries sur les coquillages appelés « cornes d'Ammon », ou les noms donnés par les alchimistes au plomb, tels que le « sucre de Saturne », laissent transparaître et la volonté de puissance des tyrans et l'avarice, la cupidité ou la vanité qui se dissimulent sous une fausse érudition. Ces dénominations sont en effet aussi trompeuses que « le titre d'un bourgeois qui a acheté une charge, et qui se fait appeler Seigneur chez son notaire[2] ». Voltaire retrouve d'ailleurs le même imaginaire de la possession avare et du désir de distinction dans l'alchimie, comme dans l'étude de Réaumur sur les abeilles. Il y a là un conte digne des *Mille et une nuits*, avec sa « reine », ses « bourdons esclaves » et ses « servantes ouvrières ». Ce roman d'une reine, dont le pouvoir serait plus absolu que celui d'un Louis XIV, n'est certainement pas l'invention d'un « républicain ». D'autres observations laissent d'ailleurs supposer que la reine est aidée dans sa ponte par des abeilles femelles qui « forment le corps de la république, et qui déposent les œufs dans les cellules qu'elles ont formées ». Voltaire trouve très vraisemblable cette dernière hypothèse parce qu'elle est plus « simple », c'est-à-dire plus en accord avec sa théorie des germes préexistants et éternels. Mais il reste soupçonneux envers l'imaginaire inconsciemment politique qui anime les deux observations contraires. Il estime donc que « presque tout est obscurité dans les origines des animaux » et plus particulièrement des abeilles, des fourmis et de tous les insectes[3]. L'inconscient sexuel est également dénoncé avec le cas des « coquilles », notamment de celles qu'on nomme « conques de Venus » : « il y a des coquilles appelées *conchae Veneris* », parce qu'« elles ont une fente oblongue doucement arrondie aux deux bouts. L'imagination galante de quelque physicien leur a donné un beau titre, mais cette dénomination ne prouve pas que ces coquilles sont les dépouilles des dames[4] ». Nous retrouvons ainsi et simultanément, l'obstacle du langage, de la dénomination prestigieuse et de la rêverie sexuelle qui grèvent le vocabulaire scientifique de toute une série de connotations merveilleuses dérivant de la *libido appetendi, sciendi* et *dominandi* de

1. *Des Singularités de la nature*, M, XXVII, p. 128-129.
2. *Ibid.*, p. 135.
3. *Ibid.*, p. 132-134.
4. *Ibid.*, p. 135-136.

l'humanité. C'est en effet une analogie imaginaire qui amène les philosophes à voir dans des « pierres en spirale, les débris du poisson nautilus » que « personne n'a jamais vu », ou des fossiles de langues de marsouins dans des « glossopètres[1] ».

Après le cas des coquilles et des abeilles de Réaumur, Voltaire s'attaque également aux preuves que Buffon apporte à l'histoire de la Terre. Il peut alors sembler qu'un vague psychologisme se substitue à la patiente construction de l'*épochè* sceptique. Toute conception de l'histoire de la nature qui comprend des « révolutions générales », des bouleversements de continents et une disparition, même cyclique, des montagnes, qui seraient alternativement détruites et reformées par la mer, est en effet ramenée par Voltaire à la persistance d'une mentalité féodale inconsciemment mue par le goût du merveilleux, du déchaînement spectaculaire et arbitraire d'une puissance aveugle : ce goût renoue avec les mœurs des « conquérants » ou d'un Dieu despotique décrétant des guerres, des fléaux, voire le Déluge universel[2]. Plus précisément, l'idée que la précession des équinoxes et le changement d'axe de la Terre pourraient complètement bouleverser le climat et renouveler les continents témoigne d'un goût corrompu pour « l'extraordinaire, le vaste, les grandes mutations ». Comme le peuple lorsqu'il va au théâtre, les philosophes veulent des « spectacles de la nature » qui exigent de grands changements, analogues au Déluge biblique ou aux anciennes cosmogonies, à moins que ce ne soit aux métamorphoses fabuleuses d'un Ovide. On pourrait alors considérer que Voltaire fait preuve de mauvaise foi : il ne tient pas du tout compte du soin que met Buffon à distinguer son histoire de la Terre du mythe du Déluge[3] et, en particulier, des hypothèses de Burnett et Woodward qui sont discutées dans la *Protogée* de Leibniz[4]. Mais Voltaire articule deux types de critiques.

1. *Ibid.*, p. 149-150.

2. *Ibid.*, p. 157.

3. Sur ce point, voir J. Roger, *op. cit.*, p. 539 et 573-584 : dans son histoire de la Terre, Buffon refuse les catastrophes naturelles de la cosmogonie, de même qu'il affirme la permanence et l'éternité des êtres vivants, le temps n'existant que pour les individus, et non pour l'ordre naturel. C'est en rationaliste qu'il conçoit les « époques de la nature », dont la succession obéit à un ordre éternel qui permet de prévoir l'avenir et de reconstruire le passé.

4. Voir Leibniz, *Protogée*, dans *Écrits concernant la médecine, l'histoire naturelle et les arts*, éd. J. Peyroux, Paris, Blanchard, 1991, p. 53-154 : Jean Woodward (1665-1722), membre de la *Royal Society*, est l'auteur d'un *Essai sur l'histoire naturelle de la Terre* (1695); Thomas Burnett, jurisconsulte et théologien écossais (1635-1715), est l'auteur d'une *Théorie sacrée de la Terre* (1680). Le premier explique l'histoire de la Terre par un déluge, ou par un fluide immense contenu dans l'abîme du globe; le second suppose, en pur théologien, une vision prophétique du Déluge et de la destruction à venir de l'humanité. Ces « fables » sont distinguées de la vraie méthode physique par Buffon, dans son *Discours sur l'histoire et la théorie de la Terre*.

Contre Buffon, il allègue des arguments tels que le calcul de la hauteur des montagnes comparée à la profondeur moyenne des océans. Ce calcul rend l'hypothèse d'un Déluge ou d'une révolution universels très improbables, même en supposant des phénomènes d'érosion insensibles. D'une façon plus générale, Voltaire s'avère nuancé. Il admet, avec Buffon, que la Terre a bien connu des changements, voire des révolutions locales, mais qui ne sauraient perturber l'ordre général et les lois de l'Univers. C'est ainsi que des lacs se sont asséchés, que la mer a pu se retirer insensiblement d'anciens ports qui se retrouvent désormais à l'intérieur des terres et que les éruptions volcaniques tout comme l'érosion ont pu modifier un paysage particulier[1]. Il est également possible que l'Angleterre se soit peu à peu séparée de la France, car les mêmes falaises de calcaire se retrouvent à Douvres comme au Nord de notre pays. Mais tout ce qui démontre un ordre et qui est reconnu par Buffon lui-même est alors opposé à la notion de révolution générale. Un des arguments favoris de Voltaire contre l'idée d'un changement universel du globe consiste à étudier la chaîne des montagnes, qui constitue un indice particulièrement convaincant de la finalité divine et du caractère fixe et immuable de l'ordre. Les montagnes représentent ainsi « une pièce essentielle de la machine du monde ». D'une part, elles autorisent le cycle régulier de l'évaporation et de la précipitation des eaux de mer : ces réservoirs d'eau sont la source des rivières, qui retournent à la mer après avoir fertilisé les campagnes et rendu possible la vie sur l'ensemble des continents. D'autre part, ces montagnes ne peuvent pas avoir été le produit de changements chaotiques car elles forment une sorte de chaîne d'aqueducs naturels qui ne peut être le fruit du hasard[2]. Voltaire se fait géographe pour l'expliquer. Contrairement à ce que Buffon soutient, à la suite de ce visionnaire qu'est Benoît de Maillet, les montagnes ne peuvent pas avoir été produites par le flux et le reflux de la mer, dont les effets s'annulent comme on peut le voir sur les plages de sable. De plus, il faudrait supposer que ces courants d'eau aient mis des siècles innombrables à constituer ce qui est pourtant nécessaire en tout temps à la vie. La balance sceptique des raisons parvient à donner plus de poids à ces arguments lorsque Voltaire rentre davantage dans le détail des théories. L'argument des angles saillants et rentrants des montagnes se vérifie dans les Alpes, où les angles saillants d'une montagne à l'Occident correspondent effectivement aux angles rentrants d'une montagne à l'Orient[3]. Mais ce fait est démenti dans le

1. *Des Singularités de la nature*, M, XXVII, p. 143 et 145.

2. *Ibid.*, p. 138-140.

3. Selon Buffon, la forme des vallées des montagnes est analogue à la forme du lit d'un fleuve au niveau de leurs courbes : les deux rives restent à peu près parallèles, si bien que l'on observe, sur la rive extérieure de la courbe, une avancée du fleuve vers l'intérieur des terres

« grand bassin de Savoie et du Lac de Genève », comme par la grande vallée de l'Arno, près de Florence [1]. De plus, on ne voit pas pourquoi Buffon veut absolument que les mers aient formé des montagnes alors que la fonte des neiges et des glaciers peut aussi bien avoir formé les mers.

Il y a donc des inductions abusives et trompeuses qui permettent de mettre Buffon en contradiction avec lui-même : il soutient d'abord que le mouvement des mers a formé les montagnes, mais il reconnaît ensuite qu'il y a « des contrées élevées, qui paraissent être des points de partage marqués par la nature pour la distribution des eaux [2] ». Le Mont Saint-Gothard en Europe, puis les montagnes de Belozera et Vologda en Russie, d'où descendent des rivières qui rejoignent une multitude de mers telles que la Mer Blanche, la Mer Noire et la Caspienne, prouvent qu'il y a bien une « grande chaîne de montagnes, prolongée d'Espagne en Tartarie » pour alimenter le monde en eau, de façon à maintenir la vie [3].

Pour éviter cette contradiction entre un ordre et une histoire qui tend à le nier, Voltaire estime que Buffon est obligé de supposer que les eaux du ciel érodent peu à peu les montagnes et rendent la terre à la mer qui s'en empare à nouveau, pour former inlassablement et successivement « de nouveaux continents ». C'est ce cycle effarant que Voltaire ne peut accepter. Nous retrouvons alors un mélange d'arguments faciles destinés aux mondains et d'arguments plus techniques qui s'adressent aux savants. Voltaire demande en effet d'abord ce que feront les hommes quand l'Océan se sera emparé de l'Europe : il dénonce un « scénario » catastrophiste. Ensuite il attaque l'hypothèse de Buffon « par un autre biais » qui oppose l'observation à elle-même. Si l'on a retrouvé des fossiles au milieu des terres, on peut très bien supposer que ce n'est pas l'eau du ciel qui ramène tout au même

(angle rentrant), et sur l'autre rive une avancée des terres vers le fleuve (angle saillant). De même, dans les vallées de montagne, si une montagne s'avance vers la vallée (angle saillant), la montagne d'en face présente une échancrure correspondante (angle rentrant). Cette forme s'explique bien pour les fleuves par la mécanique des fluides, ce qui conduit Buffon à utiliser cette observation des vallées de montagnes comme argument en faveur de sa théorie selon laquelle les montagnes auraient été recouvertes par les mers, qui ne sont en fait que des grands fleuves. Voltaire signale que cette observation n'est pas générale, contrairement à ce qu'affirme Buffon, car la vallée du Rhône, par exemple, ne conserve pas ses rives parallèles, mais s'élargit pour former le Lac de Genève. Pour une plus ample explication de cet argument de Buffon, voir le clair article de Diderot, *Encyclopédie*, art. « Angles correspondants des montagnes », t. 1, p. 464 a-b.

1. *Des Singularités de la nature*, M, XXVII, p. 140-141.

2. Buffon, dans son *Histoire naturelle*, *Théorie de la Terre*, art. IX, commence en effet par considérer que les inégalités de la surface de la Terre ne sont pas des imperfections, mais une « disproportion » nécessaire à la « vie », car ce sont des montagnes que coulent les eaux pures qui entretiennent la subsistance des végétaux et des animaux.

3. *Des Singularités de la nature*, M, XXVII, p. 141-143.

niveau, mais qu'il est plus probable que la mer se retire insensiblement dans la suite des siècles. La physique newtonienne corrobore ce propos, en supposant que les comètes sont nécessaires pour renouveler l'humidité du globe, qui diminue lentement par évaporation [1]. Le travail des hommes peut également contribuer à la conservation de cette humidité, par la construction des canaux qui maintiennent la régularité des échanges d'eau entre les mers et les montagnes malgré l'ensablement progressif des rivières. Voltaire décèle donc une réelle contradiction chez Buffon entre la pensée de l'ordre et une histoire de la nature qui prête des armes au thème matérialiste de la grande chaîne des êtres [2].

1. *Ibid.*, M, XXVII, p. 144 et *Éléments de la philosophie de Newton*, M, XXII, p. 577/VF, 15, p. 529.

2. *Des Singularités de la nature*, M, XXVII, p. 143. L'étude de l'évolution et des ambiguïtés de Buffon, par J. Roger, redonne toute sa valeur à cette appréciation, voir *op. cit.*, p. 584 : les contemporains et successeurs de Buffon ont minimisé l'idée que l'ordre naturel est soumis à la puissance organisatrice de Dieu, au profit du refus de la préformation et d'une histoire de la nature : Lamarck y verra l'annonce de son transformisme. C'est que Buffon a évolué et a fini par bâtir une véritable histoire de la Terre, qui rompt avec Leibniz : voir *Buffon*, Paris, Fayard, 1989, p. 162-163, sur le renouvellement de la notion de catastrophe.

CHAPITRE IV

LE PROGRÈS DE LA RAISON : LE PROBLÈME DE SON UTILITÉ ET DE SES « ÉLÉMENTS »

La critique de Voltaire a l'intérêt d'allier la dénonciation des génies et l'effort « épistémologique » pour distinguer le pré-rationnel de la véritable « science de la nature » : nous avons affaire à une psychanalyse de l'esprit scientifique avant la lettre, psychanalyse qui ressort en fait d'une démarche historienne pour qui le savoir dépend des mœurs et de l'esprit d'un temps. Aussi Voltaire met-il en valeur tous les obstacles politiques et religieux qui ont été accumulés par des siècles de féodalité, de privilèges et de superstition. Ces obstacles appartiennent à ce que les écrits historiques appellent la « crasse » et la « rouille » des siècles. Dénoncer ces obstacles épistémologiques qui empêchent la formation, en France, du nouvel esprit scientifique du newtonianisme, c'est alors lutter pour libérer la raison en restituant son unité. Le perfectionnement des lumières théoriques exige un changement éthique des mœurs, y compris chez les philosophes et les savants, qui doivent renoncer à leur rêves de gloire et à une vaine curiosité, pour entrer dans une véritable société de gens de lettres. Voltaire milite donc pour la naissance de la raison en France sur le modèle à la fois newtonien et républicain de l'Angleterre. On pourrait nous objecter que cette analyse ne suffit pas à lever les difficultés soulevées par nos prédécesseurs, et en particulier l'accusation d'anti-matérialisme. Nous ajouterons que les *Singularités* s'achèvent sur une estimation apparemment très dogmatique du progrès possible du savoir. Dès le début de l'ouvrage, Voltaire nous avertit du projet de tirer de la méthode newtonienne une théorie des « erreurs » qu'il faut bannir à tout jamais de la saine philosophie : « il faut cribler le froment, et rejeter l'ivraie[1] ». L'avancée du savoir exige ainsi de bâtir une théorie de l'imposture, du charlatanisme, mais aussi des « lois inconnues », des « ignorances éternelles », des « incertitudes » et enfin des « ignorances stupides et des méprises funestes ». On voit que nous sommes loin d'un authentique pyrrhonisme, qui douterait même son doute. Les limites ou les extensions possibles du savoir sont en effet et strictement déterminées par le newtonianisme.

Les limites renvoient d'abord au charlatanisme inconscient d'un Needham ou d'un Maupertuis, à moins que ce ne soit à cette imposture populaire qui a permis à une femme de faire croire à son médecin qu'elle avait accouché de lapins[2]. Selon Voltaire, Maupertuis s'est également rendu coupable d'un « inconcevable excès » en se servant de l'attraction pour étayer les théories de l'épigenèse. Il prétend étendre cette propriété aux molécules de la liqueur séminale, qui conserveraient la mémoire de la place qu'elles occupaient dans le corps des deux géniteurs et qui se réuniraient par attraction, c'est-à-dire par une sorte d'affinité ou de sympathie qui nous fait régresser au concept magique d'influence. C'est ainsi que « dans la matrice », la jambe droite attirerait à elle la jambe gauche et les différentes parties et humeurs de l'œil se reformeraient puisqu'elles seraient « attirées par de semblables parties ». Voltaire estime que personne n'avait jamais corrompu à ce point l'attraction de Newton[3]. On peut alors souligner que si Voltaire a le mérite de nous délivrer de l'illusion du précurseur qui a parfois fait considérer Maupertuis comme un annonciateur de la génétique moderne avec l'idée d'une mémoire des molécules, il n'en mène pas moins un combat d'arrière-garde qui constitue lui-même un obstacle à la naissance de la biologie.

Mais après les impostures et les absurdités, Voltaire traite des lois inconnues, qui sont de deux sortes. Les premières ne sont pas nécessairement inconnaissables, car elles renvoient au constat que les lois de l'attraction à grande distance « n'agissent pas dans les mêmes proportions » quand on a affaire au phénomène de l'aimant, à l'électricité, à « l'ascension des liqueurs à travers les tuyaux capillaires », à la cohésion des corps, à la réflexion dans laquelle la lumière ne pénètre pas au centre de la matière puisqu'elle ne touche même pas la surface des corps. Il nous faut donc avouer notre ignorance, et seulement à titre provisoire, car ces lois inconnues ont en commun, avec l'attraction, de ne pouvoir s'expliquer de façon mécanique par un choc ou une simple impulsion matérielle. C'est pourquoi « il y a dans toutes les académies une chaire vacante pour les vérités

1. *Des Singularités de la nature*, M, XXVII, p. 126-127.
2. *Ibid.*, p. 162-163.
3. *Ibid.*, p. 157-158.

inconnues[1] ». Voltaire suppose implicitement que l'unification des physiques céleste et terrestre imparfaitement réalisée par Newton s'opérera un jour. Mais il y a des lois inconnues qui « ne tiennent en rien à la matière connue » : elles concernent par exemple le mouvement volontaire. Dès lors, nous entrons dans le domaine des « ignorances éternelles » ou des secrets que Dieu s'est réservé. La nature de l'âme pensante, le rapport entre la matière et le sentiment, la possibilité d'avoir conscience de nos idées restent à jamais des mystères inconnaissables. Chez les êtres vivants il en va de même[2]. Les phénomènes de la vie sont assimilés, du point de vue de nos ignorances, à des questions de métaphysique. L'explication d'une simple sensation reste aussi insondable que la question de Leibniz : « pourquoi a-t-on l'existence ? Pourquoi est-il quelque chose ? ». Les « incertitudes » de la connaissance concernent encore la médecine et les savoirs du vivant. Mais il s'agit d'incertitudes totales qui réalisent l'*épochè* sceptique ou la balance exacte des raisons contraires : nous sommes dans le domaine de l'indécidable. Le phénomène de la digestion en constitue un des exemples privilégiés. La théorie chimique des sucs ou des levains, qui fait de l'estomac un « laboratoire » que la nature fournit à l'homme, s'oppose à la secte des physiciens solidistes pour qui tout se fait par trituration et broyage, comme dans un « moulin[3] ». Nous utilisons ainsi des analogies vagues et des images qui confondent la nature et l'art humain afin d'expliquer la vie. Selon Voltaire, la vie renvoie au contraire à un art divin tel que le plus vil excrément déconcerte tous les philosophes[4]. Les interrogations sur le vivant, en particulier sur les mulets, c'est-à-dire sur le mélange des espèces, ressortissent d'une vaine curiosité qui ne sera jamais satisfaite, ce dont il faut savoir s'accommoder car la nature agit pendant que « nous disputons » en vain[5].

La « psychanalyse » de l'esprit humain découle donc d'un approfondissement du thème classique de la vaine curiosité. Au terme des *Singularités*, Voltaire en vient en effet à imposer un principe d'utilité à la recherche. Chercher à vérifier des anecdotes sur l'existence des satyres ou tenter de calculer la population humaine globale est une occupation qui répond à des questions oiseuses : « je ne sais si la Terre manque d'hommes, mais certainement, elle manque d'hommes heureux ». La vaine curiosité théorique prend alors sa source dans une indifférence à l'égard du progrès moral et politique de l'humanité. Les « ignorances stupides » concernent en effet

1. *Ibid.*, p. 180-181.
2. *Ibid.*, p. 181-182.
3. *Ibid.*, p. 182.
4. *Ibid.*, p. 157.
5. *Ibid.*, p. 182-183.

l'absence de curiosité à l'égard des connaissances les plus utiles, car il s'agit des connaissances de physique et de physique appliquée aux arts, telles que l'horlogerie, le mécanisme simple du soufflet ou la construction des miroirs[1]. À partir de là, on est en droit de se demander si Voltaire ne transforme pas les limites du newtonianisme en limites éternelles du savoir et s'il ne remplace pas le critère de scientificité par le critère d'utilité.

On pourrait répondre à la première question en montrant que Voltaire reste nuancé, puisqu'il suggère que si Dieu laisse notre curiosité insatiable toujours inassouvie, il nous permet cependant de connaître ce qui est nécessaire à notre usage et à notre industrie. Mais le critère de l'utilité est ainsi renforcé et ne semble pas avoir de rapport avec le newtonianisme au sens purement scientifique. Cependant, il ne s'agit pas d'un utilitarisme plat mais du souci d'allier le progrès éthique au progrès théorique. Les « ignorances funestes », de fait, ne désignent pas le seul domaine des arts et métiers : elles renvoient également aux préjugés de routine en économie et en politique. On croit, par exemple, que la guerre et l'esprit de conquête enrichissent la nation, tandis qu'elles commencent par la ruiner avec l'augmentation des armées et la dévastation des campagnes qui s'ensuit. Il faudrait donc compléter la théorie des erreurs par une théorie des ignorances morales et politiques, ce qui reviendrait à faire l'histoire du genre humain, qui n'est que « le calcul des malheurs » attachés à une multitude de gouvernements ou d'administrations vicieux[2]. Il faudrait ainsi se servir de l'instruction théorique telle que Voltaire la définit pour perfectionner la société au lieu de poursuivre de vaines chimères : le temps est venu d'abandonner les vaines spéculations sur les secrets de la vie pour s'attacher à perfectionner la société, si bien que le scepticisme est mis au service d'une visée politique et militante, comme chez Rousseau. La pensée des limites de la connaissance doit servir à tourner les esprits vers la vie pratique des hommes et le souci de leur bonheur. Le projet des *Singularités* s'en trouve infléchi : il s'agit de détourner les gens de lettres de leur orgueil systématique afin de les ramener à la préoccupation plus essentielle de la politique et de la société. Il faut donc ré-instaurer l'unité naturelle de la raison : « À quoi nous ont servi les découvertes de la physique ? Au lieu de bien cultiver la terre, nous l'ensanglantons [...]. La métallurgie, inventée d'abord pour l'usage de la charrue, a fait périr mille millions d'hommes[3] ».

Si l'on veut alors évaluer l'apport de Voltaire à la conception de la rationalité au XVIIIe siècle, l'on doit d'abord rappeler qu'il a le mérite de définir clairement la révolution newtonienne et son esprit méthodique. L'envers

1. *Ibid.*, p. 188.
2. *Ibid.*, p. 190-191.
3. *Ibid.*, p. 180.

de cette acribie est d'annoncer les mêmes défauts que l'on reproche au Bachelard de *La Formation de l'esprit scientifique :* la distinction de l'âge des génies et de la saine philosophie constitue, comme l'opposition du préscientifique au scientifique, une sorte de « réforme » religieuse ou scientiste qui fait de l'esprit de divination et de conjecture, défendu au XVIIIe siècle par Diderot en même temps que l'individualité géniale, une sorte de péché contre la science. Voltaire s'interdit ainsi de bâtir, à la différence de l'auteur des *Pensées sur l'interprétation de la nature* et du *Rêve de d'Alembert*, une conception de l'histoire du savoir où les extravagances et les erreurs sont utiles parce qu'elles permettent à la raison de s'expérimenter et de réfléchir sur soi selon un processus indéfini. Rappelons notamment cette règle de l'interprétation diderotienne de la nature, qui veut que pour « ébranler » une hypothèse systématique, il faille la laisser libre « d'aller aussi loin qu'elle le peut [1] ». C'est pourquoi Diderot défend la valeur heuristique de l'hypothèse épigenésique de Maupertuis ou même les extravagances de l'immatérialisme de Berkeley, parce qu'elles sont des moments nécessaires pour une auto-critique de la raison qui ne peut se produire qu'au cours de l'histoire. Aussi Diderot refuse-t-il de définir une méthode et une seule pour le développement du savoir, ce qui lui permet de penser, à la différence de Voltaire, l'existence de multiples formes de rationalités, chaque savoir ayant son génie, sa « métaphysique » ou son usage de la raison [2]. Voltaire refuse cette pluralité des conceptions de la rationalité ainsi que cette liberté de conjecturer parce qu'elles lui paraissent trop dangereuses : toujours susceptibles de nous faire retomber dans l'imaginaire, dans l'imposture et la superstition. Plus conscient que Diderot de la rupture introduite par le newtonianisme, il transforme ce dernier en cadre de rationalité indépassable et rejette toute extension abusive de l'attraction. Dès lors, il y a bien chez Voltaire une histoire des erreurs, mais ces erreurs ne sont utiles que d'un seul point de vue : parce qu'elles ne conduisent à des découvertes que par hasard, elles empêchent la constitution d'une méthode scientifique, de telle sorte que il ne faut les connaître que pour les éviter. Il n'y a donc pas de progression indéfinie de la raison, mais une ignorance éternelle, des méprises funestes à éviter et des incertitudes à traiter selon les règles définies par Newton. Aussi le commentateur doit-il renoncer à distribuer des bons points pour faire lui-même œuvre d'historien.

Voltaire est passionnant, précisément parce que cet esprit complexe participe à la fois du XVIIe et du XVIIIe siècles, de la recherche cartésienne d'une méthode rationnelle et des nouveaux modes de pensée produits par la

1. Voir Diderot, *Pensées sur l'interprétation de la nature*, VER, I, p. 587.

2. Voir notre ouvrage, *Un aspect de la pensée politique de Diderot : savoirs et pouvoirs*, Paris, Ellipses, 1999, en particulier p. 121-147.

philosophie expérimentale. Il invente ainsi une démarche historienne qui a le souci de faire progresser simultanément la raison théorique et l'éthique.

Notons à cet égard que la critique des génies et la volonté de définir un cadre de rationalité s'inspirent de Malebranche, c'est-à-dire d'un auteur déjà connu comme source de Voltaire, notamment en ce qui concerne sa conception de l'action divine et sa philosophie de l'inquiétude[1]. À notre sens, Voltaire emprunte également à Malebranche, non sans la transposer en faveur du newtonianisme, sa conception de la rationalité comme d'une méthode susceptible de « réformation », à condition qu'elle rompe avec les défauts des « génies » et des « hommes d'études ». Voltaire conserve en effet l'opposition cartésienne de la mémoire et de la raison qu'il transforme en opposition de l'histoire des erreurs ou des inventions hasardeuses et de l'histoire d'une saine philosophie qui commence avec Bacon, Copernic, Galilée et Newton. C'est pourquoi il ne peut, comme Diderot, identifier la rationalité à l'historicité ou au caractère critiquable ou réfutable d'une hypothèse. C'est pourquoi il ne peut pas davantage opposer la rationalité éthique et la raison théorique, car la raison doit se perfectionner simultanément sur le plan moral et théorique. En cela, Voltaire perpétue la conception cartésienne de la méthode philosophique comme inséparable d'un engagement éthique, qui n'est plus seulement personnel mais collectif, puisqu'il exige une réforme des mœurs. La *Recherche de la vérité* de Malebranche qui constitue un des ouvrages les plus lus du XVIIIe siècle ainsi qu'en témoigne le nombre de ses éditions[2], est alors capitale pour comprendre la démarche historienne de Voltaire. Malebranche accorde en effet à la méthode cartésienne le statut de la seule méthode scientifique qui soit susceptible de « réformation » : elle vaut moins par ses résultats que par sa capacité à être exercée par tout homme doué de raison[3]. Si Malebranche, par exemple, n'hésite pas à introduire l'optique de Newton à l'intérieur même de la dioptrique cartésienne[4], c'est qu'à ses yeux Descartes nous a délivré de la confusion entre la foi et la raison, c'est-à-dire entre la Réforme religieuse et la « réformation » philosophique, renversant ainsi le préjugé en faveur des Anciens et l'habituel refus de toute nouveauté. Or, c'est folie et impiété, selon Malebranche, que de « se rendre à l'autorité d'Aristote, de Platon, ou de quelque philosophe que ce soit », y compris Descartes, car

1. Voir, dans notre introduction, le résumé des études de F. Alquié et J. Deprun.

2. Voir dans Malebranche, *Œuvres complètes*, éd. G. Rodis-Lewis, Paris, Vrin, 1977-1994, t. I, 1991, p. XVII-XVIII : où les dix-sept éditions principales du XVIIIe siècle sont recensées, sans que la liste puisse être exhaustive.

3. Malebranche, *Recherche de la vérité*, t. I, *op. cit.*, p. 283-284, 293-294 et t. II, p. 31-33, 39-42, 450-453, sur la défense de la nouveauté, de la curiosité, de la « réformation » rationnelle, ou de l'effort pour « perfectionner notre esprit ».

4. Sur ce point, voir le commentaire scientifique de P. Costabel, *Ibid.*, t. III, p. 383-418.

c'est « tenir injustement la vérité captive, que de s'opposer par intérêt aux opinions nouvelles des philosophes qui peuvent être vraies, pour conserver celles qu'on sait assez être fausses ou inutiles[1] ». De plus, Malebranche souligne que c'est l'intérêt social, la vanité et le souci de gloire qui fait estimer davantage les « commentateurs » d'Aristote et de Platon que ceux qui innovent véritablement en recherchant la vérité. Contre ces passions, Malebranche avance le précepte de ne jamais considérer un auteur comme « infaillible » car ce serait confondre les hommes et Dieu.

Cette distinction entre le *logos* divin et la connaissance humaine, qui est liée à la théorie de la vision en Dieu, peut être relue par Voltaire comme une arme contre l'esprit dogmatique. Chez Voltaire toutes nos idées viennent de Dieu même si nous ne les voyons pas en Dieu et si nous ne savons pas même comment Dieu a instauré le mécanisme de la formation des idées[2]. Cette distance infinie entre l'homme et Dieu, qui est un éternel géomètre et machiniste et qui a institué les sensations pour nous rendre capables de réfléchir en les comparant, permet de penser les limites de chaque *cogito* et autorise la critique de l'individualité géniale tout en la reliant au souci humaniste de l'utilité du savoir. Or, ce souci est déjà présent dans la *Recherche de la vérité*. Dès la préface de l'ouvrage, Malebranche affirme que l'on peut regarder « l'astronomie, la chimie et presque toutes les autres sciences, comme des divertissements d'un honnête homme », mais que l'on ne doit pas « se laisser surprendre par leur éclat, ni les préférer à la science de l'homme[3] ». C'est en effet l'imagination qui a tendance à juger de la valeur d'une science en fonction de la grandeur sensible de son objet : les « lumières intérieures » sont préférables aux fastes sensibles des planètes et du Soleil. Malebranche n'attaque donc pas la science physique qu'il s'est lui-même attaché à perfectionner, mais « l'orgueil de certains savants, qui veulent qu'on les croit sur leur parole » et qui « trouvent à redire qu'on interroge Dieu », c'est-à-dire la raison divine qui illumine les esprits attentifs et méthodiques. Si la vérité reste éternelle, car Dieu seul nous la représente quand nous nous efforçons de le consulter, la connaissance humaine est du même coup douée d'un progrès, à moins de se considérer comme un génie, ce qui revient au « petit crime de se comparer à Dieu » et de viser « la domination des esprits ». Le caractère collectif de la recherche est ainsi suggéré, car les bons lecteurs qui refont les raisonnements « découvrent d'autres vérités que nous, et quelquefois poussent certaines

1. *Ibid.*, t. II, p. 38.
2. *Traité de métaphysique*, M, XXII, p. 204-205.
3. Malebranche, *Recherche de la vérité*, t. I, *op. cit.*, p. 21-22.

découvertes qu'on a négligées par paresse, ou qu'on a abandonnées, faute de courage et de force [1] ».

Si Voltaire abandonne la théorie de l'union à Dieu, il retient de Malebranche une conception de la recherche de la vérité qui est d'abord historicisée par la nécessité de se délivrer des « erreurs » liées à l'amour-propre et à la vanité des hommes d'études. Sa triple critique de l'autorité des Anciens, des nouveaux génies qui prétendent surprendre les secrets de la vie, puis d'un scepticisme nihiliste qui ne penserait qu'en termes « d'opinions » ou de « modes » l'histoire de la raison prend sa source chez Malebranche, bien qu'elle soit mise au service du nouvel esprit scientifique du newtonianisme. Malebranche estime en effet que les « personnes d'études » sont les plus sujettes à l'erreur parce qu'elles font davantage usage de leur imagination que de leur esprit. Le culte impie des autorités et des Anciens constitue le premier défaut des hommes d'études, défaut qui n'a pas moins de dix causes. Les trois dernières s'avèrent particulièrement remarquables pour notre propos. Il s'agit du souci de la gloire, qui ne tolère pas d'être effacée par un contemporain, de la confusion entre les choses de la foi et les vérités de la raison, et enfin de l'intérêt ou de l'amour-propre qui transforme le savoir en moyen social de distinction ou en moyen d'acquérir « des honneurs, des dignités, ou des bénéfices [2] ». Le deuxième défaut des hommes d'études consiste à vouloir à tout prix inventer de nouveaux systèmes en se contentant d'opinions vraisemblables, c'est-à-dire en ne consultant que l'imagination. Cet excès inverse, qui conduit à rejeter indifféremment un Aristote ou un Descartes est lié à une « passion trop ardente » pour la vérité, mais surtout au désir de « paraître savant [3] ». Ce règne du paraître ou cet inconscient social et politique du savoir est également dû à la force de l'imagination ou à un tempérament de visionnaire. Les visionnaires ont des esprits animaux et du sang en surabondance et se laissent déterminer par cette individualité corporelle : ils s'abandonnent à leur imagination et bâtissent des « châteaux en Espagne ». Ils sont encore « véhéments dans leurs passions, entêtés dans leurs opinions, toujours pleins et très satisfaits d'eux-mêmes ».

Ces « visionnaires » ou ces « génies [4] » et leurs « extravagances [5] » subissent ainsi une critique qui annonce clairement celle de l'esprit de système, telle qu'elle se développe au XVIIIe siècle, en particulier chez Rousseau et Voltaire. Malebranche explique déjà que l'imagination des

1. *Ibid.*, p. 23-25.
2. *Ibid.*, p. 484.
3. *Ibid.*, p. 304-305.
4. *Ibid.*, p. 311-312.
5. *Ibid.*, p. 327-328.

génies fonctionne par analogie vague, par association d'idées machinales qui n'expriment que la tournure individuelle de l'imagination. La succession des systèmes sans rapport à la raison et à l'expérience engendre la troisième et la plus dangereuse erreur des hommes d'études qui prétendent qu'on ne peut rien savoir et qui refusent donc le dépassement cartésien du doute sceptique. Il y a là le même orgueil que chez les « génies », car les sceptiques prétendent savoir « tout ce que les hommes peuvent savoir » et regardent tout ce qu'on leur dit comme de « simples opinions ». Ils nient donc la possibilité de la « nouveauté » et de la réformation du savoir. Cependant Malebranche ne donne pas à ces défauts des personnes d'études le statut d'une histoire de l'esprit humain : il les rapporte aux différentes propriétés de l'imagination corporelle et au péché originel qui fait que nous avons tous l'esprit faux en quelque chose [1].

Voltaire, quant à lui, transforme clairement les défauts des hommes d'études et le soupçon chrétien de Malebranche pour qui l'âme n'est que ténèbres à elle-même depuis le péché d'Adam, en une histoire profane des mœurs des gens de lettres et des âges du savoir. « L'ignorance scolastique », dénoncée dans l'*Essai sur les mœurs*, renvoie au préjugé en faveur des Anciens, mais surtout à la confusion de la foi et de la raison. Il s'agit d'un faux savoir qui confond la philosophie avec les disputes sur les dogmes religieux. De plus, cette démarche historique nuance la critique des génies ou des inventeurs de systèmes, qui ont désormais le mérite de détruire l'autorité des Anciens, bien qu'ils en restent à une vague pensée par analogie. Ce que nous avons appelé la « psychanalyse de l'esprit scientifique » de Voltaire prend ainsi sa source dans la dénonciation malebranchiste des différents défauts de l'imagination et des passions qui sont, le plus souvent, à l'origine de la recherche de la vérité. Aussi l'âge rationnel du newtonianisme reste-t-il un cadre de rationalité en un sens indépassable. Il est le seul à rendre possible une véritable réformation ou une véritable histoire du savoir par le recours à l'expérience et aux mathématiques, ce dont Malebranche donne déjà l'exemple, notamment en rectifiant l'optique de Descartes par celle de Newton.

Il ne faut donc pas se hâter de conclure à une rupture totale entre Voltaire et le cartésianisme. Héritier de Malebranche, quant à sa distinction de l'invention fantaisiste des génies et des « réformations » rationnelles de Harvey ou de Descartes, Voltaire ne peut ignorer que cette nouvelle distinction libère la possibilité de construire une histoire et une éthique de la connaissance. D'une façon générale, Descartes reste avec Malebranche

1. *Ibid.*, p. 246-248, sur la transmission du Péché Originel, ou le dérèglement nécessaire et mécanique de l'imagination dans la vie fœtale, et p. 254-255, sur la nécessité du baptême, liée à « l'esprit faux » de la plupart des hommes.

celui qui nous a appris à douter de lui-même en rappelant obstinément qu'aucun homme n'est infaillible et ne peut se mettre à la place de Dieu, en prétendant atteindre une connaissance infinie. On peut alors comprendre que le critère de l'utilité a le même sens chez Descartes, Malebranche et Voltaire, dans la mesure où il correspond au souci d'une critique théorique et morale du désir de connaître, critique que Voltaire élargit cependant au problème des mœurs politiques et économiques des gens de lettres et de la société dont ils participent. Cette nouvelle « science de l'homme » et la reprise d'une éthique de l'utilité exigent la redéfinition d'une méthode capable d'ordonner la réforme du savoir. Dans cette perspective, les *Éléments de la philosophie de Newton* ont un contenu plus riche que l'œuvre de Newton proprement dite : ils désignent un nouveau cadre de rationalité, qui fait resurgir le problème d'une « métaphysique » voltairienne et de son véritable rapport à Newton.

C'est ainsi qu'en énonçant la règle expérimentale qui veut qu'on attribue toujours les mêmes effets aux mêmes causes, Voltaire renoue également avec le projet cartésien de soustraire l'expérience au hasard ou à une curiosité sans règles, projet qui est inséparable d'une pensée de l'ordre selon laquelle les lois de la nature sont nécessaires et immuables du fait de leur origine divine. Il faut alors se demander si les « éléments » du newtonianisme ne conservent pas l'idée cartésienne et malebranchiste que les progrès du savoir expérimental et géométrique ont besoin d'un cadre métaphysique pour devenir véritablement ordonnés. Les *Singularités de la nature* rappellent en effet le chapitre que Malebranche consacre à « ceux qui font des expériences ». Ces derniers, à savoir les physiciens et surtout les chimistes, ont le mérite « d'étudier la nature plutôt que les livres » : il ne s'agit donc pas de « blâmer la philosophie expérimentale » mais ses défauts. L'absence d'ordre dans l'expérience amène notamment les chimistes à se laisser guider par le hasard, à moins qu'ils ne tentent des « expériences curieuses et extraordinaires » au lieu de partir des plus simples, comme le veut la méthode cartésienne. Plus fondamentalement encore, les termes des chimistes désignent une multitude de composés dissemblables et leur équivoque fait obstacle à la connaissance. De plus les physiciens et les chimistes ne cessent de se livrer, comme Voltaire aime à le souligner, à des inductions abusives : « d'une seule expérience, ils en tirent trop de conclusions » car « il faut toujours plusieurs expériences pour bien conclure une seule chose ». Enfin, la philosophie expérimentale ne sait pas remonter aux notions primitives de Descartes, et en particulier à la conception cartésienne de l'étendue[1].

1. Malebranche, *op. cit.*, p. 318-319.

Si Voltaire ne saurait réduire la matière à l'étendue et le mouvement à l'impulsion mécanique, enfin s'il prétend suivre la méthode analytique et expérimentale de Newton, sa reprise de la dénonciation de la vaine curiosité et de l'induction abusive relance la question du statut des « éléments » de la philosophie newtonienne, c'est-à-dire de leur différence avec les notions primitives des cartésiens. L'affirmation qu'il existe des ignorances éternelles quant au vivant semble en effet revenir en-deçà même de Descartes et de Malebranche, pour restreindre la connaissance de l'ordre au nom d'une métaphysique déiste. En ce sens, Voltaire peut paraître plus cartésien que Descartes par son strict refus de la vraisemblance qui interdit de sortir du fait pur et simple de l'union et de construire une physiologie et une embryologie[1], à moins qu'on ne réintroduise, dans la recherche de la vérité, des qualités occultes et les visions des génies. Il nous faut donc désormais nous pencher sur les principes généraux de la philosophie voltairienne, car le problème demeure de savoir si cette philosophie ne représente pas autant une nouvelle métaphysique qu'une histoire collective de la raison.

1. Ainsi que l'a montré A. Pichot, *op. cit.*, p. 377-389, l'embryologie de Descartes invente déjà les théories de l'épigenèse qui se développeront au XVIIIe siècle, en finissant par n'avoir recours qu'aux causes efficientes.

CHAPITRE V

LES ÉLÉMENTS DE LA PHILOSOPHIE DE VOLTAIRE : UNE NOUVELLE MÉTAPHYSIQUE ?

Il peut sembler, en première lecture, que des *Éléments* au *Dictionnaire philosophique* Voltaire tire essentiellement de Newton une métaphysique déiste qui repose sur deux principes fondamentaux : l'existence du vide et celle d'atomes absolument immuables et indivisibles, ces deux principes assurant la fixité de l'ordre et sa dépendance à Dieu, dont l'existence est alors « démontrée [1] ».

En faveur de cette interprétation largement reçue [2], on peut revenir sur un nouvel aspect de la critique de Descartes. Le reproche d'adhérer à une physique du plein ne s'explique pas seulement par l'impossibilité du mouvement dans la matière subtile. Cette physique amène Voltaire à réactiver la querelle entre Henry Moore et Descartes sur la distinction entre l'infini divin et l'indéfini matériel et à reprendre à son compte l'accusation d'athéisme : « En effet, si la matière est infinie, comme tant de philosophes, et Descartes même, l'ont prétendu, elle a par elle-même un attribut de l'Être suprême ; si le vide est impossible, la matière existe nécessairement ; si elle existe nécessairement, elle existe de toute éternité ; donc dans ces principes on peut se passer d'un Dieu créateur, fabricateur, et conservateur de la

1. *Dictionnaire philosophique*, art. « Athée », M, XVII, p. 458/VF, 35, p. 391.

2. Voir, par exemple, J. Ehrard, *L'Idée de nature en France dans la première moitié du XVIIIe siècle*, 1981, p. 135 : le vide newtonien prend chez Voltaire une « signification religieuse », car il démontre la finitude de la matière. Voir aussi H. Guerlac, *Essays and Papers in the History of Modern Science*, John Hopkins University Press, Baltimore-London, 1977, p. 454-455 : Voltaire, comparé à Montesquieu et *a fortiori* à d'Holbach, est un des philosophes français les plus newtoniens, mais son newtonianisme désigne autant une religion qu'un savoir.

matière[1] ». Comme l'a bien vu Henry Moore, Descartes divinise donc la matière. Si cette dernière est infinie, elle est aussi éternelle, et cela d'autant plus qu'une physique du plein oblige à reconnaître la conservation de la quantité de matière et de mouvement dans l'Univers. Newton s'oppose alors à Descartes, à la fois en physicien et en philosophe qui, en établissant l'existence du vide et d'une matière finie, prouve l'existence de Dieu. De notion physique, le vide paraît devenir une notion métaphysique qui sert à combattre le matérialisme en établissant une distinction nette entre l'ordre naturel et la matière. La nature désigne en effet l'ordre physique et l'ordre du vivant qui ne peut résulter de la matière. Le vide sert alors à rappeler la finitude et l'inertie de la matière.

C'est pourquoi Voltaire glisse de la critique de la physique cartésienne à la critique de la métaphysique leibnizienne, qu'il ramène au même imaginaire ou à la même ontologie de la plénitude et de la continuité de l'être. Or, dans cette ontologie de la continuité, il suffit d'accorder de nouvelles propriétés à la matière pour pouvoir la considérer comme le premier maillon de la grande chaîne des êtres, ce qui conduit à un fatalisme athée. Aussi Voltaire ne cesse-t-il d'ironiser contre cette idée grandiose selon laquelle l'Univers retracerait le bel ordonnancement de la hiérarchie ecclésiastique : si « l'imagination », en effet, « prend plaisir à voir le passage imperceptible de la matière brute à la matière organisée, des plantes aux zoophytes, de ces zoophytes aux animaux, de ceux-ci à l'homme, de l'homme aux génies, de ces génies » à « Dieu », c'est que cette « hiérarchie plaît beaucoup aux bonnes gens, qui croient voir le Pape et ses cardinaux suivis des archevêques, des évêques, après quoi viennent les curés, les vicaires, les simples prêtres, les diacres, les sous-diacres, puis paraissent les moines, et la marche est fermée par les capucins[2] ».

Voltaire ne s'en tient pas à cette ironie. Il fait œuvre d'historien de la philosophie en soulignant que l'ontologie du plein prête des armes à un matérialisme athée. Si l'on transforme les monades de Leibniz en êtres matériels et si l'on conserve son dynamisme, on peut temporaliser la grande chaîne des êtres et la transformer en chaîne continue d'événements et de vivants. C'est contre ce fatalisme matérialiste que Voltaire combat. Si le présent accouche de l'avenir et si tous les événements sont enchaînés les uns aux autres, ce n'est plus Dieu ou la liberté mais le destin qui gouverne le monde leibnizien, malgré le principe de raison suffisante, car le principe de continuité veut que l'arrangement différent d'un seul fait puisse produire un autre Univers. On aboutit ainsi au « système de la nécessité et de la

1. *Dictionnaire philosophique*, art. « Athée », M, XVII, p. 457.

2. *Ibid.*, art. « Chaîne des êtres créés », M, XVIII, p. 375/VF, 35, p. 514-515.

fatalité », qui repose depuis toujours sur deux principes ontologiques : il n'y a pas d'effet sans cause, ni de cause sans effet, de telle sorte que la plus petite cause peut avoir de grandes conséquences[1]. Tous les événements futurs cessent alors d'être contingents : tout est nécessaire et rationnel. C'est de là que découle la célèbre querelle contre l'optimisme dont *Candide* a popularisé les thèmes. L'optimiste confond en effet l'ordre de la nature avec une nécessité aveugle et « nous représente son auteur comme un roi puissant et malfaisant, qui ne s'embarrasse pas qu'il en coûte la vie à quatre ou cinq mille hommes, et que les autres traînent leurs jours dans la disette et dans les larmes, pourvu qu'il vienne à bout de ses desseins[2] ». Dans les théodicées optimistes, Dieu n'est plus qu'un nom pour le *fatum*. C'est pourquoi le *Timée* de Platon apparaît comme la source de toutes les doctrines optimistes : cette référence permet à Voltaire de souligner l'absurdité qu'il y a à imposer à Dieu une sagesse transcendante qui le dépasse, mais qui n'est jamais tirée que de la connaissance humaine. C'est ainsi que Platon ne daigna « laisser à Dieu que la liberté de faire cinq mondes : par la raison, dit-il, qu'il n'y a que cinq corps solides réguliers en géométrie, le tétraèdre, le cube, l'hexaèdre, le dodécaèdre, l'icosaèdre[3] ». Voltaire demande : « pourquoi resserrer ainsi la puissance divine ? pourquoi ne pas lui permettre la sphère, qui est encore plus régulière, et même le cône, la pyramide à plusieurs faces, le cylindre, etc[4] ? ». De même, Leibniz a pu croire qu'il avait rendu compte du meilleur des mondes possibles en faisant entrer le péché originel dans le calcul divin : « Leibniz, qui parle de tout, a parlé du péché originel aussi ; et comme tout homme à système fait entrer dans son plan tout ce qui peut le contredire, il imagina que la désobéissance envers Dieu, et les malheurs épouvantables qui l'ont suivie, étaient des parties intégrantes du meilleur des mondes, des ingrédients nécessaires de toute la félicité possible[5] ».

Voltaire a donc fort bien compris que Leibniz ne nie pas le mal, mais qu'il explique sa nécessité en imposant à Dieu une sagesse qui planifie tranquillement les pires maux pour l'espèce humaine. Dans cette doctrine la nature ne comporte plus de trace de la finalité morale de Dieu, la notion de cause finale étant absorbée par celle de cause efficiente ou physique. Le secret de l'optimisme consiste à faire de nécessité vertu : « Bolingbroke, Shaftesbury et Pope, leur metteur en œuvre, ne résolvent pas mieux la question que les autres ; leur *Tout est bien* ne veut dire autre chose, sinon

1. *Ibid.*, art. « Chaîne ou génération des événements », M, XVIII, p. 125-126/VF, 35, p. 523.
2. *Ibid.*, art. « Bien, tout est bien », M, XVII, p. 585-586/VF, 35, p. 425.
3. *Ibid.*, VF, 35, p. 419.
4. *Ibid.*, M, XVII, p. 581.
5. *Ibid.*, p. 582.

que le tout est dirigé par des lois immuables ; qui ne le sait pas ? Vous ne nous apprenez rien quand vous remarquez, après tous les petits enfants, que les mouches sont nées pour être mangées par les araignées, les araignées par les hirondelles, les hirondelles par les pies-grièches, les pies-grièches par les aigles, les aigles pour être tués par les hommes, les hommes pour se tuer les uns les autres, et pour être mangés par les vers, et ensuite par les diables, au moins mille sur un[1] ». L'optimisme finit par confondre l'ordre physique du monde avec l'ordre moral. Il nous prie, par exemple, de remarquer que quand une « pierre », c'est-à-dire un calcul, se forme dans notre vessie, c'est là un « mécanisme admirable » ou une « excellente attraction newtonienne ». On en arrive donc à un *amor fati*, c'est-à-dire à la même résignation fataliste que Voltaire attribue aux Stoïciens[2]. Mais le problème du mal n'en subsiste pas moins, car nous sommes des êtres sensibles et pensants : « Si nous étions insensibles, il n'y aurait rien à dire à cette physique. Mais ce n'est pas de cela dont il s'agit ; nous vous demandons s'il n'y a point de maux sensibles, et d'où ils viennent[3] ? ». Voltaire accuse ainsi Platon, Descartes et Leibniz de conduire au même athéisme que Bayle impute à Spinoza, mais à partir du postulat du plein, qui explique lui-même les absurdités du spinozisme : « Il me semble qu'on pourrait battre les remparts du spinozisme par un côté que Bayle a négligé. Spinoza pense qu'il ne peut exister qu'une seule substance ; et il paraît par tout son livre, qu'il se fonde sur la méprise de Descartes, que tout est plein ». Le vide newtonien sert alors à rejeter la substance unique de Spinoza, que Voltaire assimile à la grande chaîne des êtres des athées ou à un monisme matérialiste : « si tous les mouvements exigent absolument des espaces vides », la substance unique de Spinoza devient une absurdité[4].

La seconde vérité physique et incontestable que Voltaire tire du newtonianisme semble également jouer un rôle essentiellement métaphysique. L'hypothèse qu'il existe des atomes absolument inaltérables et fixes pour chaque chose lui permet d'étayer la distinction de la nature et de la matière en refusant toute conception dynamiste et *a fortiori* vitaliste des corps. C'est pourquoi Leibniz est encore et à nouveau la cible privilégiée de Voltaire qui s'attaque à la notion de force, comme dénuée de sens. Appeler la pesanteur ou l'attraction une « force », c'est en effet introduire une cause imaginaire et incompréhensible. De plus, parler d'une « force morte » pour

1. *Ibid.*, M, XVII, p. 584/VF, 35, p. 425.

2. Sur la morale des stoïciens et celle de Pascal, voir les *Remarques sur les Pensées de Pascal* (1728) : elles « écrasent » également « la nature humaine » (M, XXII, p. 60-61).

3. *Dictionnaire philosophique*, art. « Bien, tout est bien », M, XVII, p. 585/VF, 35, p. 425-426.

4. *Ibid.*, art. « Dieu, dieux », M, XVIII, p. 367.

désigner, par exemple, une boule arrêtée par un plancher dans son mouvement vers le centre de la Terre, c'est une contradiction dans les termes : cela revient à parler d'un « mort-vivant ». *A fortiori*, la notion de « force d'inertie » est absurde puisque l'inertie ne désigne que « l'inactivité, l'impuissance » de la matière à se mouvoir d'elle-même. On ne sait pas davantage quelle force ou quelle cause agit lorsqu'on meut son bras ou sa jambe. Voltaire demande alors et ironiquement, comme pourrait le faire Descartes, en dénonçant la confusion de l'âme et du corps dans le dynamisme, si l'on peut supposer une force corporelle qui subsiste après la mort et qui irait se loger ailleurs, comme un homme change de maison quand la sienne est détruite. Il est donc vain de spéculer sur la conservation des forces dans la nature. L'exigence de cette conservation est aussi peu rationnelle que le souhait de celui qui voudrait qu'il y ait toujours dans le monde un nombre égal d'hommes[1].

Davantage, ce dynamisme absurde est repris par les matérialistes et les partisans de l'épigenèse, qui sont par conséquent obligés de supposer que les atomes s'altèrent et changent de nature pour former de nouveaux composés soit physiques, soit organiques. Pour que l'eau se change en terre et pour qu'il y ait des générations spontanées, il faudrait en effet que les atomes de la matière inerte deviennent des atomes sensibles ou vivants. Or, Voltaire ne cesse de souligner que le newtonianisme dément cette hypothèse : « On admet des atomes, des principes insécables, inaltérables, qui constituent l'immutabilité des éléments et des espèces, qui font que le feu est toujours feu, soit qu'on l'aperçoive, soit qu'on ne l'aperçoive pas ; que l'eau est toujours eau, la terre toujours terre, et que les germes imperceptibles qui forment l'homme ne forment pas un oiseau[2] ». Voltaire prévoit ainsi ce qui a effectivement lieu dans l'*Encyclopédie :* le dynamisme leibnizien sert de prétexte à l'élaboration du dynamisme matérialiste de Diderot qui fait sortir la vie d'atomes matériels, vivants et sensibles, en les assimilant, par un véritable coup de force, à la monade de Leibniz, dont il défend également le principe de continuité et de « dissimilitude[3] ». Voltaire se réclame donc d'un atomisme qui serait inséparable de la science newtonienne, mais qui lui permet également d'affirmer l'existence « d'éléments » immuables, sans lesquels il n'y aurait pas d'ordre du monde : il faut briser la grande chaîne des êtres en la ramenant à des principes fixes et radicalement hétérogènes. On sait que Voltaire va jusqu'à introduire cette

1. *Ibid.*, art. « Force », M, XIX, p. 169.

2. *Ibid.*, art. « Atomes », M, XVII, p. 477.

3. Diderot, *Encyclopédie*, t. IX, art. « Leibnizianisme », p. 371 a-b, où la monade leibnizienne vient étayer, par son dynamisme, l'hypothèse d'une sensibilité générale de la matière.

hétérogénéité dans l'espèce humaine, qu'il divise en « races » ayant chacune son germe particulier.

Dès lors, il est tentant de comprendre que Voltaire se sert de Newton pour avancer sa propre philosophie, qui s'efforce de penser un ordre sans fatalité, immuable et porteur d'une finalité divine, de façon à étayer un déisme moral. De plus, la « métaphysique » déiste semble destinée à justifier l'affirmation des *Singularités*, selon laquelle la nature n'a pas d'histoire et doit être soutenue dans l'être par la « main invisible de Dieu » qui est la cause ultime de l'attraction et de la fixité des atomes.

Cette conception de la finalité qui est esquissée dans les *Singularités* est clairement examinée par le *Dictionnaire philosophique*. D'un côté, Voltaire se défend d'un anthropocentrisme naïf, car il est bien évident que « les nez n'ont pas été faits pour les bésicles », « les mains en faveur des gantiers », ou encore « les jambes pour être bottées[1] ». Les « cause-finaliers » naïfs confondent donc l'art divin avec l'art humain. Le premier se reconnaît à l'universalité et à la constance de son effet, de telle sorte que la conception newtonienne de la loi de la nature est transportée de la physique à la métaphysique : « Pour qu'on puisse s'assurer de la fin véritable pour laquelle une cause agit, il faut que cet effet soit de tous les temps et de tous les lieux. Il n'y a pas eu des vaisseaux en tout temps et sur toutes les mers ; ainsi l'on ne peut pas dire que l'Océan ait été fait pour les vaisseaux ». Au contraire, la fixité des chaînes de montagnes, qui servent de réservoirs d'eau à la Terre, mais aussi l'organisation de chaque vivant constituent les exemples privilégiés de la finalité. Si les mains, par exemple, n'ont pas été faites pour porter des gants, il est néanmoins « évident » qu'elles « sont manifestement destinées à tous les usages que le métacarpe et les phalanges de nos doigts, et les mouvements du muscle circulaire du poignet, nous procurent[2] ». De même, les nez ont été faits pour l'odorat, les yeux pour voir, les oreilles pour entendre, les estomacs pour digérer : la cause finale se reconnaît au fait qu'elle maintient l'ordre « en tout temps et en tout lieu », sans qu'il y ait une altération possible des choses.

Si l'on objecte à Voltaire sa propre hantise du mal qu'il oppose aux optimistes, il répond par la distinction entre les véritables causes finales qui sont des « effets immédiats » de Dieu et les effets qui ne ressortent d'aucune intention, ni humaine ni divine : « Tout ce qui appartient à la nature est uniforme, immuable, est l'ouvrage immédiat du Maître ; c'est lui qui a créé les lois par lesquelles la Lune entre pour les trois quarts dans la cause du flux et du reflux de l'Océan, et le Soleil pour son quart ; c'est lui qui a donné

1. *Dictionnaire philosophique*, art. « Causes finales », M, XVIII, p. 102-103/VF, 36, p. 118.
2. *Ibid.*, M, XVIII, p. 103/VF, 36, p. 117.

son mouvement de rotation au Soleil, par lequel cet astre envoie en sept minutes et demi des rayons de lumière dans les yeux des hommes, des crocodiles, et des chats [1] ». Les désordres existent cependant et Voltaire refuse de les imputer au hasard, au sens d'un effet sans cause. Il faut alors concevoir que l'ordre de l'Univers laisse place à plusieurs causalités : le mal physique résulte d'une rencontre entre des séries causales indépendantes sans que personne n'en soit responsable. Lorsque l'homme, par exemple, abat son fléau sur le blé afin de séparer le bon grain de l'ivraie, il peut écraser des insectes qui ne se sont pas trouvés là par hasard, mais du fait de telle ou telle action, déterminée par leur propre recherche de la survie et du bien-être. Le mal physique tend ainsi à se résorber dans une conception de l'ordre où l'existence du vide permet de concevoir plusieurs séries causales, dont la rencontre accidentelle ne renvoie à aucune volonté.

On pourrait penser, par conséquent, que Voltaire n'innocente Dieu qu'au détriment de sa toute puissance. Mais il refuse de spéculer sur les attributs d'un Dieu inconnaissable et se borne à constater la finitude de la matière, déjà démontrée par le vide. Ce n'est pas Dieu qui faillit car sa causalité et ses fins sont toujours en acte et immuables, mais c'est la matière qui ne parvient pas à supporter cette finalité qui s'avère également trop lourde à porter pour l'homme : « Les instruments que nous a donnés la nature ne peuvent être toujours des causes finales en mouvement. Les yeux donnés pour voir ne sont pas toujours ouverts ; chaque sens a ses temps de repos [2] ». Voltaire nous décrit un désordre quotidien : tout se passe comme si la finalité divine se heurtait à la résistance d'un être matériel, tel que l'homme, qui retourne régulièrement à son inertie et à son immobilité premières dans le sommeil et le repos. Si le mécanisme corporel des sens ne parvient pas à accomplir régulièrement ses fonctions, c'est que la cause efficiente ou physique se manifeste essentiellement par la résistance à l'action divine. Il y a alors une inertie générale de l'être car la distance entre l'homme et Dieu est infinie. L'esprit agite la masse matérielle sans parvenir à la spiritualiser. De plus, Voltaire ajoute que l'homme peut s'opposer librement à la finalité divine. C'est ainsi que l'humanité s'interdit volontairement de procréer, lorsqu'elle enferme ses enfants dans les couvents : « Il y a même des sens dont on ne fait jamais usage. Par exemple, une malheureuse imbécile, enfermée dans un cloître à quatorze ans, ferme pour jamais chez elle la porte dont devrait sortir une génération nouvelle ; mais la cause finale n'en existe pas moins ; elle agira dès qu'elle sera libre [3] ». Les causes finales et l'existence de Dieu sont donc sauvées si l'on arrive à

1. *Ibid.*, M, XVIII, p. 105/VF, 36, p. 118.
2. *Ibid.*, M, XVIII, p. 105-106/VF, 36, p. 120.
3. *Ibid.*, M, XVIII, p. 106/VF, 36, p. 120.

reconnaître à la fois la nécessité et la contingence de l'être. Pour faire comprendre cette coexistence d'un ordre immuable et d'une contingence, Voltaire nous donne l'exemple de la jeune fille enfermée au couvent. Il suggère que l'immuabilité de la cause finale doit être conçue par analogie avec la nécessité de la nature. Ce qui est naturel n'est pas « inné », au sens de « né développé » : le naturel est virtuellement inné, mais il a toujours besoin des causes secondes ou mécaniques pour se développer [1]. L'éducation et la philosophie, par exemple, doivent renforcer la conscience morale. De même, le système physique de la nature est porteur d'une finalité ou d'une volonté divines, au niveau des atomes qui assurent l'existence d'une nature fixe et immuable. Mais la finalité a besoin de la causalité mécanique et de l'action humaine, au niveau des composés.

Cette représentation du monde ne manque pas de subtilité. Voltaire affirme que la causalité divine laisse volontairement une place à l'homme, à son travail et à son action. L'homme doit coopérer avec Dieu afin de conserver et de perfectionner l'ordre de l'Univers. Il y a là une nouvelle pensée de la finalité, qui tend à fonder une philosophie de l'histoire : chez Voltaire, la finalité se rattache à l'effort que fait l'humanité pour s'arracher à l'inertie de la matière par le travail et la connaissance. La finalité s'identifie alors à un retrait intelligent de Dieu, qui nous laisse libres de coopérer ou non à l'ordre de l'Univers. C'est ainsi que les catastrophes naturelles, les marécages ou les déserts ne prouvent pas plus le Déluge qu'un calcul divin des compossibles, mais seulement que la Terre ne serait « qu'un marais empoisonné, et habité par des monstres, sans le travail assidu de la race humaine [2] ». Il y a donc, en ce sens, une nouvelle conception de la finalité comme finalité négative, Dieu se contentant d'assurer l'ordre des éléments et des lois fondamentales de l'Univers tout en laissant place au désordre, c'est-à-dire à notre libre activité et au travail humain au niveau des composés. L'homme n'est pas pour autant le centre de l'Univers car le désordre est tel que c'est à l'homme lui-même qu'il revient de conquérir cette place centrale, par un travail manuel et intellectuel assidu qui ne peut être le fait d'un seul individu, même génial, mais de la société toute entière.

Ainsi résumée, la philosophie de Voltaire semble n'être qu'une nouvelle métaphysique. On doit cependant faire attention à sa démarche d'historien et, à l'intérieur de cette démarche, au recours perpétuel à « l'évidence » ou au bon sens, qui fait appel aux esprits justes et conséquents. Plus précisément, on peut montrer que les principes philosophiques de Voltaire sont tirés non seulement de Newton, mais de tout ce qu'il décèle de

1. *Ibid.*, art. « Du juste et de l'injuste », M, XIX, p. 459/VF, 36, p. 281.
2. *Ibid.*, art. « Changements arrivés dans le globe », M, XVIII, p. 430.

« conséquent » dans les grandes philosophies de Descartes ou même d'Épicure et de Lucrèce. La preuve en est que Newton se voit critiqué lorsqu'il prétend faire preuve de génie et bâtir des hypothèses chimériques en contradiction avec sa propre méthode. L'émergence de la raison est en effet rendue possible par la dénonciation permanente des « inconséquences » des génies, ce qui suppose la possibilité de faire converger toutes les grandes doctrines philosophiques vers les mêmes principes philosophiques. Nous retrouvons ainsi une théorie des erreurs métaphysiques qui vient compléter la théorie des erreurs expérimentales, afin de bâtir une philosophie qui n'est pas celle de Jean-Marie Arouet, dit Voltaire, mais une philosophie « évidente » qui est le produit historique de toute l'humanité. Nous n'examinerons pas ici, par exemple, tout ce que la raison morale et politique doit aux Chinois et les mathématiques aux Babyloniens ou aux Mahométans[1], mais l'on ne comprendrait guère la philosophie de l'histoire, qui se veut pour la première fois universelle et cosmopolitique, si elle était juxtaposée à une métaphysique au sens d'une nouvelle production individuelle grevée de tous les défauts de l'originalité géniale que Voltaire dénonce. Il s'agit moins, pour lui, d'inventer un nouveau système que de créer un nouveau goût et une nouvelle sobriété philosophiques, analogues à ceux d'un Newton qui a su relier les vérités expérimentales découvertes par Galilée et Kepler.

La même démarche doit être reprise sur le plan de la « métaphysique ». C'est cette démarche que Voltaire emprunte lorsqu'il se penche sur une multitude de sources, qu'il s'agisse d'Épicure, de Descartes, de Leibniz, de Berkeley ou de Newton. En ce sens, son œuvre d'historien est telle qu'il faudrait consacrer un ouvrage à ses différents examens des pensées philosophiques. Dans le cadre de cette étude, nous choisirons les références à Épicure, Descartes et Berkeley, qui nous paraissent particulièrement signifiantes pour notre propos.

1. *Essai sur les mœurs*, M, XII, p. 124.

CHAPITRE VI

L'HISTOIRE DE LA RAISON MÉTAPHYSIQUE OU LA RECHERCHE DE SES « ÉLÉMENTS »

La confrontation entre Épicure, Descartes et Newton constitue la première preuve privilégiée que Voltaire ne pose pas ses principes philosophiques de façon dogmatique, mais à partir d'une histoire réflexive de la raison et de son perfectionnement.

Il est remarquable en effet que les « intermondes » d'Épicure soient sans arrêt défendus contre Descartes. Aux yeux de Voltaire, les Épicuriens, même athées et matérialistes, ont eu le mérite de poser la nécessité du vide pour expliquer le mouvement : « Si les hommes raisonnaient conséquemment, Épicure et son apôtre Lucrèce auraient dû être les plus religieux défenseurs de la Providence, qu'ils combattaient : car en admettant le vide et la matière finie, vérités qu'ils ne faisaient qu'entrevoir », ils avaient « dans leur propre philosophie, malgré eux-mêmes, une démonstration qu'il y a un autre Être suprême nécessaire, infini, et qui a fabriqué l'Univers[1] ». Ces philosophes ont encore su faire des atomes des germes spécifiques et inaltérables. C'est donc à tort que les matérialistes modernes se réfèrent à eux, car l'atomisme veut en bonne logique que tout ne puisse naître de tout et que rien ne se fasse sans cause. Or une cause ne pouvant donner ce qu'elle n'a pas, un atome de terre ne se changera jamais en atome d'eau. C'est par « inconséquence » que les atomistes, ayant posé deux principes rationnels, ont conclu à une causalité purement matérielle et à une histoire des espèces : leurs principes démontrent la finitude de la matière et

1. *Dictionnaire philosophique*, art. « Athée », M, XVII, p. 457-458.

l'impossibilité, pour leurs atomes inaltérables, de se métamorphoser[1]. Ces erreurs sont alors utiles parce qu'elles démontrent la faiblesse de notre entendement, à travers son histoire : elles ont amené Descartes à associer, par une inconséquence inverse, la démonstration de l'existence de Dieu à une physique du plein, tant il est vrai que « nos systèmes » comme nos « vies » ne sont que des « contradictions[2] ». Si l'histoire des mœurs est celle de l'oppression et des malheurs qui s'ensuivent, l'histoire de la philosophie est celle des différents systèmes d'erreurs et d'inconséquences qui nous amènent à substituer la mémoire machinale des associations d'idées au raisonnement ou à l'imagination active, laquelle exige de respecter le principe de non contradiction.

Les Épicuriens fournissent un nouvel exemple de ces associations d'idées machinales qui contredisent le sens commun. Parce qu'ils ont bâti un argument imparable contre les conceptions naïves de la finalité, ils ont conclu à tort que les limites de notre connaissance de Dieu permettaient de définir les limites de la causalité divine. Il est en effet vrai de dire, avec l'ensemble des atomistes, qu'il n'y a que quatre possibilités logiques sur le problème du mal, du moins si l'on se situe du point de vue d'une métaphysique dogmatique et sans assise expérimentale : « Ou Dieu veut ôter le mal du monde et ne le peut ; ou il le peut, et ne le veut pas ; ou il ne le peut, ni ne le veut ; ou enfin il le veut, et le peut. S'il le veut, et ne le peut pas, c'est impuissance, ce qui est contraire à la nature de Dieu ; s'il le peut, et ne le veut pas, c'est méchanceté, et cela n'est pas moins contraire à sa nature ; s'il ne le veut ni ne le peut, c'est à la fois méchanceté et impuissance ; s'il le veut et le peut (ce qui seul de ces partis convient à Dieu), d'où vient donc le mal sur la Terre ? »[3]. Au lieu de conclure de ce raisonnement à l'impossibilité d'une connaissance des attributs de Dieu, les Épicuriens ont préféré nier son existence, abandonnant ainsi l'humanité au nihilisme et à la résignation, et cela malgré l'expérience du travail et de la lutte collective contre le désordre. Cette critique n'empêche pas Voltaire de dialoguer avec le matérialisme athée qu'il considère comme une étape décisive dans le perfectionnement des lumières, notamment par les questions qu'il pose. C'est ce que

1. Ce débat sur l'atomisme et son accord possible avec l'existence de Dieu, ne vient pas seulement de Gassendi. L'idée que l'atomisme, bien compris, conduit à poser un Dieu, a été développée, en Angleterre, par Walter Charleton, dans son *Darkness of Atheism* (1652), et dans sa *Physiologia-Epicuro-Gassendo-Charltona* (1654), puis par Ralph Cudworth, dans son *True Intellectual System* (1678), qui a influencé le *Traité d'optique* de Newton, dans l'édition latine de 1706, qui seule, et à la différence de l'édition de 1717 suivie par P. Costes, permet de restituer l'évolution de Newton quant au choix entre le vide et l'éther. L'éther est refusé, dans cette édition, au profit du vide : voir H. Guerlac, *op. cit.*, p. 88-89 et 93-101.

2. *Éléments de la philosophie de Newton*, M, XXII, p. 403-404/VF, 15, p. 205.

3. *Dictionnaire philosophique*, art. « Bien, tout est bien », M, XVII, p. 582/VF, 35, p. 421.

corroborent, en particulier, les *Dialogues philosophiques entre Lucrèce et Posidonius* (1756), où le point de vue matérialiste est exposé dans toute sa force, au point que R. Naves a pu se demander si Voltaire ne penchait pas dans cet ouvrage vers un agnosticisme [1]. Mais les principes de la physique lucrécienne y font l'objet de la même critique que dans le *Dictionnaire philosophique*. Voltaire affirme qu'il y a contradiction à poser des atomes, au sens de germes éternels de toute chose, tout en concevant une auto-organisation temporelle du vivant [2]. Posidonius semble alors triompher, en considérant que même dans l'hypothèse de propriétés organisatrices de la matière il faut encore une intelligence qui gouverne pour aboutir à un ordre. Cependant cet ordre ne nous fait pas pour autant connaître Dieu, ni comment Dieu pourrait être continuellement occupé à nous donner des idées, ni *a fortiori* comment il pourrait forger des substances pensantes qui iraient se loger dans les corps. Si Posidonius et Lucrèce « s'éclairent réciproquement », c'est en concluant que les questions métaphysiques restent « incompréhensibles ». S'il faut renoncer aux « dogmes d'Épicure », ces derniers ont cependant le mérite de nous délivrer des chimères cartésiennes. C'est sur la reconnaissance des limites de la raison que Posidonius et Lucrèce tombent d'accord. La nature de Dieu, mais aussi de l'âme, nous restent inconnues car « les hommes ne se donnent rien et sont sous la main d'un maître absolu [3] ».

Voltaire ne suit donc pas une autorité, même celle de Newton. C'est pourquoi il n'hésite pas à attaquer tantôt Descartes, tantôt Newton, au nom de la raison. Il souligne en effet que Newton, après avoir démontré la nécessité d'un vide absolu pour expliquer le mouvement et l'attraction, a néanmoins eu le tort de proposer des hypothèses systématiques et des « rêves » en imaginant l'existence d'un milieu matériel ou d'un « éther » très peu dense, notamment pour expliquer le phénomène de la réflexion et de la réfraction lumineuses. Dans le cas des surfaces réfringentes, où une partie de la lumière est transmise et l'autre réfléchie, Newton suppose en effet l'intervention d'un éther intermédiaire, animé de mouvements vibratoires qui s'ajoutent ou au contraire s'opposent aux mouvements des rayons : selon leur angle d'incidence, ceux-ci se trouvent soit dans un « accès de facile réfraction ou transmission », soit dans un « accès de facile réflexion [4] ». Cette hypothèse de l'éther est sévèrement critiquée, surtout

1. Voir *Dialogues et anecdotes philosophiques*, éd. R. Naves, Garnier-Frères, 1939, en particulier p. IX.

2. *Dialogues philosophiques entre Lucrèce et Posidonius*, M, XXIV, p. 62-63.

3. *Ibid.*, M, XXIV, p. 68-69.

4. Pour une explication critique de ces « conjectures », voir d'Alembert, *Encyclopédie*, art. « Lumière », t. IX, p. 718 b-722 b. L'étude de M. Groult, *op. cit.*, estime que d'Alembert

lorsqu'on l'imagine partout répandu dans la nature afin d'expliquer l'action à distance. C'est là céder à la recherche des « causes » et cette prétendue cause n'explique rien : elle est aussi difficile à comprendre que l'attraction et nous entraîne dans une régression à l'infini, comme toute recherche causale en physique[1]. Il faut alors admettre l'attraction comme une « chose incompréhensible », mais dont « tout l'Univers » démontre l'existence[2].

Voltaire se présente donc, à l'occasion, comme plus fidèle que Newton au véritable esprit newtonien, qui refuse de combler les lacunes du savoir physique par des suppositions métaphysiques et qui ne considère jamais une propriété quelconque de la matière comme une cause première : l'attraction doit rester une « qualité occulte », si l'on entend par là un phénomène certain dont on ignore la cause. L'hypothèse de l'éther ne s'avère ainsi pas seulement inapte à expliquer l'attraction, mais elle risque de nous ramener à une physique du plein, voire à l'ontologie de la grande chaîne des êtres. Or, cette ontologie ou cette physique sont contredites par la démonstration newtonienne que dans le vide, le mouvement tendrait à se perdre s'il n'était entretenu par la main invisible de Dieu. Le vide démontre en effet que tout n'est pas lié dans le monde physique comme dans le monde moral, et c'est un exemple commun aux *Éléments* ou au *Dictionnaire philosophique* que celui de cracher à droite ou à gauche pour Magog, le grand ancêtre mythique des Scythes : cet événement ne peut avoir influé sur les affaires présentes. Cette réflexion sur les événements historiques s'applique également dans l'ordre physique, où l'on peut constater que tout mouvement n'est pas une cause, car le mouvement finit par s'éteindre et ne

superpose à la science newtonienne, une « épistémologie » encore cartésienne. Les études de H. Guerlac tendent à corroborer ce propos, voir *op. cit.*, p. 121-145, où l'auteur restitue les hésitations de Newton, entre le vide des atomistes et l'éther de l'édition de 1717 des *Principia* (p. 120) : d'Alembert, comme Voltaire, qui ont minimisé l'éther, ont une vision trop cartésienne de la méthode newtonienne, qui se rattache encore au XVIIe siècle, mais en ce sens qu'elle admet des principes heuristiques et indémontrables (p. 142-143). Newton est donc beaucoup plus proche de « l'esprit de conjecture » que Voltaire ne veut bien l'admettre.

1. *Éléments de la philosophie de Newton*, M, XXII, p. 501-502/VF, 15, p. 383-384. L'édition de R. L. Walters et de W. H. Barbers (VF) indique qu'après 1738, Voltaire omet systématiquement l'hypothèse d'un éther matériel, afin d'accentuer la rupture entre Newton et un Descartes inventeur d'une chimérique « matière subtile ». La même indication figure dans l'édition Moland, XXII, p. 501, n. 1 : l'éther, comme « matière très élastique et très rare » n'est qu'une hypothèse ou un « possible », analogue à la matière subtile ou aux tourbillons de Descartes. Voltaire n'en parle que « pour faire connaître l'histoire » des pensées ou des « rêves » de ce génie qu'est Newton, mode d'exposition qui s'oppose alors à l'histoire raisonnée des « inductions » méthodiques du véritable newtonianisme. À notre sens, cette distinction de l'histoire des génies et de l'histoire des éléments de leur philosophie annonce la méthode généalogique du *Discours Préliminaire* de l'*Encyclopédie*, écrit par D'Alembert.

2. *Éléments de la philosophie de Newton*, M, XXII, p. 481/VF, 15, p. 345.

se communique pas de proche en proche jusqu'à faire le tour du monde. Newton reviendrait à la physique cartésienne et à un athéisme inconscient de lui-même s'il soutenait un éther et une constance du mouvement qu'il a pourtant niée, comme le rappelle le *Dictionnaire philosophique :* « Il faut songer que tout n'est pas plein dans la nature, comme Newton l'a démontré, et que tout mouvement ne se communique pas de proche en proche, jusqu'à faire le tour du monde, comme il l'a démontré encore. Jetez dans l'eau un corps de pareille densité vous calculez aisément qu'au bout d'un certain temps le mouvement de ce corps et celui qu'il communique à l'eau sont anéantis; le mouvement se perd et se répare », si bien que « les événements présents ne sont pas les enfants de tous les événements passés : ils ont leur ligne directe; mais mille petites lignes collatérales ne leur servent à rien. Encore une fois, tout être a son père, mais tout être n'a pas des enfants[1] ». Il faut, dans cette perspective, se représenter l'ordre du monde non comme une chaîne continue, mais comme une arborescence ou un arbre généalogique dont certaines branches se sont éteintes. Si tout effet a une cause, l'inverse n'est pas vrai. C'est seulement en introduisant cette contingence au cœur de la causalité matérielle que Newton peut reconnaître la nécessité d'un Dieu invisible.

Dès lors, et en critiquant l'hypothèse de l'éther, Voltaire se rapproche du cartésianisme en tant qu'il s'oppose à toute forme de dynamisme. Il est particulièrement significatif que sur ce point Voltaire passe sous silence la vraie raison de l'opposition entre Descartes et Galilée quant à la question de la gravitation ou de l'accélération uniforme des corps vers le centre de la Terre : Galilée est suspecté par Descartes de réintroduire des forces ou des qualités occultes et vitales dans une matière qui est alors confondue avec la substance pensante. L'opposition de Voltaire au mécanisme cartésien est donc à nuancer. Il continue d'adhérer à un mécanisme, en concevant la matière comme dénuée de toute force et de toute énergie intrinsèques. C'est ce que corrobore, paradoxalement, le deuxième principe que Voltaire tire du newtonianisme : celui du caractère absolument indivisible, inaltérable, fixe et immuable des atomes.

En un sens, Voltaire s'oppose bien à Descartes en justifiant l'existence des atomes par l'affirmation que les idées mathématiques n'ont plus de portée ontologique, de telle sorte que la matière ne peut être divisée à l'infini que par la pensée. Mais en un autre sens, l'atome est soigneusement distingué de la monade spirituelle de Leibniz dont le dynamisme risque d'être attribué à la matière. Le grand Newton doit alors être critiqué

1. *Dictionnaire philosophique*, art. « Chaîne ou génération des événements », M, XVIII, p. 127/VF, 35, p. 527-528.

lorsqu'il contredit la fixité des éléments qui résulte de l'absence de dynamisme matériel. Newton a en effet cru, sur le rapport de Boyle, lui-même abusé par un obscur chimiste, que l'eau peut se changer en terre. Cette croyance contredit les principes fondamentaux du véritable newtonianisme car, « malgré cette idée que l'eau pût devenir terre, Newton croyait aux atomes insécables, indestructibles, ainsi que Gassendi et Boerhaave », ce qui est incohérent, car si l'eau pouvait se changer en terre, il faudrait que les « éléments soient divisés et altérés » et que « le globe perde peu à peu de son humidité », ce qui obligerait Dieu à « remettre la main à son ouvrage, *manum emendatricem desideraret*[1] ».

On peut désormais comprendre que Voltaire corrige, à l'occasion, la conception newtonienne de l'atomisme parce qu'il considère que tout dynamisme conduit au matérialisme, et que seul le mécanisme immuable de la nature peut constituer la trace positive de la finalité divine. C'est pourquoi il rectifie progressivement la métaphysique newtonienne et sa conception de la finalité, qui lui paraît trop naïve. À ses yeux, Dieu ne saurait intervenir directement dans l'Univers et se réduire à un vil ouvrier, toujours occupé à corriger un ouvrage imparfait en remettant, par exemple, les planètes sur leurs orbites. Dieu reste en effet à une « distance infinie » de l'homme et de la matière : il a produit la « mécanique primordiale » des atomes afin que le monde se conserve et comprenne, par son inaltérabilité, une trace de l'immuabilité divine. Ce cartésianisme caché de Voltaire éclaire les choix qu'il opère dans les spéculations newtoniennes. S'il refuse l'éther et la transmutation des éléments, inversement il transforme en certitude l'hypothèse sur les comètes qui permet d'affirmer que cette autre « mécanique primordiale » qu'est le Soleil ne saurait s'éteindre et que la Terre ne perd pas de son humidité. Désormais, les comètes ne cessent pas seulement d'avoir un statut de mauvais présage, mais elles deviennent des « effets de la bonté divine » car elles sont physiquement nécessaires aux autres planètes. D'une part, elles servent, par leurs vapeurs, à renouveler l'humidité de la Terre et des globes, qui tend peut-être à diminuer par simple exhalaison, si bien que la partie la plus subtile de notre atmosphère vient des comètes. D'autre part et surtout, elles renouvellent la substance du Soleil qui ne cesse de darder ses rayons et perd peu à peu de sa matière. Aussi Voltaire rappelle-t-il que Newton a pu observer, avec Halley, la comète de 1682, dont la trajectoire l'a amenée à une telle proximité du Soleil qu'il faut nécessairement supposer qu'elle a transmis, par attraction, une partie de sa propre matière ignée au Soleil[2].

1. *Ibid.*, art. « Atome », M, XVII, p. 479-480.
2. *Éléments de la philosophie de Newton*, M, XXII, p. 574-577/VF, 15, p. 528-529.

Voltaire n'hésite donc pas à opérer une critique des hypothèses newtoniennes, et cela afin de rationaliser la notion de finalité divine dans un esprit encore cartésien qui tend à bannir la confusion des causes finales et des causes purement efficientes. La querelle de l'optimisme peut être relue en ce sens comme un retour à Descartes. S'il y a de l'ordre physique partout, y compris dans la maladie, l'homme est enclin à s'extasier stupidement sur ces phénomènes. Qu'on soit leibnizien ou newtonien, on peut tirer de la physique une métaphysique dogmatiquement finaliste qui oublie que l'homme n'est pas un être insensible. Voltaire lutte contre ces « cause-finaliers » qui ne savent que désespérer l'humanité. Il n'en reconstruit pas moins, comme Descartes, une articulation de l'ordre physique et de la finalité, mais à partir de la distinction qu'il a établi entre les atomes ou les « éléments » immuables de l'ordre et la contingence des composés matériels. Il faut alors savoir discerner ce qui, dans l'ordre physique, renvoie ou non à la finalité divine. Dans une métaphysique du plein et de la continuité de l'être, on est condamné à sombrer dans un finalisme naïf car on ne peut pas distinguer ce qui est l'effet « immédiat » et invariable du « Maître » divin et les effets éloignés qui dépendent de l'inertie de la matière.

C'est ainsi une réflexion métaphysique sur la causalité qui permet de renouveler l'articulation cartésienne du mécanisme et de la finalité. Sur ce plan, nous ne pouvons que constater la fidélité à la définition cartésienne de la causalité. Si Voltaire admet, par exemple, que l'action d'un Dieu spirituel sur la matière reste incompréhensible, il rétorque qu'il est non seulement incompréhensible mais absurde d'expliquer le supérieur par l'inférieur, puisqu'une cause ne peut donner ce qu'elle n'a pas et que rien ne se fait de rien. Le principe cartésien selon lequel une cause doit avoir autant ou plus de réalité que son effet est sans arrêt répété. C'est ainsi que « des êtres intelligents ne peuvent avoir été formés par des êtres bruts, aveugles, insensibles[1] ». Aussi la théorie de la génération spontanée soutenue par Needham est-elle invraisemblable : une matière sans vie ni intelligence ne peut produire ces effets. Bien qu'il ne cesse de critiquer Descartes, on peut alors estimer que Voltaire n'est pas loin des considérations qui refusent à l'homme une place centrale dans l'Univers et affirment que nous ne parvenons pas véritablement à connaître la nature des choses, mais seulement leur mécanisme, car Dieu a produit le monde de façon à ce que nous puissions l'utiliser avec industrie et habileté, nous laissant l'espoir de nous en rendre comme maîtres et possesseurs[2]. Voltaire lui-même ne cesse

1. *Dictionnaire philosophique*, art. « Athéisme », M, XVII, p. 464.

2. Voir, par exemple, les *Méditations*, IV, dans *Œuvres*, éd. F. Alquié, 1963-73, II, p. 466-467, où Descartes affirme que « je n'ai aucun droit de me plaindre, si Dieu, m'ayant

d'affirmer que nous n'en connaîtrons jamais assez pour notre curiosité, qui est insatiable, mais toujours assez pour notre usage et notre industrie. On peut alors dire que pour Voltaire le véritable newtonianisme n'est pas en rupture avec le mécanisme cartésien, mais cela, parce qu'il s'attache à définir les «éléments» ou les principes communs d'une raison qui transcende toute autorité particulière et dont la définition ressort d'une histoire critique ou « généalogique » avant la lettre.

Cette interprétation peut trouver une deuxième preuve dans le rejet simultané de Newton et Descartes quant à la théorie de la vision. Voltaire n'hésite pas à intégrer Berkeley à l'exposé de l'optique newtonienne afin de rejeter l'hypothèse de l'éther mais aussi la *Dioptrique* de Descartes, en tant qu'elles peuvent également fournir des arguments en faveur d'une conception matérialiste du phénomène de la vision. Voltaire n'est pourtant pas un immatérialiste et il combat ce préjugé en s'appuyant sur la possibilité d'une mesure objective et expérimentale par delà la variété des sensations: Berkeley «croit montrer qu'il n'y a point d'étendue, parce qu'un corps lui a paru avec sa lunette quatre fois plus gros qu'il ne l'était à ses yeux », mais « de quelque étendue qu'un corps me paraisse, il est étendu de tant de ces mesures». De plus, ce n'est pas parce que nous ignorons la nature de la matière que nous devons douter de son existence. Dans ce cas, nous devrions douter de l'existence de la pensée dont nous ignorons également la nature : « le sujet pensant, sentant et voulant » n'est connu que par ses « propriétés [1] ». L'immatérialisme se réfute donc de lui-même. Il est alors remarquable que malgré cette critique, Berkeley se substitue à Newton pour fournir une théorie de la perception. C'est pourquoi Voltaire radicalise le refus newtonien de l'impulsion en commençant par expliquer que les lois de la réflexion et de la réfraction ne supposent pas de contact matériel entre la lumière et les surfaces corporelles. Les corps peuvent en effet attirer ou repousser la lumière, mais en lui faisant toujours subir une inflexion ou une «courbure insensible». C'est parfois du «vide» même que la lumière peut rejaillir vers nos yeux. Mais comme «le vide ne peut avoir d'action», il faut reconnaître un « pouvoir inconnu » de la lumière qui renvoie à une finalité divine et non à l'éther matériel de Newton[2]. La troisième image mécaniste de la dioptrique cartésienne, celle du rebond de la balle, est ainsi et également récusée.

mis au monde, n'a pas voulu me mettre au rang des choses les plus nobles et les plus parfaites », et définit la perfection humaine dans ses strictes limites.

1. *Dictionnaire philosophique*, art. « Corps », M, XVIII, p. 271-272/VF, 35, p. 645-646.

2. *Éléments de la philosophie de Newton*, M, XXII, p. 451-452 et 456-457/VF, 15, p. 286-287.

Dés lors, Voltaire se sert de Berkeley, et plus particulièrement de son affirmation d'une hétérogénéité des données sensibles de la vue et du toucher, pour étayer le véritable newtonianisme en l'affranchissant de toute interprétation matérialiste de la perception. *La Dioptrique* de Descartes est en effet soupçonnée par Voltaire de conduire à un matérialisme en réduisant l'action de la lumière à une impulsion ou à une action mécanique, relative à la surface ou à la résistance des corps. Mais plus fondamentalement, c'est en accordant à l'œil la faculté de percevoir les figures et les distances, et non simplement les couleurs, que Descartes laisse place au matérialisme[1]. On peut en effet considérer, et cela malgré l'affirmation que c'est l'âme qui sent, que Descartes n'a pas véritablement démontré que les images rétiniennes et la conformation corporelle de l'œil ne suffisent pas à expliquer le phénomène de la vision[2]. Les difficultés du substantialisme cartésien désormais considéré comme caduc par l'ensemble des philosophes risquent, de fait, de suggérer une lecture matérialiste et moniste de *La Dioptrique*, comme ce sera effectivement le cas dans la *Lettre sur les aveugles* (1749) de Diderot. Aussi Voltaire décrit-il la conformation matérielle de l'œil, la formation des images rétiniennes, mais en nous avertissant d'emblée que ces données corporelles ne sauraient être la cause nécessaire et suffisante des phénomènes de la vision. Il est vrai que l'œil présente d'abord une membrane blanche, ou cornée, sous laquelle se trouve une membrane colorée et percée par une prunelle qui s'agrandit ou se rétrécit selon l'intensité des rayons lumineux. Une humeur aqueuse vient ensuite, dont l'humidité permet au cristallin de changer de courbure, pour mieux recevoir les rayons lumineux. Voltaire compare même le cristallin à un diamant taillé en lentille, car il s'agit du principal organe de la vision, dont la rétine ou le fond de l'œil est le foyer. Cette organisation corporelle explique la série de réfractions que subissent les rayons en entrant dans l'œil, de telle sorte que les rayons issus du même point de l'objet convergent tous sur le même point de la rétine[3]. Mais ces lois de l'optique ne concernent la vision qu'en tant que phénomène organique. Si Voltaire reconnaît qu'il y a effectivement une correspondance point à point entre l'objet extérieur et son image rétinienne, il met l'accent sur la diminution et l'inversion que cette image fait subir à l'objet afin de montrer que les règles géométriques

1. Sur la justesse de cette prévision et sur une plus ample explication de la théorie voltairienne de la vision, voir notre article : « Un Aspect de la *Lettre sur les aveugles* : Diderot contre Voltaire », *Dioti*, 6, 1999, p. 272-288.

2. *Éléments de la philosophie de Newton*, M, XXII, p. 462-463/VF, 15, p. 312-313.

3. *Ibid.*, M, XXII, p. 458-459/VF, 15, p. 294-298. Sur les lois de la réfraction et la vision, voir Descartes, *Dioptrique*, dans *Œuvres*, éd. F. Alquié, t. I, p. 688-699, et Jaucourt, *Encyclopédie*, art. « Vision », t. XVII, p. 344 b-347 a.

de l'optique n'ont pas de rapport direct à nos sensations[1]. Il considère en effet que la fameuse image cartésienne de l'aveugle qui tient des bâtons croisés se prête à une interprétation matérialiste parce qu'elle permet de dire que ce qui est senti à gauche par la main est immédiatement jugé à droite, et inversement que ce qui est senti à droite est jugé à gauche. En poursuivant l'analogie, on pourrait affirmer que les parties inférieures et supérieures de l'œil rapportent « tout à coup » leurs sensations respectives à leurs véritables points d'origine. L'œil serait donc capable de redresser par lui-même ses images rétiniennes.

Voltaire s'attache à réfuter cette théorie matérialiste de la sensation en empruntant les arguments de Berkeley. Il est notamment impossible que l'œil juge par lui-même et correctement puisqu'il lui faudrait, à cette fin, avoir et conscience et connaissance de la géométrie qui s'exécute en lui, de telle sorte que les hommes auraient du attendre la parution des lois de la dioptrique, inventées par Descartes, pour parvenir à voir[2]! Aussi faut-il admettre, avec Berkeley, que l'œil ne peut juger de l'étendue car il ne reçoit que des couleurs : il y a une hétérogénéité radicale des différentes séries d'idées sensorielles, le toucher étant le seul sens de l'étendue. L'œil, en effet, ne saurait juger ni des figures ni des distances. Les premières subissent une déformation sur la rétine, les volumes y étant représentés par des surfaces et les surfaces par des lignes. Quant aux distances, sur lesquelles Voltaire insiste particulièrement, elles ne sont représentées que par des angles dont nous n'avons aucune conscience. Davantage, le « sentiment » ou le jugement conscient contredit le mécanisme des organes. Lorsque nous voyons, par exemple, un homme à 4 puis à 8 pas, les angles qui se forment dans l'œil varient, tandis que nous continuons de juger que cet homme reste également grand. Enfin, l'expérience de Cheselden (1729) sur l'aveugle-né opéré de la cataracte, et qui ne distingue qu'un amas confus de couleurs la première fois qu'il voit, démontre que l'œil ne reçoit que des couleurs. Cette expérience autorise, selon Voltaire, une « décision irrévocable » : la vision n'est pas une suite des lois de l'optique, car l'œil a besoin du secours du toucher pour former des idées de l'étendue ou pour déchiffrer « la langue que la nature parle à nos yeux[3] ». Nous apprenons ainsi à voir comme nous apprenons à lire ou à parler. Il faut en effet supposer que grâce au secours du toucher et par la force de l'habitude, nous formons des idées de l'étendue qui accompagnent toujours les sensations de la vue : il y a des jugements immédiats et involontaires des distances qui expliquent l'illusion qu'a la vue de pouvoir juger par elle-même, mais ce

1. *Éléments de la philosophie de Newton*, M, XXII, p. 462/VF, 15, p. 311.
2. *Ibid.*, M, XXII, 466-467/VF, 15, p. 313-314.
3. *Ibid.*, M, XXII, p. 469-470/VF, 15, p. 317-320.

sont en réalité les associations des idées tactiles et visuelles qui rendent ces jugements possibles. C'est bien « l'âme » qui sent, c'est-à-dire un agent actif dont la nature nous est inconnue. Aussi peut-on estimer avec Berkeley que les sens ne nous trompent pas : chacun a sa fonction, de telle sorte qu'ils s'aident mutuellement pour envoyer à l'âme, par l'intermédiaire de l'expérience, la « mesure » des connaissances que Dieu a bien voulu nous consentir[1]. Seule notre imagination peut nous tromper : comme Berkeley, Voltaire innocente Dieu de nos erreurs et établit l'existence d'une finalité et d'une origine divines de nos sensations. Tout se passe de son point de vue comme si les phénomènes physiques et les phénomènes moraux constituaient deux séries d'effets indépendantes ou deux mondes, dont l'interaction apparente renvoie à l'abîme incompréhensible de la finalité divine. La notion d'interaction s'efface au profit de l'attraction à distance dont nous ne pouvons qu'étudier les effets ou les propriétés tant attractives que répulsives, ces propriétés montrant que le mécanisme matériel a besoin, pour conserver son ordre, de la main invisible de Dieu. L'articulation et la distinction du mécanisme et de la finalité sont ainsi conservées, mais à l'intérieur d'un cadre de rationalité qui emprunte des éléments autant à Épicure qu'à Descartes, Berkeley et Newton. Les « éléments » de la philosophie de Voltaire, ou même ceux qu'il prétend attribuer à Newton représentent, en fait, des principes capables de fonder un accord expérimental et logique entre les différentes philosophies.

La nouvelle métaphysique a alors le statut d'éléments rationnels, d'une méta-théorie ou d'une généalogie de la raison dont les quatre grands énoncés sont destinés à l'empêcher de se perdre dans les errances de l'esprit de système. C'est dans cette perspective que l'on peut comprendre l'affirmation qu'en métaphysique, il n'y a pas de vraisemblance ou de probabilité qui permettrait un pari : « je ne vous dis pas avec Pascal : *Prenez le plus sûr*. Il n'y a rien de sûr dans l'incertitude ». En métaphysique, il s'agit donc toujours « d'examiner » ou de « juger » en prenant le parti d'un « milieu très raisonnable », c'est-à-dire d'un « sens commun » qui refuse toute probabilité, au profit de quatre affirmations[2]. Premièrement, rien ne se fait de rien, au sens où une cause doit avoir autant ou plus de réalité que son effet. Mais ce principe cartésien, qui permet de reprendre l'idée que l'ordre naturel dépend des lois immuables de la causalité divine, trouve une assise expérimentale dans le newtonianisme avec le postulat du vide et l'idée que les atomes constituent des éléments fixes et inaltérables. Ce newtonianisme fournit une preuve expérimentale au déisme, ou plutôt à un théisme moral

1. *Ibid.*, M, XXII, p. 470-471/VF, 15, p. 322-323.
2. *Dictionnaire philosophique*, art. « Dieu, dieux », M, XVIII, p. 377-378.

qui ne s'appuie plus sur une démonstration de l'existence de Dieu, car l'immuabilité de la nature constitue la seule trace positive de la finalité divine. Deuxièmement, Voltaire considère donc que l'ordre et la finalité ne peuvent coïncider que si la nature n'a pas d'histoire : introduire l'histoire dans la nature, c'est-à-dire dans l'ordre qui est « l'effet immédiat » de Dieu, reviendrait à dire que cet ordre est imparfait et perfectible. Troisièmement, Voltaire ne reconnaît de désordre et de contingence qu'au niveau des composés matériels avec le principe selon lequel toute cause n'a pas nécessairement un effet. La contingence et la liberté prennent place dans cet écart entre les lois divines, physiques ou morales, et leur actualisation, soit par la matière, soit par l'homme. Mais il faut être conscient qu'aucune métaphysique systématique ne peut venir étayer ces trois principes. Dès que nous cherchons à satisfaire notre curiosité insatiable, nous nous heurtons, comme dans les savoirs du vivant, à des ignorances éternelles. Il est en effet indéniable que « s'il y a quelque chose, il y a quelque chose d'éternel, car rien n'est produit de rien ». Seule une cause éternelle peut être principielle. Cependant, si l'on s'en tient à ce raisonnement métaphysique sans partir de la physique newtonienne, on aboutit à une balance stricte des raisons entre le déisme et le matérialisme, car le même raisonnement peut être allégué en faveur du matérialisme. Voltaire souligne en effet que les philosophes de l'Antiquité ont tous cru Dieu et la matière éternels, car il ne peut y avoir de création ou de fabrication démiurgique dans l'éternité divine et parce que le néant n'est pas une cause. Cette sagesse antique s'avère représentative d'une démarche dogmatique qui n'aboutit qu'à une régression à l'infini : « Si Dieu et la matière existent de toute éternité, comme l'antiquité l'a cru, voilà deux êtres nécessaires : or, s'il y a deux êtres nécessaires, il peut y en avoir trente ». Il faut donc comprendre que l'homme n'atteint aucune connaissance métaphysique au sens strict : nous n'avons « aucune notion adéquate de la divinité » et « nous sentons » seulement « que nous sommes sous la main invisible d'un être invisible ; c'est tout, et nous ne pouvons faire un pas au-delà », en nous fiant à notre seul entendement[1]. Dès lors, la plus grande avancée métaphysique de Voltaire consiste dans la reprise de ce qui constitue un quatrième énoncé méta-théorique. Dans *Le Philosophe ignorant*, il défend l'idée d'une émanation éternelle : tout émane éternellement de Dieu, mais les différents degrés de réalité de cette émanation ne peuvent être connus que par les véritables savoirs expérimentaux[2]. Dans cette perspective en effet, la co-éternité de Dieu et de la matière ne peut plus donner lieu à la régression à l'infini de l'argumentation métaphysique, car

1. *Ibid.*, p. 358-359.
2. *Le Philosophe ignorant*, M, XXVI, p. 62/VF, 62, p. 53.

la physique newtonienne permet de distinguer l'éternité de la matière de son infinité et de sa nécessité. La matière est éternelle et immuable au niveau des atomes mais elle reste finie et contingente au niveau des composés.

Les « éléments » de la philosophie de Voltaire jouent donc d'abord un rôle limitatif : ils servent de critique pour toute métaphysique qui voudrait se présenter comme une connaissance certaine, y compris pour la métaphysique newtonienne[1]. Plus précisément, Voltaire entretient avec Newton un rapport analogue à celui que Malebranche instaure avec Descartes. Il considère implicitement que Newton nous a appris à douter de lui-même et doit donc encore être traité comme un « génie », en ce sens que sa physique doit être purifiée de sa métaphysique ou de ses hypothèses hasardées : son œuvre peut être perfectionnée en fonction de l'histoire collective de la saine raison. Cependant, les « éléments » ainsi redéfinis continuent de fournir, comme chez Malebranche, un cadre de rationalité indépassable notamment pour le progrès à venir du savoir théorique. Dans cette mesure, et bien qu'il détruise les idées innées et les notions primitives de Descartes au profit d'une histoire de la raison qui annonce la méthode généalogique des encyclopédistes, Voltaire conserve sur le plan théorique l'idée que sa nouvelle philosophie peut et doit jouer, comme la métaphysique des cartésiens, un rôle heuristique voire architectonique pour le développement de la physique. Il faut donc reconnaître une fois de plus la complexité d'une pensée qui procède à la fois du nouveau « règne de l'histoire » propre au XVIIIe siècle et des métaphysiques du XVIIe siècle. En un sens en effet, la recherche des « éléments » de la raison métaphysique tend à revaloriser l'individualité inconséquente mais géniale d'un Épicure, d'un Berkeley ou encore d'un Pascal, qui est taxé de « misanthrope sublime[2] » car il a le mérite, contre l'optimisme, de nous rappeler le problème du mal. Le XVIIIe siècle est bien alors « le siècle qui raisonne sur les génies » pour extraire des œuvres individuelles et de leur critique les principes d'un progrès ou d'une généalogie ordonnée de la raison, comme

1. C'est ce que démontre également, après le cas de l'éther, le traitement que Voltaire fait subir à la querelle entre Leibniz et Clarke, sur la conception newtonienne de l'espace comme *sensorium dei*. La question est purement et simplement invalidée par *Le Philosophe ignorant* (1766). Sur ce point, voir en particulier VF, 62, p. 57 : « il n'importe pas que je sache si mon maître est ou non dans l'étendue, pourvu que je ne fasse rien contre la conscience qu'il m'a donnée ».

2. *Remarques sur les Pensées de Pascal*, M, XXII, p. 28.

dans le *Discours préliminaire de l'Encyclopédie*[1]. En un autre sens, Voltaire témoigne d'un attachement tenace à un cadre de rationalité indépassable. Dans cette perspective, nous avons déjà vu que les savoirs du vivant sont rejetés du côté des « ignorances éternelles ». Mais la nouvelle métaphysique permet également, dans cette œuvre de jeunesse qu'est l'*Essai sur le feu* (1738), de définir un programme de recherche pour la philosophie expérimentale des chimistes. Cet ouvrage, peu étudié et plus personnel que les *Éléments*, s'avère particulièrement intéressant pour confirmer la permanence d'une conception malebranchiste de la « réformation » de la connaissance, réformation qui dépend des nouveaux éléments de la philosophie voltairienne tels que nous les avons définis.

1. Sur ce point, voir D'Alembert, *Discours préliminaire de l'Encyclopédie*, éd. M. Malherbe, Paris, Vrin, 2000, en particulier p. 31-32 et 53 : les « éléments » ne désignent pas chez d'Alembert des idées innées ou des principes absolument premiers, mais premiers relativement à nous et à l'état historique du savoir.

CHAPITRE VII

LE RÔLE HEURISTIQUE DE LA MÉTAPHYSIQUE : LA RÉDUCTION DE LA CHIMIE À LA PHYSIQUE

Dans l'*Essai sur la nature du feu* (1738), Voltaire définit effectivement un cadre de rationalité indépassable pour le développement de la physique newtonienne, qui doit s'étendre à la chimie ou au problème des attractions à petite distance. L'immuabilité de la nature fournit alors un principe heuristique qui prescrit à l'esprit humain de ramener les phénomènes à une même loi tant que l'expérience ne l'interdit pas. En ce sens, la critique des savoirs du vivant emprunte sa consistance à l'*Essai :* Voltaire y réduit strictement la chimie à la physique, suggérant ainsi que c'est arbitrairement que les théories de l'épigenèse attribuent de nouvelles propriétés à la matière, en se fondant sur une pseudo-spécificité du vivant qui prendrait sa source dans des phénomènes chimiques irréductibles à la physique newtonienne. Voltaire met donc à l'épreuve les éléments de sa nouvelle philosophie en examinant le domaine de la chimie, qui seule peut trancher le problème de savoir s'il est vraiment nécessaire d'accorder à la matière de nouvelles propriétés qui justifieraient l'idée d'une histoire naturelle des espèces. C'est pourquoi l'*Essai* s'attache à montrer que les éléments de la chimie [1] et en particulier le feu, qui ne diffère pas de la lumière, peuvent être ramenés à des propriétés physiques.

Voltaire commence en effet par admettre que le feu est un élément primordial qui agit « sur toute matière », dans la mesure où tous les corps en

1. À aucun moment, Voltaire ne mentionne le phlogistique de Stahl, dont il connaît pas la théorie : il parle uniquement de « mercure », de « terre » ou de « soufre ». Sur ce point et sur la diversité de ses sources, expérimentales et non doctrinaires, voir W. A. Smeaton, R. L. Walters, *Introduction à l'Essai* (VF, 17, p. 8-14).

sont nécessairement composés[1]. Le monde de Voltaire est littéralement « illuminé » par ce feu primordial qui forme le Soleil et se répand en égale quantité dans tout l'Univers[2]. Le principe de l'inaltérabilité des atomes tend ainsi à fonctionner de façon privilégiée en faveur du feu, qui reste toujours en même quantité dans l'Univers, toujours en mouvement et doué de toutes les propriétés physiques de la matière. Il ne s'agit donc en rien d'une substance immatérielle ou d'un degré intermédiaire de l'être qui nous ramènerait à l'imaginaire de la grande chaîne des êtres. Aussi le feu reste-t-il un élément inaltérable, dont les atomes ne peuvent pas changer de nature ou de propriétés en entrant dans un mélange, un composé ou un mixte. Le caractère inaltérable du feu est notamment établi par l'idée newtonienne que la lumière est faite de sept faisceaux primordiaux dont chacun est le véhicule immuable d'une couleur primitive. Il existe donc bien un ordre du monde physique au niveau des atomes, même si Dieu autorise la précarité des corps et de leurs mouvements. Aussi l'hypothèse que la substance lumineuse du Soleil est toujours renouvelée par la réflexion des comètes ou des autres planètes est-elle reconduite, avec l'affirmation qu'il y a toujours la même quantité de feu dans la nature. Voltaire précise alors qu'il faut bien différencier le feu et le mouvement, car un mouvement tel que le frottement ne peut que révéler le feu contenu dans les corps sans pouvoir le produire. C'est au contraire le feu qui produit le mouvement : Voltaire entend ainsi dissocier une matière élémentaire, première, cachée, inaltérable et immuable, indépendante des corps, qui est l'effet immédiat de Dieu, d'une matière finie et composée dont la cohésion et le mouvement demeurent éphémères[3].

Dans cette perspective, il nous explique que le feu produit deux actions principales, qui ne vont pas toujours de pair : éclairer et brûler. Ces effets varient selon la quantité de matière et de mouvement du feu contenu dans les corps. La lumière du Soleil, par exemple, n'a plus assez de rayons pour réchauffer un verre ardent après avoir été renvoyée par la Lune. Inversement, une barre de fer peut brûler sans nous éclairer, tant que le feu qu'elle contient n'a pas assez de mouvement pour s'échapper vers nos yeux et agir sur la rétine[4]. Contre une chimie qui voudrait s'autonomiser de la physique, Voltaire entend rendre compte de tous les phénomènes naturels par la masse et la quantité de mouvement du feu. Mais à cette fin, il lui faut démontrer que la lumière a bien toutes les « propriétés générales de la

1. *Essai sur la nature du feu*, M, XXII, p. 283/VF, 17, p. 36.
2. *Ibid.*, M, XXII, p. 286/VF, 17, p. 37.
3. *Ibid.*, M, XXII, p. 284/VF, 17, p. 34.
4. *Ibid.*, M, XXII, p. 286/VF, 17, p. 38.

matière », c'est-à-dire la mobilité, la divisibilité, la pesanteur et l'impénétrabilité.

L'extrême mobilité de la lumière ne soulève pas de problème depuis Newton, ni la divisibilité en sept rayons primitifs comme le montrent l'expérience du prisme ou le phénomène de l'arc-en-ciel. Mais la pesanteur du feu ou sa masse soulève une difficulté essentielle. La démonstration de cette pesanteur se heurte d'abord au doute de Newton qui, dans les *Principes*, prétend « ne pas examiner si les rayons de Soleil sont un corps ou non » et se borner à étudier leur trajectoire[1]. Voltaire estime alors que Newton a fait preuve de trop de scepticisme car, à ses yeux, l'expérience simple des miroirs ardents qui permet de transformer la lumière en feu suffit à conclure à l'identité de nature entre la lumière et le feu. Il faut en effet se souvenir que si la lumière était un être intermédiaire entre la matière et l'esprit, on risquerait d'abolir la distance infinie entre l'intelligence et la matière.

Cependant, la chimie soulève une deuxième difficulté avec cette expérience de Boerhaave[2] : le feu semble n'avoir pas de pesanteur, car si l'on pèse huit livres de fer froid, puis ardent, et à nouveau refroidi, on trouve toujours le même poids. La stratégie de Voltaire consiste alors à opposer l'expérience à l'expérience en se servant, à titre de « contre-épreuve », des expériences sur l'augmentation pondérale des corps calcinés. On sait par exemple que cent livres de plomb donnent cent dix livres de minium après calcination, ou que l'antimoine qui est pourtant un corps très volatil augmente son poids d'un dixième, après avoir été exposé au foyer d'un miroir ardent[3]. Voltaire ignore la théorie du phlogistique, car il tente de ramener tous les cas qu'il examine à celui de l'augmentation pondérale des corps calcinés, afin de prouver que le feu est pesant.

Il se demande, au premier chef, si la pesanteur du feu est bien contredite par l'expérience de Boerhaave, en nous expliquant qu'il s'est lui-même attaché à la répéter et à la vérifier. Ayant fait peser, avec des balances améliorées dont les cordes ont été remplacées par des chaînes de fer, d'une livre à deux mille livres de fer ardent puis refroidi, il reconnaît lui-même qu'aucune différence de poids n'est apparue. Mais il suppose alors que cette absence de variation pondérale s'explique néanmoins par la pesanteur du feu, car la dilatation du métal qui résulte de son échauffement devrait, selon lui, faire diminuer la pesanteur spécifique du corps. Cela signifie qu'à ses yeux, une augmentation à masse constante du volume doit se traduire

1. *Ibid.*, M, XXII, p. 286/VF, 17, p. 39.

2. Sur la négation de la pesanteur du feu par Boerhaave, voir H. Metzger, *Newton, Stahl, Boerhaave et la doctrine chimique*, Paris, Alcan, 1930, p. 224-227.

3. *Essai sur la nature du feu*, M, XXII, p. 287/VF, 17, p. 39-40.

par une diminution du poids, le poids ne désignant donc pas, comme pour nous modernes, l'effet unique de la pesanteur, mais l'effet combiné de la pesanteur et de la poussée d'Archimède. En d'autres termes, Voltaire considère qu'un corps subit d'une part une attraction vers le centre de la Terre proportionnelle à sa masse, et d'autre part une poussée d'Archimède dirigée vers le haut et égale au poids (au sens actuel) du volume d'air déplacé par le corps. Par conséquent, si la masse reste fixe et si le volume augmente, la pesanteur ne variera pas mais la poussée d'Archimède augmentera, ce qui fera diminuer le poids apparent. C'est en réalité de ce poids apparent que Voltaire nous entretient, et c'est pourquoi il conclut que si la masse était constante, on aurait dû remarquer après l'échauffement une diminution du poids. Or, le poids n'ayant pas varié dans l'expérience de Boerhaave, il faut supposer une pesanteur du feu qui aurait compensé l'effet de la poussée d'Archimède.

Mais il reste alors à comprendre comment la pesanteur du feu produit un effet minime, qui ne conduit qu'au maintien du poids dans le cas de l'échauffement du fer, tandis qu'elle produit un effet beaucoup plus important d'augmentation du poids dans le cas de la calcination. Voltaire tente de concilier ces deux résultats, en examinant le cas intermédiaire de la fusion, c'est-à-dire du passage de la matière de l'état solide à l'état liquide, qui nécessite un échauffement beaucoup plus intense et dont on peut donc espérer un effet d'augmentation pondérale plus net. Dans cette perspective, il indique d'abord les résultats de ses propres expériences. Il constate que la « fonte blanche » fondue augmente de poids, alors que la « fonte grise » a un poids constant, dans les mêmes conditions [1]. Il se sert ensuite d'un résultat de Réaumur sur le fer, c'est-à-dire sur ce fer impur qu'est la fonte, à savoir que le fer en fusion augmente de volume en se refroidissant, ce qui explique son débordement du récipient contenant le métal liquide. Or, l'augmentation du volume et la perte de feu devraient concourir à une perte de poids, ce qui contredit les expériences de Voltaire sur la fonte blanche qui donnent une augmentation de poids finale.

Pour résoudre la contradiction, Voltaire conteste l'interprétation de Réaumur, en examinant deux hypothèses. Il est d'abord possible que le feu

1. *Ibid.*, M, XXII, p. 287-288/VF, 17, p. 41-42. La fonte blanche et la fonte grise sont distinguées par Buffon par leur plus ou moins grande dureté et pureté. La fonte blanche est cassante, faite de gros grains, tandis que la fonte grise est plus malléable et se prête mieux au moulage et à l'usinage, parce qu'on l'a laissée se refroidir plus longtemps que la fonte blanche. Voir *Histoire des minéraux*, dans Buffon, *Histoire naturelle*, *Œuvres complètes*, Paris, Baudoin Frères, 1827, t. IV, p. 232-233. La fonte est actuellement définie comme un alliage de fer et de carbone et ses propriétés varient selon la proportion de carbone, mais aussi selon la vitesse de refroidissement et de cristallisation. La fonte blanche est plus riche en carbone et a été refroidie plus rapidement que la fonte grise.

n'ait aucune pesanteur, et que l'augmentation du poids soit due à la combinaison du métal avec une fraction de l'atmosphère. Cette intéressante supposition, qui semble annoncer la découverte de l'air vital ou déphlogistiqué[1] de G. Priestley, n'est malheureusement pas retenue par Voltaire. Il préfère en effet critiquer l'expérience de Réaumur, en supposant que le débordement de la fonte n'est pas due à une augmentation de son volume, mais à une diminution du volume du récipient, car celui-ci se refroidit en premier, ce qui suffit à produire le phénomène de débordement. Dès lors, il utilise cette deuxième interprétation de l'expérience de Réaumur pour considérer comme certaine la conclusion opposée à celle de Réaumur, à savoir que la fonte se contracte en se solidifiant et qu'il est donc normal qu'elle pèse plus étant froide qu'à l'état liquide. L'exception de la fonte est donc une illusion, et l'on peut dire de tous les métaux qu'ils doivent tous peser davantage solides que liquides, sans qu'il soit nécessaire de faire l'hypothèse de l'addition d'une matière étrangère[2].

À partir de là, on peut examiner le cas de la calcination, où l'augmentation pondérale constitue un effet massif. Deux hypothèses sont retenues pour expliquer ce phénomène. Dans la première, il y a diminution de volume à masse constante, l'augmentation du poids apparent s'expliquant par la poussée d'Archimède, comme dans le cas de la fusion. Dans la seconde, le volume ne diminue pas mais la masse augmente, ce qui laisse place à deux sous-hypothèses. Cette augmentation de masse provient soit de la matière ignée, soit de « quelque autre matière », telle qu'une fraction de l'air, ainsi que Voltaire l'a déjà suggéré. Il remarque en effet que le feu seul ne peut être responsable d'une augmentation considérable de poids, du fait qu'il s'agit d'un élément très peu dense, bien que doué de pesanteur[3]. Cette affirmation est légitimée par la simple réfutation des expériences ou de l'interprétation des expériences qui tendraient à prouver le contraire. Bien qu'il explique lui-même que les expériences de son temps ne permettent pas le choix entre les deux hypothèses contraires, Voltaire n'en conclut pas moins en faveur des propriétés matérielles et physiques de la matière ignée, et donc en faveur de sa masse, ce qui lui permet de ramener la chimie à la physique, ou plus exactement à ses propres principes métaphysiques qui veulent que chaque élément ait des propriétés immuables et inaltérables, les atomes étant les ouvrages immédiats du Maître divin.

Voltaire allègue cependant un ultime argument avec l'impénétrabilité du feu : il s'agit de montrer qu'il est tout à fait improbable qu'un corps, dont

1. Il s'agit de l'oxygène, qui permettra une explication satisfaisante de l'augmentation pondérale des corps calcinés, par Lavoisier.

2. *Essai sur la nature du feu*, M, XXII, p. 288-289/VF, 17, p. 43-44.

3. *Ibid.*, M, XXII, p. 289-290/VF, 17, p. 44.

il est prouvé qu'il est mobile, divisible et très vraisemblablement impénétrable, ne soit pas aussi doué de masse. Mais la question de l'impénétrabilité du feu l'oblige également à multiplier les hypothèses, car il reconnaît que nous disposons seulement de preuves « plus certaines » pour l'impénétrabilité que pour la pesanteur. On peut en effet être tenté de refuser simultanément à la lumière la propriété de la pesanteur et l'impénétrabilité, notamment du fait que les rayons lumineux ne cessent de se croiser sans dévier de leur trajectoire. Il faudrait alors comprendre que la lumière reste un « être mitoyen » entre la matière et l'esprit. Pour Voltaire, il ne saurait être question d'accepter cette idée qui « agrandit l'univers » physique, mais au détriment de l'action divine, ou plus exactement de la dépendance du monde physique vis-à-vis de cette action : elle tend à autonomiser la chaîne des êtres, dont Dieu serait au mieux le premier maillon, à moins qu'il ne disparaisse dans une conception matérialiste qui partirait de l'atome. Aussi l'hypothèse inverse est-elle « plus certaine », car il faut supposer que les rayons lumineux sont faits de corpuscules matériels, dont l'impénétrabilité est d'abord établie par la capacité du feu à diviser et à mettre en fusion les corps les « plus solides » tels que les métaux, ce qui nous ramène au problème de la pesanteur du feu.

Pour éviter le cercle vicieux qu'il y a alors à prouver l'impénétrabilité par la pesanteur et inversement, Voltaire est amené à imaginer que si les rayons lumineux se croisent sans se choquer et dévier de leur course, c'est pour deux raisons. Non seulement ils peuvent passer l'un au-dessus de l'autre, à la façon de deux bâtons croisés, mais ils sont aussi faits d'une matière qui contient peu de substance solide et beaucoup de pores. La lumière reste en effet le corps le moins dense qui soit ou le plus poreux. C'est dans ce vide que les corpuscules pénètrent, sans heurter la substance solide des autres rayons. Cette image d'une sorte de crible qui empêche toute confusion entre les rayons prouve que le feu a toutes les propriétés d'une matière élémentaire qui ne s'altère jamais et qui ne peut donc s'épuiser[1].

Cette question fondamentale étant résolue ou plus exactement tranchée, Voltaire peut continuer l'étude des propriétés du feu en termes exclusifs de masse et de mouvement, non sans rappeler que le mouvement inhérent au feu lui vient de Dieu. L'immuabilité de l'action divine invalide alors toute recherche chimique d'une matière plus élémentaire, car il serait contre la raison de chercher dans l'inconnu les lois du connu, bien que Voltaire ait la prudence de dire qu'il n'avance qu'une sorte de croyance rationnelle : il faut « croire que le feu a le mouvement originellement imprimé en lui-

1. *Ibid.*, M, XXII, p. 291/VF, 17, p. 45-47.

même, jusqu'à ce qu'on soit bien sûr qu'il y a une autre substance qui lui donne[1] ». Les principes des chimistes sont ainsi réduit à des chimères, car désormais le feu physique suffit à expliquer le mouvement, l'élasticité, l'électricité, l'attraction et la répulsion de la lumière, ainsi que les réactions dites chimiques, en un mot tous les phénomènes de la nature, et d'une nature qui s'avère proportionnée à nos organes comme le montre la théorie de la vision.

Le feu assure en effet la cohésion du monde physique, par un mouvement perpétuel ou une agitation intestine : il pénètre les pores de tous les corps, les étend, les meut, les échauffe, les consume et les détruit, selon sa quantité de matière et son degré de mouvement. Sans la résistance du feu à la pesanteur, la Terre se réduirait ainsi à une masse inerte et indifférenciée car tous les corps se réuniraient en son centre. Plus généralement, le même raisonnement s'applique à tous les corps particuliers, dont les atomes tendraient à se réunir dans leur centre commun sans l'action du feu : c'est le feu qui permet d'expliquer la cohésion relative des corps mixtes par le rapport de deux propriétés, à savoir l'expansibilité du feu et la gravitation interne des particules[2]. Le repos absolu n'existe donc pas, pas plus que les corps ou absolument durs ou absolument mous, c'est-à-dire dans les deux cas dénués d'élasticité ou de force de rebond. L'élasticité est en effet définie par la propriété, pour les corps mixtes, d'être repoussés vers leur point de départ en proportion de la poussée qu'ils exercent. C'est ainsi qu'une balle ronde, après son rebond sur une pierre, reprend peu à peu sa forme initiale, grâce au mouvement du feu qu'elle contient. Or, cette propriété ne peut s'expliquer, selon Voltaire, que par le choc perpétuel des atomes de feu, qui sont très solides et excitent des vibrations continuelles dans les corps, tandis que les autres parties constituantes résistent plus ou moins à cette action. Tout corps est donc un mixte de feu et de parties plus ou moins résistantes, l'augmentation de la quantité de feu diminuant la cohésion et expliquant le passage de l'état solide à l'état fluide, comme par exemple dans un métal en fusion qui retrouve son ressort habituel en refroidissant[3].

Cette conception de l'élasticité corrige, une fois de plus, le grand Newton. Dans l'*Encyclopédie*, d'Alembert enseigne en effet que Newton a nié, comme Voltaire, la conservation de la quantité de mouvement, mais par l'affirmation qu'il existe des corps « parfaitement durs[4] ». C'est en effet une intuition commune au XVIIIe siècle, et contraire à notre conception

1. *Ibid.*, M, XXII, p. 292/VF, 17, p. 48.
2. *Ibid.*, M, XXII, p. 292-293/VF, 17, p. 48-49.
3. *Ibid.*, M, XXII, p. 293-294/VF, 17, p. 51-52.
4. D'Alembert, *Encyclopédie*, art. « Mouvement », t. X, p. 834b-835 a.

moderne, que dans le cas de choc entre deux corps absolument durs, le phénomène du rebond élastique ne se produirait pas, si bien qu'il y aurait déperdition perpétuelle de mouvement dans l'Univers. Pour un newtonien, l'existence de corps absolument durs montre que « la nature tend plutôt à la destruction qu'à la production du mouvement », de telle sorte qu'il faut supposer « d'autres principes actifs » pour rendre compte de son renouvellement. D'Alembert souligne qu'on en arrive ainsi à une multiplication des hypothèses. Ce principe actif peut désigner, selon Newton, « la gravité par laquelle les planètes et les comètes conservent leur mouvement dans leur orbite » et par laquelle les corps accélèrent leur chute vers le centre de la Terre, mais aussi la « fermentation » qui produit la chaleur et le mouvement tant dans le Soleil, les parties intérieures de la Terre, que dans le cœur et le sang des animaux, à moins qu'il ne s'agisse d'une « élasticité » qui permet aux corps de toujours rentrer dans leurs premières figures. Cette multiplication des hypothèses semble suspecte à d'Alembert qui signale, dans l'article *Dureté*, que nous ne connaissons dans l'Univers aucun corps qui soit parfaitement dur, car l'expérience montre que jusqu'ici tous les corps peuvent être « brisés », réduits en pièces, ou pressés si fortement qu'ils changent de figure[1].

Voltaire opère donc un choix dans les hypothèses de Newton, en niant l'existence des corps durs. Il tente ainsi de poser un ordre immuable, en considérant que tous les éléments tels que l'air et l'eau tiennent leur ressort ou leur élasticité du feu. L'air se définit comme un mixte composé à la fois des exhalaisons de l'eau, de la terre et du feu : il est doué d'une plus ou moins grande puissance d'expansion selon qu'on comprime ou qu'on laisse se dilater le feu qu'il contient. Un air chaud, par exemple, fait monter le mercure dans le thermomètre parce que la chaleur augmente son élasticité, et donc la pression qu'il exerce sur les liqueurs du thermomètre. Voltaire en conclut que « si l'air était absolument privé de feu, il serait sans mouvement et sans action[2] ». L'action de l'eau et de l'ensemble des liquides dépend également de la quantité de feu qu'ils contiennent. La plus petite quantité de feu ou d'élasticité est alors ramenée par Voltaire au cas de la fusion qui donne soit un métal, soit un air, soit enfin une eau coulante doués d'un moindre ressort. La glace elle-même contient du feu, parce qu'on peut la refroidir, de telle sorte que l'extrême degré de congélation, qui nous est inconnu, nous livrerait aussi « l'extrême dureté des corps ». Mais l'absolue dureté ne saurait exister dans la nature, où le feu ne peut s'éteindre[3]. À partir de là, Voltaire tente encore de ramener ce qu'il y a de

1. D'Alembert, *Encyclopédie*, art. « Dureté », t. V, p. 171 b.
2. *Essai sur la nature du feu*, M, XXII, p. 295-296/VF, 17, p. 52-53.
3. *Ibid.*, M, XXII, p. 297-298/VF, 17, p. 54-55.

mystérieux dans l'élasticité aux propriétés du feu. Le cas de l'électricité est très rapidement traité et ramené à celui de la lumière, suivant le principe d'économie qui veut que l'on attribue les différents effets de la nature aux mêmes causes [1]. Il faut alors se souvenir que la lumière ne rentre jamais en contact avec les corps qui l'attirent ou la repoussent, car « l'auteur de la nature ne fait rien en vain » et a établi « une proportion admirable » entre la matière du feu et nos organes [2].

Au terme de la première partie de l'*Essai*, le monde est donc ordonné par la lumière et maintenu dans son être par un feu insensible mais partout répandu, et sans lequel tous les autres « éléments » matériels resteraient inertes. La deuxième partie de l'*Essai* tente alors d'établir huit lois de l'action du feu en s'appuyant sur le principe de son inaltérabilité. Cette étude ne doit pas être jugée du point de vue récurrent du savoir positif. De ce point de vue, on n'en finirait pas d'étudier les erreurs de Voltaire, ou les difficultés qu'il rencontre nécessairement, du fait de l'ignorance de l'oxygène, comme des notions modernes de la thermodynamique. Il est clair, par exemple, que Voltaire confond, sous le terme de « feu », des phénomènes ou des propriétés extrêmement différentes. C'est ainsi que la première loi confond des propriétés associées à la chaleur et des propriétés liées à sa conduction, c'est-à-dire à la vitesse à laquelle elle se propage, et qui fait intervenir le temps [3]. Lorsque Voltaire semble s'approcher de la notion moderne de capacité thermique en affirmant qu'un corps retient d'autant plus longtemps sa chaleur qu'il a fallu plus de temps pour le chauffer, il se heurte nécessairement à des exceptions apparentes. Il reconnaît notamment que la craie s'échauffe lentement et se refroidit très vite, ce qu'il ne peut expliquer, puisqu'il ignore que la craie échauffée se transforme en chaux, ce qui change sa capacité thermique [4]. D'une façon générale, il apparaît que Voltaire ne tient jamais compte dans les phénomènes d'échauffement de la perte de chaleur dont une partie est donnée à l'air ambiant. On peut encore souligner l'impossibilité, plus grave de son point de vue, d'expliquer ce constat expérimental que des charbons de bois enfermés dans une boîte de fer et exposés à un feu violent se contentent de rougir sans s'allumer, et diminuent cependant de poids, bien qu'ils s'embrasent dès qu'on les expose à l'air. D'une part, Voltaire ne sait pas que la perte de poids est liée au fait que la combustion produit dans ces conditions du monoxyde de carbone, qui diffuse à travers le fer. D'autre part et du point de vue philosophique, il ne peut admettre que l'air soit

1. *Ibid.*, M, XXII, p. 299/VF, 17, p. 56-57.
2. *Ibid.*, M, XXII, p. 304/VF, 17, p. 62.
3. *Ibid.*, M, XXII, p. 308-309/VF, 17, p. 65.
4. *Ibid.*, M, XXII, p. 310/VF, 17, p. 71-72.

nécessaire à l'action du feu, qui constitue un élément primordial dont dépendent le mouvement et l'action de tous les autres corps. Aussi allègue-t-il à tort une expérience contraire, où le feu ne semble pas avoir besoin de l'air. Il place en effet du fer dans la même boîte, où ce fer rougit et s'embrase très bien[1]. Il suppose alors que le feu n'est pas supprimé par l'absence d'air, mais que la compression et la résistance de l'air est nécessaire au feu pour qu'il exerce son action, et cela d'autant plus que le feu est en petite quantité : « un petit feu a besoin d'air, et un grand feu n'en a pas besoin[2] ». Pour étayer cette loi, il s'appuie sur deux expériences qui lui paraissent certaines. Celle de la poudre à canon qui n'a pas besoin d'air pour s'enflammer, et surtout celle du Soleil qui, dans le vide absolu, maintient sa quantité de feu[3]. Or, nous expliquerions désormais le premier phénomène par la présence, dans la poudre à canon, de salpêtre riche en oxygène, et le second par la fusion thermonucléaire.

Mais il est vain de juger ainsi Voltaire de façon récurrente, car son but est d'établir que le feu ne s'éteint jamais, qu'il « ne se perd pas un atome de feu » dans tout l'Univers, et cela afin de maintenir la fixité des éléments[4]. Voltaire admet cependant que ces lois ont le statut d'hypothèses vraisemblables, au sens de non contradictoires avec les phénomènes, car l'action du feu dépend « d'une multitude de rapports imperceptibles » qui restent à découvrir et que Dieu nous a peut-être définitivement dérobés. Dans cette ignorance, Voltaire découvre néanmoins une finalité, en ce sens qu'elle laisse place à l'industrie humaine. Dieu a voulu « que nous en sachions assez pour notre usage » et « trop peu pour notre curiosité[5] ». Du point de vue d'une histoire quelque peu positiviste de la raison scientifique qui ne prendrait pas en compte l'importance du stade rationnel que représente l'alchimie et la chimie dite « pré-lavoisienne », on peut estimer que Voltaire a le mérite de vouloir réduire la chimie à la physique, en s'attaquant au feu élémentaire des alchimistes qui n'est pas un élément, mais un mixte du feu physique et d'autres éléments, tels que l'eau, l'air et la terre. Le mystérieux « mercure » ou « l'esprit » des alchimistes est alors remplacé par le feu des physiciens qui a toutes les propriétés de la lumière. Le feu reste donc un élément identique à la lumière, qui se répand en ligne droite, qui est attiré et repoussé par tous les corps, qui est pesant, mobile et impénétrable. Les deux premières affirmations sont clairement reprises dans le *Dictionnaire philosophique*, bien que sous l'influence de

1. *Ibid.*, M, XXII, p. 321/VF, 17, p. 84.
2. *Ibid.*, M, XXII, p. 323/VF, 17, p. 86.
3. *Ibid.*, M, XXII, p. 321/VF, 17, p. 85-87.
4. *Ibid.*, M, XXII, p. 323/VF, 17, p. 87.
5. *Ibid.*, M, XXII, p. 314/VF, 17, p. 76.

d'Alembert, qui juge les suppositions sur l'impénétrabilité de la lumière « ingénieuses » mais douteuses et « sans évidence » [1], Voltaire reconnaisse qu'il s'appuie moins sur une certitude, que sur l'absurdité de l'hypothèse inverse selon laquelle la lumière serait un corps intermédiaire entre la matière et l'esprit. Si le feu, en effet, a bien quelque chose de divin, ce n'est pas par sa nature immatérielle, mais parce que sa connaissance pose suffisamment de problèmes pour rendre manifeste la finitude de l'esprit humain. Pour Voltaire, Dieu se signifie essentiellement à l'homme par le vide, que ce soit par le vide physique ou par les lacunes de la connaissance, et non par la plénitude de l'être.

Cette idée d'un Dieu invisible se précise avec tous les effets du feu que nous ne savons pas expliquer. Il s'agit notamment de la chaleur du cœur et de sa contraction, qui entretient la vie. De plus, le feu est désormais la source de toutes les sensations, qui sont elles-mêmes « l'unique origine de toutes nos chétives pensées [2] ». Or, et comme le laissait présager la théorie de la vision des *Éléments*, les sensations constituent un signe de la Providence parce que leur formation reste incompréhensible. Chez Voltaire, « les objets extérieurs » ou matériels n'ont pas « la puissance de former en moi des idées car on ne donne point ce qu'on n'a pas ». Ce n'est pas non plus l'homme qui peut se donner à lui-même des idées car leur production reste involontaire. Il s'agit donc de « fantômes fugitifs » que la « main invisible de Dieu produit et fait disparaître [3] », de telle sorte qu'un « pouvoir divin éclate dans la sensation [4] ».

Au terme de l'*Essai*, la philosophie de Voltaire s'est donc constituée en un programme de recherche physique et s'est enrichie d'une articulation plus précise entre la notion d'atome et d'élément physique. L'élément du feu désigne l'ensemble des atomes qui sont l'ouvrage immédiat de Dieu et dont les propriétés restent strictement physiques : ces propriétés sont nécessaires à l'ordre et au maintien de la vie, même si cette dernière reste incompréhensible pour un esprit conséquent.

On pourrait néanmoins considérer que cet ouvrage constitue un nouvel indice du « conservatisme » de Voltaire, qui refuse toute liberté de supposer de nouvelles propriétés de la matière tout en sombrant lui-même dans ces hypothèses douteuses qu'il reproche pourtant à Newton. Cependant et sur le plan philosophique, l'*Essai* est significatif de tout ce qu'il y a de paradoxal dans la démarche voltairienne. D'un côté, Voltaire achève en effet d'étayer la distinction entre l'ordre naturel ou immuable et l'histoire et

1. D'Alembert, *Encyclopédie*, art. « Lumière », t. IX, p. 718b-722b.
2. *Dictionnaire philosophique*, art. « Sensation », M, XIX, p. 119-120.
3. *Ibid.*, M, XIX, p. 126.
4. *Ibid.*, VF, 36, p. 528.

de démontrer l'impossibilité d'une connaissance du vivant. En ce sens, il fait fonctionner sa nouvelle métaphysique comme un cadre de rationalité indépassable dont les principes sont absolument premiers. D'un autre côté, la distinction cartésienne de la nature et du monde humain, ou de ce que Voltaire appelle, dans ses propres termes, « le monde physique » et « le monde moral », se trouve alors radicalisée : la nature est ordonnée par un strict mécanisme physique tandis que le monde moral n'est plus appréhensible par le problème de l'union au corps, mais par le problème de l'union historique, sociale et politique aux autres hommes. Une articulation entre la nature et l'histoire peut alors être pensée, et il s'agit là d'une nouveauté qui fait entrer Voltaire dans le siècle des Lumières. À ses yeux, c'est parce que la nature n'a pas d'histoire et qu'elle est régie par un mécanisme strict et immuable que l'homme peut avoir une histoire, dont il est responsable : il peut toujours miser sur la constance de la nature pour prévoir et dominer son devenir par l'intelligence de la nécessité ou par un travail éclairé.

Ce nouveau rapport de l'homme à la nature soulève donc le problème d'une philosophie de l'histoire et, par voie de conséquence, d'un nouveau traité politique et historique des passions qui soit capable d'expliquer les servitudes dans lesquelles l'humanité s'est enfermée. La nature, y compris le mécanisme naturel des sensations et des passions qui dépend de l'art divin, est désormais complètement innocentée de nos erreurs et de nos illusions, si bien qu'il faut mettre au jour un inconscient que nous avons déjà rencontré dans les *Singularités :* un inconscient qui n'est pas lié au corps et qui destituerait l'homme de sa liberté, mais qui renvoie à l'oubli des mœurs despotiques et de cette « crasse » ou de cette « rouille » des siècles que Voltaire ne cesse de dénoncer. Dieu a en effet donné à l'homme une nature finalisée et organisée jusque dans le mécanisme corporel des passions, et s'il nous a dérobé les secrets de la physiologie, c'est pour que l'humanité se tourne vers un perfectionnement éthique de soi-même. Parce que la nature physique n'a pas d'histoire mais un ordre, elle met donc l'homme en demeure de s'interroger sur sa responsabilité historique quant au mal et au désordre ainsi que sur son oubli de la raison morale. En d'autres termes, c'est ce qui peut sembler de plus conservateur chez Voltaire, au regard des œuvres de Buffon, de Maupertuis ou de Diderot, qui lui permet de poser le problème d'une philosophie de l'histoire qui soit bien une histoire de la raison humaine elle-même et non une histoire naturelle.

Mais nous nous heurtons alors aux nombreux verdicts selon lesquels Voltaire n'aurait pas bâti une véritable histoire de la raison parce qu'il n'aurait étudié que ses manifestations phénoménales. Jusqu'ici, nos analyses prêtent effectivement le flanc à cette objection car on peut encore interpréter les « éléments » de la philosophie voltairienne comme une adhésion à une *philosophia perennis*, ou à une raison universelle, éternelle et commune à toute l'humanité. Pour décider si la démarche de Voltaire est véritablement historienne et parvient à penser la perfectibilité de la raison humaine, il nous faut donc nous pencher sur son œuvre de maturité en tant qu'elle est une œuvre « d'historien ».

DEUXIÈME PARTIE

L'HOMME DES LUMIÈRES, OU LA MÉTAPHYSIQUE SOUMISE À LA PHILOSOPHIE DE L'HISTOIRE

« Quand une nation est assemblée en société, elle a besoin de l'adoration d'un Dieu, *à proportion* que les hommes ont besoin de s'aider les uns les autres »

Dieu et les hommes..., M, XXVIII, p. 129.

CHAPITRE PREMIER

LE PROBLÈME D'UNE PHILOSOPHIE DE L'HISTOIRE

Chacun s'accorde à reconnaître l'extraordinaire acribie historique de Voltaire qui l'amène à faire de la notion d'événement un problème et à rechercher, derrière la prolifération des faits, une loi cachée au sens newtonien d'un fait général ou d'un enchaînement constant. Cependant, E. Cassirer décèle une persistance du cartésianisme chez Voltaire, qui continuerait d'adhérer à l'idée d'une nature humaine immuable définie par le substrat intemporel de la raison, raison que le progrès se borne à restaurer. Cette restauration semble effectivement avoir lieu dans les quatre grands siècles policés et privilégiés qui sont en progrès les uns par rapport aux autres : il s'agit de la Grèce de Périclès, de la Rome de César et d'Auguste, de la Florence des Médicis puis du règne de Louis XIV. Mais ces périodes sont interrompues par des siècles de barbarie, de régression ou d'oubli de la raison. À partir de ce schème à la fois cyclique et linéaire du perfectionnement, il est tentant d'estimer que Voltaire ne parvient à juger de l'histoire qu'en conservant le point d'appui fixe d'une origine divine de la raison, qui est à la fois transcendante et immanente à l'homme. Le plan d'immanence de l'histoire n'offrirait donc que le tableau de « révolutions », au sens de dégénérescences ou inversement d'un retour à l'origine. Ce verdict amène E. Cassirer à estimer que c'est seulement la critique humienne de la notion de substance ou sa refonte dynamiste par Leibniz qui permet la naissance d'une véritable philosophie de l'histoire[1].

À notre sens, cette interprétation pose le problème de savoir si les nouveaux concepts de « nature » ou de « loi naturelle », qui sont transposés

1. Voir E. Cassirer, *op. cit.*, p. 231-233.

de la physique newtonienne au monde moral et opposés par Voltaire à l'innéisme, introduisent bien une rupture avec le cartésianisme.

La réponse paraît au premier regard négative, car malgré l'affirmation que seul l'homme a une histoire, Voltaire maintient un parallélisme entre la nature physique et le monde moral. Aux éléments fixes et immuables que sont les atomes correspond, dans le monde moral, une loi naturelle que Dieu a inscrite en nous : si l'éducation peut inculquer les pires coutumes, comme l'anthropophagie ou les rites religieux les plus absurdes, il n'en reste pas moins que « Dieu a pourvu à cette horreur » en nous « donnant la disposition à la pitié et le pouvoir de comprendre la vérité[1] ». C'est pourquoi il faut redire tous les jours aux hommes : « la morale est une, elle vient de Dieu, les dogmes sont différents, ils viennent de nous[2] ». Il y a ainsi, comme chez Malebranche qui transforme le cartésianisme sur ce point, une connaissance morale indéracinable et présente en tout homme, quelle que soit son espèce ou sa « race ». Des coutumes qui nous semblent inhumaines chez les sauvages, telles que l'anthropophagie, partent en fait d'un sentiment de pitié. Il s'agit d'épargner à ses parents les souffrances de la maladie ou d'une tuerie féroce en cas de victoire d'une tribu ennemie[3]. La religion tend donc à s'identifier à la morale naturelle. Voltaire définit le naturel en nous disant qu'il n'est pas « inné » au sens de « né développé[4] ». Cette définition ne convainc pas vraiment d'une spécificité de Voltaire, car l'innéisme cartésien ne renvoie pas plus à un actualisme que sa pensée du naturel. Si rupture il y a entre le naturel et l'inné, elle ne se situe pas où Voltaire le prétend.

En un sens en effet, la loi morale est bien innée dans la mesure où elle constitue une puissance ou une faculté intemporelle, mais qui ne passe pas nécessairement à l'acte car cette distance entre la puissance et l'acte laisse place à l'activité et à l'initiative humaines. Dans cette mesure, Voltaire ne reprend pas Malebranche en définissant la liberté par la puissance de « faire ce que l'on veut[5] » et non ce que l'on désire, c'est-à-dire par la puissance d'agir en obéissant aux lois naturelles que Dieu a imprimées en nous : il discerne un fatalisme théologique chez Malebranche, avec l'idée que Dieu seul est cause. Cette théorie ôte toute liberté et toute efficace à l'homme :

1. *Dictionnaire philosophique*, art. « Conscience », M, XVIII, p. 235.

2. *Ibid.*, art. « Du juste et de l'injuste », M, XIX, p. 549/VF, 36, p. 283.

3. *Éléments de la philosophie de Newton*, M, XXII, p. 420-421/VF, 15, p. 219-220.

4. *Dictionnaire philosophique*, art. « Du juste et de l'injuste », M, XIX, p. 548/VF, 36, p. 281.

5. On sait que la formule est empruntée à Locke, voir *Essai sur l'entendement humain*, II, XXI, § 27 : pour Voltaire, elle signifie qu'il y a en l'homme un pouvoir spontané de réfléchir et d'agir, qui est souvent entravé par la société, ou par nos « mœurs », c'est-à-dire par nos passions sociales.

elle est accusée d'aboutir au même fatalisme que le spinozisme [1]. Voltaire est donc particulièrement soucieux de ne pas faire de Dieu un maître absolu dont les décrets seraient aussi nécessaires que les causes matérielles des athées. Aussi le germe inné, la loi ou le commandement divin de la raison n'a-t-il plus comme chez Malebranche le statut d'une vérité universelle, au sens d'une évidence qui explique que chacun sache, par exemple, qu'il faut préférer son cocher à son cheval car Dieu a instauré dans l'Univers des rapports de perfection immuables entre les êtres.

Mais Voltaire n'en revient pas pour autant à une conception strictement cartésienne du dynamisme de l'esprit. En faveur de cette interprétation, on peut alléguer au moins trois raisons essentielles.

En premier lieu, si les lois naturelles comme les idées innées de Descartes sont en nous au lieu d'être en Dieu, ces lois ne désignent plus des idées-essences ou des idées intellectuelles, mais une conscience au sens d'un sentiment du rapport avec autrui : elles se définissent toujours par des passions ou des idées de relations, parce qu'elles révèlent notre finalité sociale ou notre liaison naturelle à autrui. C'est pourquoi la loi naturelle est un « instinct de justice [2] » : elle désigne moins telle ou telle idée du juste et de l'injuste que l'ensemble des principes d'humanité ou de compassion qui autorisent la vie en société. Aussi Voltaire estime-t-il que derrière les « lois de conventions », les « usages arbitraires » ou les « modes qui passent », il y des « principes essentiels » qui demeurent toujours : « Montrez-moi un pays où il est honnête de me ravir le fruit de mon travail, de violer sa promesse, de mentir pour nuire, de calomnier, d'assassiner, d'emprisonner, d'être ingrat envers son bienfaiteur, de battre son père et sa mère ». Ces idées-rapports ou ces sentiments de justice sont ainsi inscrits par Dieu en nous, mais comme des dispositions sociales qui laissent place à l'invention de multiples formes de sociétés : la loi naturelle exige essentiellement de ne pas faire le mal d'autrui. Si nous pouvons oublier cette loi sous l'effet des intérêts particuliers, elle « subsiste toujours » de telle sorte que « c'est sur elle que sont fondées toutes les lois » du droit civil et rationnel. Si nous pouvons juger du fait en disant par exemple qu'une loi est bonne ou mauvaise, c'est précisément parce que l'homme peut consulter en lui-même les « notions de la loi naturelle ».

En second lieu, Voltaire rompt donc avec Descartes par une nouvelle pensée de la distance entre la puissance et l'acte. C'est désormais l'histoire qui s'intercale entre la loi naturelle et sa réalisation. L'histoire semble en effet offrir, au premier regard, « l'horrible tableau » d'une humanité

1. *Traité de métaphysique*, M, XXII, p. 205/VF, 14, p. 443-444.
2. *Dictionnaire philosophique*, art. « Loi naturelle », M, XIX, p. 604-605.

« diabolique », du moins si on la ramène à la vie des grands potentats ambitieux ou des « exemples funestes » : « J'ai beau avoir dans mon cœur la notion du juste et de l'injuste, [...] un Alexandre VI, souillé de tant d'incestes, de tant d'homicides, [...] un Cromwell dont le Cardinal Mazarin recherche la protection, et pour qui il chasse de France les héritiers de Charles Ier, [...] cent exemples pareils dérangent mes idées, et je ne sais plus où j'en suis[1] ». Pour montrer que la nature humaine n'est pas « diabolique », Voltaire remarque, comme Rousseau, que seuls les mauvais historiens ne s'attachent qu'à peindre les vices de la nature humaine de façon à en faire une satire outrée. À ses yeux, l'histoire offre plutôt le tableau contrasté d'une sociabilité qui est une puissance des contraires, de telle sorte qu'elle présente autant d'exemples d'honnêtes gens que d'exemples de « fripons », ce qui signifie que l'actualisation de la loi naturelle dépend de nous. Pour traiter le problème du mal, il devient alors nécessaire de bâtir une philosophie de l'histoire pour qui la loi divine reste un simple germe au sens d'une prénotion ou d'un cadre de rationalité que les différents peuples peuvent développer de façon originale et inventive.

Dans cette perspective, il ne s'agit plus de restaurer une loi universelle, immuable et identique, mais de découvrir ou d'inventer les institutions qui restent dans le cadre de la rationalité morale. C'est pourquoi Voltaire estime que la justice ne saurait avoir un contenu fixe et immuable. S'il y a bien des principes communs d'équité chez tous les peuples, chaque peuple tente de les satisfaire selon son esprit, ses mœurs et son « génie », dont la spécificité tend à être revalorisée. Cette revalorisation permet précisément de dissiper l'illusion d'un relativisme moral. La partie métaphysique de *Éléments* explique que si l'on a pu douter de l'existence d'une « idée commune du bien et du mal » ou d'un sens commun moral, c'est à cause des récits fantaisistes des voyageurs, selon lesquels il existe des peuples où l'on « mange les mères quand elles ne peuvent plus engendrer ». Mais c'est là une crédulité non philosophique, car si la « règle naturelle » du bien commun « varie à l'infini » dans ses applications, on ne peut que conclure à son existence, en définissant sa compréhension à partir de son extension. C'est ainsi que ce que nous appellerions « vol » était chez les spartiates une vertu. Il s'agissait d'une loi destinée à punir « l'esprit de propriété » et d'inégalité chez un peuple de démocrates où le mien et le tien étaient un crime. L'humanité, la sociabilité, la disposition à la compassion sont donc des règles générales, comme Newton l'a bien vu, étendant même ce don divin aux animaux[2].

1. *Ibid.*, p. 605-606.
2. *Éléments de la philosophie de Newton,* M, XXII, p. 420-421/VF, 15, p. 221-222.

Cette référence à la physique de Newton est éclairante, car elle permet d'introduire en morale l'idée moderne de « loi », au sens d'un fait général ou d'un rapport constant qui peut s'appliquer à une infinité de cas, en lieu et place de l'idée cartésienne d'évidence : on passe ainsi, malgré la permanence de la loi au sens d'un commandement divin, d'une évidence universelle et identique pour tous à une règle générale ou commune qui peut se manifester par une multiplicité indéfinie d'inventions historiques et humaines. C'est pourquoi, à notre sens, Voltaire insiste sur la division de l'humanité en « espèces » radicalement différentes. Il n'y a pas là une intention « raciste », mais la volonté de rappeler que l'homme en général n'existe pas : sa nature n'est connaissable que par induction, c'est-à-dire à travers l'analyse historique de la multiplicité des mœurs[1]. Cette diversité est explicitement considérée comme une « richesse » lorsque Voltaire nous entretient de la découverte de « Maures blancs » en nous avertissant que « si nous croyons valoir beaucoup mieux qu'eux, nous nous trompons[2] ».

En troisième lieu, et parce que la loi naturelle s'identifie à la sociabilité en général, elle se distingue de l'idée innée, dans la mesure où Dieu est bien le créateur de vérités, mais au sens de principes simples ou de prescriptions négatives que même les enfants et les sauvages connaissent. On peut alors dire, en termes cartésiens, qu'il y a plus de réalité dans nos idées objectives et historiquement variables du juste que dans la réalité formelle de la loi divine. D'un côté, Voltaire affirme que si l'on demande à un enfant de cinq ans ou à un sauvage qui ne savent rien mais qui commencent à raisonner, qui est le propriétaire légitime d'une moisson, de celui qui a travaillé la terre ou du voleur, le sauvage et l'enfant répondront comme tous les législateurs du monde[3]. D'un autre côté, l'invention d'une histoire universelle et cosmopolite montre qu'à partir de la même raison, l'humanité s'est diversifiée en une multitude de civilisations. Les monuments « incontestables » de l'Antiquité, tels que les pyramides des Égyptiens et les recueils d'observations astronomiques des Babyloniens ou des Chinois, qui datent respectivement de 2734 ans et de 2555 ans avant notre ère, montrent qu'une humanité naturellement sociable n'a cessé de développer une multiplicité d'arts, de formes de civilisations ou de « polices[4] ». Le cas des Chinois, qui constituent le peuple le plus ancien et le plus policé de la Terre que nous connaissions, est particulièrement important parce que les Chinois ont inventé tous les arts que l'Europe a retrouvés. Voltaire signale surtout qu'ils ont réussi à subsister quatre mille ans sans changements majeurs dans

1. *Traité de métaphysique*, M, XXII, p. 191-192/VF, 14, p. 420.
2. *Relation touchant un Maure blanc*, M, XXII, p. 90-91.
3. *Essai sur les mœurs*, M, XI, p. 22-23.
4. *Encyclopédie*, art. « Histoire », VIII, p. 291 a-b.

les lois et dans les mœurs. Cette histoire de la Chine permet de refuser le judéocentrisme de Bossuet et, de façon plus générale, l'européocentrisme des historiens, afin d'établir que chaque peuple a son esprit et son génie. Les Chinois se caractérisent ainsi par la supériorité qu'ils accordent à la raison éthique sur les lumières théoriques, à l'inverse des Européens qui, nous l'avons vu, ont davantage cultivé les sciences et les arts que leur raison morale. Cela ne signifie pas comme on pourrait le soupçonner que Voltaire réécrive le *Discours sur les sciences et les arts* de Jean-Jacques Rousseau, en dressant des tables de présence et d'absence des lumières théoriques destinées à montrer que la culture des lumières est toujours le symptôme d'une corruption des mœurs, et qu'inversement, seuls les peuples peu savants ont su conserver les vertus républicaines et guerrières[1]. Contre Jean-Jacques Rousseau, l'article *Histoire de l'*Encyclopédie fait éclater cette alternative en présentant la Grèce et la Rome antiques comme des exemples privilégiés de civilisations qui ont su allier la double culture de la raison théorique et de la raison morale. C'est ainsi que les Romains ont su établir un empire universel, fondé sur la paix, la tolérance et donc fondamentalement animé par des mœurs républicaines, favorables à l'intérêt général de toute l'humanité[2]. C'est en effet un conte que de prétendre que l'Antiquité romaine a été féroce et cruelle, à la différence de l'Europe chrétienne. Les horreurs des peuples chrétiens, telles que la Saint-Barthélemy, étaient inconnues des Grecs et des Romains. Même s'il ne faut pas croire au mythe d'un âge d'or, la Grèce de Périclès représente également l'une des périodes les plus heureuses de l'humanité, en ce sens qu'il n'y avait pas de sectes de prêtres pour interdire l'accès à la raison à tous, ce dont témoignent les disputes des écoles philosophiques. De plus, ces disputes, qui retracent le mélange de sagacité et de folie de l'ère des génies, montrent que tous les philosophes, à l'exception des Épicuriens, reconnaissaient un Être Suprême ou un architecte du monde. Il faut donc savoir que le terme « d'idolâtrie », dont on fustige les païens, n'a été inventé qu'au deuxième siècle après Jésus-Christ pour dévaloriser une Antiquité qui se servait simplement d'emblèmes sensibles pour le peuple. Rome, de même, n'a pu bâtir son Empire que par la tolérance de tous les autres cultes qui se rejoignaient dans le culte d'un Être Suprême. Cette « hospitalité divine » constitue « le droit des gens de l'Antiquité », car elle exclut l'intolérance religieuse et civile comme une seule et même intolérance : Rome n'a connu ni guerres de religions ni séditions avant le judaïsme et le christianisme[3].

1. Voir Rousseau, *Discours sur les sciences et les arts*, *Œuvres complètes*, t. III, Paris, Gallimard, 1964, p. 10-11.

2. *Encyclopédie*, art. « Histoire », VIII, p. 223 b.

3. *Traité sur la tolérance*, M, XXV, p. 443/VF, 56c, p. 163.

Ces modèles antiques, sur lesquels Voltaire revient à de multiples reprises, montrent, à notre sens, que sa philosophie de l'histoire refuse l'idée d'un cycle fatal de dégénérescence et de progrès. Elle s'attache à brosser le tableau d'une multiplicité d'histoires afin de redonner à l'homme la conscience de sa liberté et des pouvoirs de la raison. Dans cette perspective, le fatalisme est implicitement dénoncé comme le produit de l'européocentrisme des historiens, qui ont toujours regardé leur patrie ou leur monarchie comme le centre du monde. C'est pourquoi Voltaire donne à la connaissance historique un rôle instructif, d'abord par une méthode qui rejette l'histoire anecdotique et patriotique au profit de modèles qui doivent restituer d'un point de vue cosmopolitique « l'esprit des temps » et les « mœurs des peuples ». L'histoire ne devient en effet « scientifique » qu'en « étendant sa carrière aux lois, aux mœurs, au commerce, à la finance, à l'agriculture, à la population », de façon à retrouver les différentes manières de civiliser[1]. Bien que l'histoire humaine ne puisse être l'objet d'une connaissance exhaustive, car elle nécessite l'invention de l'écriture et une multiplicité de documents qui autorisent la critique des témoignages, cette histoire présente suffisamment de diversité pour permettre, par comparaison, une induction scientifique qui prouve que le grand défaut de l'Europe « moderne » est précisément de s'être construite contre les leçons du passé, en ignorant volontairement la tradition rationnelle de l'humanité. Les Européens ont en effet cru trouver un « système » d'équilibre en inventant cette nouveauté : ils ont redoublé le pouvoir temporel par le pouvoir prétendument spirituel de l'Église, c'est-à-dire par la puissance des papes et du clergé qui est devenue une « puissance trop prépondérante[2] ». Jusqu'au siècle de Louis XIV et à l'exception de la Florence des Médicis, l'Europe a donc stagné dans l'anarchie qui résulte des conflits perpétuels entre les princes, les rois et les empereurs d'une part, le Pape et le clergé d'autre part. Alors que l'Antiquité a « policé les mœurs » par des lois adéquates aux lois naturelles, l'Europe n'a connu que l'opposition perpétuelle du droit du plus fort et des ruses de l'opinion religieuse. Elle n'a cessé d'osciller entre deux arbitraires[3]. À notre sens, cette critique de l'Europe chrétienne conduit au refus d'une vision pessimiste et fataliste de l'histoire : elle suggère que les cycles des siècles heureux et malheureux ne s'expliquent que par la volonté tyrannique de recommencer l'histoire à zéro, en confondant le fait de la conquête ou de la « révolution » avec un droit à faire table rase du passé ou de l'expérience cosmopolitique de l'humanité. Les peuples européens n'ont pas su s'inscrire dans la continuité

1. *Encyclopédie*, art. « Histoire », VIII, p. 225 b.
2. *Ibid.*, p. 223 b.
3. *Essai sur les mœurs*, M, XI, p. 24.

d'une tradition rationnelle en réfléchissant sur l'expérience passée, du fait d'une religion dogmatique qui constitue le principal obstacle au progrès. Voltaire suggère ainsi deux critiques essentielles de la religion.

La religion dogmatique substitue d'abord à la conscience de l'historicité le temps fabuleux et mythique des origines, qui singularise et isole un peuple du reste de l'humanité. Voltaire le montre à plusieurs reprises en ce qui concerne le peuple juif, qu'il considère comme un peuple sans histoire, parce que le mythe du peuple élu l'a amené à se séparer volontairement du reste de l'humanité, voire à haïr toutes les autres nations[1]. C'est donc par l'adhésion à une temporalité fabuleuse que Voltaire explique l'incapacité de l'humanité à persévérer dans ses progrès et à tirer les enseignements du passé. Lorsqu'il combat « l'histoire sacrée » et tente de lui substituer l'histoire profane, Voltaire suggère d'ailleurs que presque tous les peuples se sont crus élus par une puissance surnaturelle. C'est pourquoi la plupart d'entre-eux n'ont pas pensé à développer la connaissance de leur passé, sauf pour montrer leur supériorité imaginaire. Avant les Juifs et les Chrétiens, par exemple, les Égyptiens croyaient avoir été gouvernés par des dieux, puis par des demi-dieux et enfin par des rois. Les Romains eux-mêmes ont cru à la fable de Romulus et de Remus et se sont lancés dans de grandes conquêtes.

L'histoire profane doit alors se substituer à l'histoire sacrée pour rendre à l'humanité la maîtrise de son devenir, maîtrise qui passe nécessairement par la connaissance des fautes et des progrès déjà réalisés.

On peut en tirer la conséquence qu'aux yeux de Voltaire, c'est la négation même du progrès de la raison – que cette négation résulte des mythes religieux, de l'orgueil des conquérants ou d'un stupide patriotisme – qui a produit les cycles du malheur, en obligeant l'humanité à recommencer perpétuellement sa propre histoire. Le perfectionnement de l'humanité dépend alors de sa capacité à construire une science de l'histoire, qui lui restitue sa mémoire rationnelle comme la mémoire de ses fautes. La loi naturelle inscrite par Dieu en nous n'assure donc que la possibilité d'un recommencement : elle nous laisse libre d'orienter notre devenir vers la morne répétition de la dégénérescence ou vers un perfectionnement continué, et dont nous ne connaissons pas les limites. La connaissance historique peut donc assurer à l'humanité une création continuée d'elle-même, à condition qu'elle sache en tirer les leçons. Notons que cette conclusion est parfaitement cohérente avec la critique des génies : c'est la négation de l'histoire qui empêche le perfectionnement de la raison théorique comme celui des mœurs. C'est pourquoi l'on retrouve, sur le plan

1. *Ibid.*, p. 122, 129 et 164.

éthique, la même nécessité d'étudier les fautes ou les erreurs passées, afin d'apprendre à les éviter. Voltaire insiste en effet sur le caractère instructif et formateur de l'histoire : « Les grandes fautes passées servent beaucoup en tout genre. On ne saurait trop remettre devant les yeux les crimes causés par des querelles absurdes. Il est certain qu'à force de renouveler l'histoire de ces querelles, on les empêche de renaître ». Inversement, il faut sans arrêt défendre contre la « désinformation » religieuse et politique la mémoire rationnelle des grands siècles policés et tolérants, car la comparaison des peuples entre-eux « excite » leur émulation et réveille le désir rationnel de dépasser les grands modèles de la Grèce de Périclès ou de la Rome de César et d'Auguste, mais aussi le désir, pour les nations modernes, « d'enchérir les unes sur les autres dans les arts, dans le commerce et dans l'agriculture[1] ». Aussi Voltaire rappelle-t-il que le progrès éthique de la Grèce et de Rome est également lié à l'invention de la connaissance historique. En relatant les batailles de Salamine et Lépante, Hérodote montre ainsi « la supériorité d'un petit peuple généreux et libre sur toute l'Asie esclave[2] ». Quant à l'histoire romaine, elle est particulièrement intéressante comme histoire d'une législation et de mœurs que « le labyrinthe ténébreux du Moyen-âge » a oubliés au profit de « gouvernements sans règles[3] ». Par ailleurs, chacun sait que Rome a su recueillir l'héritage philosophique de la Grèce. « L'Antiquité » désigne en ce sens la continuité d'une tradition cosmopolite et rationnelle. L'Empire Romain est en effet présenté par Voltaire comme le continuateur de l'œuvre d'Alexandre. Alexandre, élevé par Aristote, constitue déjà le modèle du prince républicain « qui fonde plus de villes que les autres n'en ont détruites » et qui change « tout le commerce de l'Univers » par son cosmopolitisme et sa tolérance[4]. L'Antiquité gréco-romaine s'oppose ainsi à la stagnation de l'Europe, stagnation dont les classes populaires sont particulièrement représentatives. La populace rurale est en effet condamnée à vivre dans le temps mythique que le calendrier religieux interpose entre elle et la nature. C'est pourquoi Voltaire s'attaque, par exemple, aux nombreuses fêtes religieuses qui interrompent le travail des agriculteurs : au XVIIIe siècle, on arrête le travail, sans souci des saisons et du climat, pour honorer un saint et respecter une multitude de rites[5]. En condamnant ces fêtes, Voltaire ne veut pas priver de loisir un peuple déjà misérable, mais l'éveiller à la conscience d'une historicité et d'une perfectibilité qui dépendent de lui, de sa prévoyance et de son travail.

1. *Encyclopédie*, art. « Histoire », VIII, p. 223 b.
2. *Ibid.*, p. 222 b.
3. *Ibid.*, p. 223 a-b.
4. *Ibid.*, p. 223 a.
5. *Requête à tous les magistrats du Royaume*, M, XXVII, p. 346-347.

Il y a donc chez Voltaire un désir et un droit naturels à se perfectionner : c'est ce droit qu'il oppose au fait présent de l'injustice, injustice qui tend à s'identifier à l'immobilisme d'une Europe essentiellement régie par l'opinion et l'intolérance religieuses.

La religion chrétienne s'oppose alors au progrès de l'humanité pour une deuxième raison essentielle : elle dévalorise la nature humaine en niant la possibilité même de son perfectionnement. C'est pourquoi Voltaire attaque toutes les morales surhumaines qui prescrivent le renoncement aux passions. Comme Diderot, il dénonce le goût des peuples européens pour un idéal ascétique et irrationnel, qui est à la fois stoïcien et chrétien : « l'expérience prouve qu'on a de crédit sur l'esprit des peuples qu'en leur proposant le difficile, l'impossible même à faire et à croire. Les Stoïciens furent respectés, parce qu'ils écrasaient la nature humaine. Ne proposez que des choses raisonnables, tout le monde répond, nous en savions autant. Ce n'est pas la peine d'être inspiré pour être commun. Mais commandez des choses dures, impraticables ; peignez la Divinité toujours armée de foudre ; faites couler le sang devant les autels, vous serez écouté par la multitude, et chacun dira de vous : il faut bien qu'il ait raison, puisqu'il débite si hardiment des choses si étranges[1] ». Les fausses valeurs stoïciennes ou chrétiennes ressortissent ainsi d'une morale barbare qui produit l'obéissance servile et la stagnation historique. Ce n'est donc pas l'amour-propre, le souci de l'intérêt particulier et les grandes passions qui constituent un frein au perfectionnement, mais au contraire le renoncement à ces passions. Chacun connaît, à cet égard, la célèbre affirmation popularisée par *Candide* selon laquelle Dieu a associé l'ennui et le vice à l'oisiveté. La finalité divine interdit strictement l'idéal ascétique de repos, d'oisiveté et d'inertie que suppose le renoncement aux passions. De même, les *Remarques sur les Pensées de Pascal* s'attaquent à la misanthropie chrétienne : « regarder l'Univers comme un cachot et tous les hommes comme des criminels qu'on va exécuter est l'idée d'un fanatique[2] ». Aussi Voltaire revalorise-t-il « l'amour-propre » qu'il ne distingue pas de « l'amour de nous-mêmes », parce que cet amour de soi « assiste l'amour des autres » ou le sens de l'humanité et de la sociabilité. Un solitaire en effet n'aurait pas d'amour-propre et ne serait pas désireux de se distinguer en développant le sens de la prévoyance, son inventivité et sa perfectibilité : « il n'y a que les enfants et les imbéciles qui ne prévoient pas et ne pensent qu'au présent[3] ». Les passions sont donc à l'origine de tout commerce, de tout lien social et de toute inventivité, car « l'homme est né pour l'action » et pour le « travail,

1. *Remarques sur les Pensées de Pascal*, M, XXII, p. 60-61.
2. *Ibid.*, p. 34.
3. *Ibid.*, p. 34-36.

comme l'oiseau pour voler[1] ». La liberté consiste à développer ce désir d'être honoré en travaillant au bien de la communauté.

On peut encore étayer cette analyse par la critique permanente de la liberté d'indifférence. Selon Voltaire, l'acte libre a toujours un motif : il se définit comme « pouvoir de faire ce que l'on veut » ou comme « pouvoir d'agir », de telle sorte qu'il s'oppose à la contrainte extérieure et non aux passions[2]. Plus précisément, la liberté nécessite une « puissance » ou une « santé » de l'âme que l'homme trouve dans ses passions rationnelles. Aussi y a t-il des hommes plus ou moins libres, selon qu'ils font un bon ou un mauvais usage des passions[3]. Mais cet usage dépend lui-même de la société et des libertés accordées aux individus : la religion contrarie la finalité naturelle des passions que Dieu a inscrites en nous pour nous rendre interdépendants et pour nous révéler une destinée sociale. En un sens, Voltaire témoigne ainsi de l'héritage cartésien des Lumières : il transpose le *Traité des Passions* sur le plan politique, où toutes les passions sont bonnes à condition que la société sache les utiliser. Il ne cesse en effet d'affirmer, contre Montesquieu, que « l'honneur », c'est-à-dire ici l'orgueil et le désir de se distinguer restent le ressort de tous les types de régimes, y compris républicains et démocratiques[4]. Le gouvernement des passions devient ainsi l'enjeu majeur du politique : chez Voltaire, il n'y a pas une passion dominante propre à une sorte de constitution, mais un bon ou un mauvais traitement des mêmes passions. Dans l'article *Politique*, il explique clairement que la démocratie est le plus « naturel » et le plus « sage » des gouvernements parce que chaque citoyen y est « rival » des autres et veille jalousement sur son intérêt particulier. Cet intérêt apparaît comme le seul frein possible à la démesure de l'aristocratie et de la monarchie : si l'inégalité y est trop grande et trop ostensible, « les révolutions sont à craindre ». L'intérêt particulier est donc la manifestation des droits naturels à l'égalité et à la liberté, droits que l'Église a pu confisquer dans toutes les classes en se posant en arbitre, parce les classes privilégiées ont abusé de leur pouvoir sur le peuple[5].

Pour faire naître la conscience de la perfectibilité et de l'historicité de la raison, il faut donc s'opposer à la dévalorisation unilatérale des passions et des intérêts particuliers par l'ascétisme religieux. C'est ce que confirme, à notre sens, la critique permanente de Jean-Jacques Rousseau, c'est-à-dire d'une généalogie de l'inégalité qui ne mentionne jamais le fait religieux

1. *Ibid.*, p. 41-42.
2. *Traité de Métaphysique*, M, XXII, p. 215-216/ VF, 14, p. 460.
3. *Ibid.*, M, XXII, p. 218/ VF, 14, p. 464.
4. *Dictionnaire philosophique*, art. « Honneur », M, XIX, p. 387.
5. *Ibid.*, art. « Politique », M, XX, p. 129.

et qui s'attaque au désir de distinction : Voltaire ne peut comprendre Rousseau, parce qu'il ne saurait voir dans l'antithèse entre les passions sociales et le droit rationnel qu'une résurgence du christianisme et de son ascétisme[1]. Sans nier le danger du déchaînement sans frein des passions, Voltaire les considère néanmoins comme le moteur de l'histoire : il ne s'agit pas de les supprimer mais de les réguler afin quelles soutiennent l'intérêt général. La connaissance historique est un moyen privilégié de cette régulation. D'une part, elle « excite » une émulation positive entre les peuples ; d'autre part elle apprend aux hommes ce qu'est le bon usage des passions à travers des modèles tels que Rome, la Florence des Médicis ou l'Angleterre de Newton, en les délivrant ainsi de la fausse temporalité des fables judéo-chrétiennes.

On peut alors dire que Voltaire conçoit un progrès de la raison qui est un progrès dans l'usage des passions et donc dans la maîtrise du devenir. Mais pour étayer cette conclusion, il est d'abord nécessaire de réexaminer les critiques, voire les caricatures de Rousseau auxquelles il s'est livré.

1. Dans l'article « Loi naturelle » du *Dictionnaire philosophique*, Rousseau est présenté comme « un des Pères de l'Église moderne » ou comme un « animal insociable », parce qu'il condamne l'esprit de propriété et le désir de se distinguer par son industrie.

CHAPITRE II

LE DIALOGUE AVEC JEAN-JACQUES ROUSSEAU : DEUX CONCEPTIONS DE LA GÉNÉALOGIE

Bien qu'il partage avec Jean-Jacques Rousseau la volonté de libérer l'homme du mythe du péché, Voltaire développe une tout autre théorie des passions, de façon à les réhabiliter et à montrer leur caractère naturel et indéracinable.

Aussi a-t-il l'ironie de retourner contre Rousseau son *Discours sur les sciences et les arts*, en tant qu'il montre que les passions sont à l'origine du développement des Lumières. Pour Rousseau en effet « l'astronomie est née de la superstition ; l'éloquence de l'ambition, de la haine, de la flatterie, du mensonge ; la géométrie de l'avarice ; la physique de la vaine curiosité ; toutes, et la morale même, de l'orgueil humain [1] ». Voltaire répond tranquillement qu'en effet les passions, bien utilisées, produisent le progrès de la raison. Dans le *Traité de métaphysique*, par exemple, il souligne que l'avarice a produit le progrès des arts, et que les « grandes passions » peuvent être « cause de l'ordre » si l'on joue sur l'orgueil et l'honneur pour amener les hommes à se distinguer, voire à se sacrifier en faveur de l'intérêt général [2]. Dans cette perspective, l'orgueil des grands génies du siècle de Louis XIV est revalorisé. Les « Pascal, Nicole, Arnaud, Bossuet, Descartes, Bayle ou Fontenelle » ont su défendre le libre usage de la raison, qui inclut la légitime passion de se distinguer, c'est-à-dire une vanité mise au service de l'intérêt commun [3]. Le même retournement ironique a lieu lorsque Voltaire reprend un thème apparemment rousseauiste, celui de la supériorité éthique des

1. Rousseau, *Discours sur les sciences et les arts*, *op. cit.*, t. III, 1964, p. 17.
2. *Traité de métaphysique*, M, XXII, p. 222-223.
3. *Traité sur la tolérance*, M, XXV, p. 102-103/VF, 56c, p. 244.

sauvages tels que les voyageurs et les colonisateurs les ont découverts. Les Hurons, les Hottentots sont ainsi loués dans la préface de l'*Essai sur les mœurs* parce qu'ils ont « l'art de fabriquer par eux-mêmes ce dont ils ont besoin ». De plus, ces sauvages sont « libres » : Voltaire va jusqu'à les comparer à des « souverains » supérieurs aux colons transplantés dans leurs territoires par l'avarice et la frivolité. Le sens de l'honneur, l'amour de la Patrie et le courage sont encore autant de traits qui les apparentent aux Spartiates de l'Antiquité, si chers à Rousseau. Mais contrairement à Rousseau, Voltaire explique cette supériorité des sociétés dites sauvages par un amour-propre de véritables souverains, c'est-à-dire par une civilisation déjà très avancée, qui les oppose à la populace rurale des pays européens. Les vrais sauvages désignent alors « nos paysans » rustres, asservis à la terre, illettrés et soumis sans savoir pourquoi à une « multitude d'impôts qui leur enlèvent ce qu'ils ont gagné à la sueur de leur front ». Ces paysans subissent encore le pouvoir ecclésiastique et le pouvoir tyrannique des rois, qui les recrutent obligatoirement en temps de guerre où ils vont se faire tuer « pour le quart de ce qu'ils peuvent gagner en travaillant ». Les sauvages européens n'ont donc pas même « l'idée de liberté » ni l'art de fabriquer ce qui leur est nécessaire. Ce terme extrême de l'aliénation et de l'inégalité devient, par conséquent, le produit de l'absence d'amour-propre ou d'une obéissance passive qui explique l'oubli de la conscience éthique et de la raison théorique[1].

S'il y a donc bien en Europe une disproportion entre le développement de la raison théorique et de la raison éthique ainsi qu'une inégalité plus grande que chez les peuples sauvages, c'est du fait du renoncement à l'intérêt particulier comme à la curiosité. La « populace » désigne, sous la plume de Voltaire, ce peuple empirique qui a renoncé à tout honneur et s'est avili dans un esclavage consenti. Pour libérer le peuple, il faut donc réveiller son amour-propre et la conscience de sa dignité humaine, plutôt que de réserver le savoir à quelques rares génies, tout en prescrivant aux âmes simples cette « science sublime » qui consiste à « écouter la voix de la conscience dans le silence des passions[2] ». Aussi Voltaire reconstruit-il la généalogie de Rousseau en montrant que ce ne sont pas les passions de pouvoir et d'honneur qui sont à l'origine de l'inégalité, mais l'absence même de ces passions qui ont été dévalorisées par l'opinion religieuse.

À ses yeux, si l'on prend la peine de se donner une véritable connaissance historique qui saisisse bien les faits essentiels, on découvre en effet que ce n'est pas tant la monarchie, même absolue, qui s'est opposée aux

1. *Essai sur les mœurs*, M, XI, p. 18-19.
2. Rousseau, *Discours sur les sciences et les arts*, *op. cit.*, p. 30.

« idées républicaines » et au souci de l'intérêt général. L'ambition des rois est bien réelle, mais les Papes et les prêtres ont réussi à gouverner cette ambition au moins jusqu'au règne de Louis XIV. Le pouvoir papal s'est en effet attaché pendant des siècles à empêcher la naissance des nations et des États de droit, indépendants de son arbitraire.

Voltaire accepte ainsi de se situer du point de vue d'une histoire généalogique qui écarte la prolifération empirique des faits, mais il résume l'esprit et les mœurs de l'Europe par un double contrat de dupes. Si tout a bien commencé par une « horde sauvage » trompée par un fripon ambitieux qui l'a réduite à l'esclavage et au servage, cet esclavage consenti ou cette servitude volontaire n'ont pu se perpétuer par une simple ruse juridique. Il a fallu employer la ruse religieuse pour asservir le genre humain : les dogmes religieux ont nécessairement un pouvoir supérieur à celui de la loi car ils peuvent régir les consciences et s'intérioriser, en transformant les droits naturels non seulement en interdits mais en « sacrilèges [1] ». C'est donc essentiellement la religion dogmatique qui a interdit aux hommes de prendre conscience de leurs droits naturels : de la liberté de penser, de disposer de soi-même, de ses biens, et de l'égalité. C'est pourquoi l'ambitieux ne peut se soutenir que « par le secours des prêtres » ou par le règne d'un pouvoir prétendument spirituel ou divin. Le droit du plus fort est bien alors une illusion. Cependant, il ne faut pas croire que ce droit contradictoire pourrait se détruire de lui-même. Cette croyance conduit Rousseau à conclure le *Discours sur l'origine de l'inégalité* par le tableau d'un second état de nature ou d'une absence totale de lois qui engendre une série de révolutions et abolit l'histoire : ce terme extrême de l'inégalité et du chaos montre que le despotisme ne peut se maintenir. Mais ce point de vue est trop optimiste car l'histoire n'obéit pas à la logique de la contradiction : Voltaire ne cesse de souligner que « presque tous les peuples sont gouvernés par des contradictions [2] ». Le droit du plus fort est une absurdité, mais une absurdité rendue politiquement efficace par les ruses des Papes [3]. Jusqu'au XVIIIe siècle, toute l'histoire européenne est régie par l'imaginaire et constitue un immense théâtre de dupes, où la force des armes opprime le peuple tout en étant elle-même opprimée et dirigée par le pouvoir spirituel de l'Église. Dès que les deux puissances temporelle et spirituelle s'installent, l'histoire est abolie au profit de guerres absurdes ou de fausses révolutions qui ne changent rien à l'état des mœurs et des opinions.

On ne peut mesurer dans toute sa profondeur la lutte de Voltaire contre l'intolérance qu'à partir de ce verdict fondamental. Le droit du plus fort

1. *Idées républicaines par un membre d'un corps*, M, XXIV, p. 443-444.
2. *Traité sur la tolérance*, M, XXV, p. 83/VF, 56c, p. 218.
3. *Idées républicaines par un membre d'un corps*, M, XXIV, p. 446-447.

aurait été rapidement détruit sans l'aliénation religieuse qui pèse sur toute l'humanité, depuis la « populace » jusqu'aux seigneurs et aux rois, eux-mêmes assez ignorants et grossiers pour se soumettre à un pur pouvoir d'opinion, qui ne règne que par leur propre croyance et leur propre consentement. Que les Papes aient pu excommunier des rois, déclarer leurs territoires offerts au premier occupant, lever une multitude d'impôts, punir et humilier les représentants des institutions civiles en les destituant à leur gré, c'est là la duperie fondamentale à laquelle les hommes se sont prêtés pendant des siècles et continuent de se prêter malgré les progrès de la raison. Cette duperie est le ressort de l'anarchie féodale, puisque chaque seigneur ou chaque roi peut alors faire appel au pouvoir religieux pour légitimer ses conquêtes les plus injustes. En cas de paix entre ces « animaux carnassiers » que sont les Princes, Rome n'a fait que fomenter de nouvelles guerres, selon l'adage qu'il faut diviser pour régner[1]. Tous les maux que dénonce à juste titre Rousseau dérivent donc du christianisme, qui est bien une « morale d'esclaves » comme l'affirme le *Contrat social*[2], mais sans mesurer l'ampleur et la nature de cet esclavage. Pour Voltaire en effet, il y a un accord historiquement premier entre des imbéciles, des forts et des crapules. La preuve en est que si l'on peut discerner, dans les ténèbres de l'histoire la plus reculée, un commencement, tous les peuples ont dû d'abord obéir à une « théocratie[3] ». Ce ne sont donc pas les passions et la vanité, mais leur absence qui est à l'origine de tous les maux du genre humain. Voltaire répète volontiers que le despotisme s'est installé par la faute des hommes, par leur manque de courage et d'habileté qui les a fait céder aux conquérants comme aux plus rusés. Une fois « accoutumé au joug », le peuple a vu dans les descendants de ses maîtres des « dieux ». C'est pourquoi il en est arrivé à considérer la liberté et l'égalité comme des sacrilèges. Le plus grand despotisme est alors celui de la religion chrétienne parce qu'elle nie la possibilité même d'un perfectionnement de l'humanité[4]. Aussi peut-elle faire croire que le Pape est infaillible, au-dessus des lois, ce qui conduit les pouvoirs temporels à reproduire cette imposture[5]. C'est ainsi et fondamentalement la naissance même de la loi et du droit qui est interdite par le pouvoir dit spirituel. Si les hommes sont bien nés libres et égaux, ils ont renoncé à leurs droits en laissant place aux nombreuses « usurpations des Papes » que Voltaire ne cesse de détailler, estimant qu'il faut se référer à l'histoire des Borgia, écrite par Machiavel, pour

1. *Les Droits des hommes et les usurpations des Papes*, M, XVII, p. 195-197.
2. Rousseau, *Du Contrat social*, *op. cit.*, t. III, p. 467.
3. *Essai sur les mœurs*, M, XI, p. 26-27.
4. *Pensées sur le gouvernement*, M, XXIII, p. 524-526.
5. *Idées républicaines par un membre d'un corps*, M, XXIV, p. 415-416.

comprendre comment les hommes ont pu rester dans les fers. Voltaire considère donc et implicitement le *Prince* de Machiavel comme un appel légitime aux fondateurs des États pour reconquérir leurs droits sur la papauté, en ajoutant à la force des armes la ruse d'une nouvelle opinion civile[1]. La monarchie est déjà un progrès, parce que l'absolutisme de Louis XIV est historiquement rendu nécessaire par la lutte contre l'arbitraire ecclésiastique. Mais le plus grand progrès réside dans le développement des lumières théoriques, qui a permis de se délivrer de l'obéissance servile et de cultiver la liberté de pensée, au moins dans une partie de la nation. Dès lors, et s'il est vrai de dire avec Rousseau que le grand problème du XVIIIe siècle reste celui de la vertu morale, c'est parce que le XVIIe siècle a su cultiver la passion de connaître et la mettre au service de l'intérêt général : « il a fallu soixante ans pour nous faire adopter ce que Newton avait démontré ; nous commençons à oser sauver la vie de nos enfants par l'inoculation[2] ; nous ne pratiquons que depuis très peu de temps les vrais principes de l'agriculture ; quand commencerons-nous à pratiquer les vrais principes de l'humanité[3] ? ».

Dès lors, on peut nuancer les polémiques contre Rousseau, caricaturé à travers le personnage de « Timon », qui veut « brûler tous les livres ». En réalité, Voltaire reconnaît que Rousseau ne hait pas les sciences et les arts mais seulement leur « abus ». Néanmoins, le procès des lumières théoriques n'en conduit pas moins à une reconstruction systématiquement faussée de l'histoire effective des peuples. Voltaire demande ainsi si Charles IX a ordonné le massacre de la Saint Barthélemy à cause de son précepteur, l'humaniste Amyot, ou si Attila avait étudié dans des facultés avant de se lancer dans ses conquêtes. Cette ironie peut paraître lourde et peu adéquate à sa cible, mais Voltaire devient plus convaincant lorsqu'il explique qu'il est faux de dire que ce n'est « qu'à force de culture et d'esprit que l'on peut devenir méchant », car cela revient à confondre le développement de la raison et celui de « l'esprit dogmatique » propre au christianisme[4]. Le christianisme a en effet dominé l'histoire humaine pour se soumettre la raison elle-même : les controverses ont occupé tous les esprits, y compris les plus subtils. Ces controverses ont conduit à des bains de sang où l'horreur le dispute au ridicule. Aussi Voltaire refuse-t-il d'écarter des faits tels que le massacre de quatre mille Huguenots dans le Languedoc, à partir de 1562, car ces faits expliquent le présent et notamment la célèbre affaire Calas (1762-65). À Toulouse, en plein XVIIIe siècle, on continue de célébrer

1. *Les Droits des hommes et les usurpations des Papes*, M, XXVII, p. 209-211.
2. Le parlement de Paris avait, le 8 juin 1763, rendu un arrêt contre l'inoculation.
3. *Traité sur la tolérance*, M, XXV, p. 59-60/VF, 56c, p. 183.
4. *Timon*, M, XXIII, p. 483-484/VF, 56c, p. 147.

ce massacre comme une fête religieuse, et cela, malgré les nombreux arrêts d'interdiction de la part du Grand Conseil du Roi. C'est l'année séculaire de cette « fête barbare » qui a favorisé l'affaire Calas, menée dans une atmosphère de fanatisme et d'enthousiasme épidémiques qui nous ramènent au temps où l'on excommuniait les sauterelles et les insectes nuisibles aux moissons[1]. Rousseau est alors implicitement accusé de se contredire, puisqu'il avoue lui-même que ce n'est pas la passion de se distinguer intellectuellement qui détermine les mœurs, mais inversement, la corruption des mœurs qui produit celle des sciences et des arts. S'il est vrai que ces derniers restent encore prisonniers du modèle théologique à travers le mythe du génie qui se met à la place de Dieu pour refaire le monde, le génie n'est pas pour autant l'ennemi principal de la vertu et de la raison. L'ennemi, ce sont les sectes religieuses, ou plus généralement le droit à l'intolérance qu'elles tentent de fonder. Ce droit joue un rôle politique essentiel. D'une part, l'intolérance religieuse sert de modèle à la vie civile et intellectuelle. D'autre part, et par voie de conséquence, cette tyrannie de l'opinion est responsable de la longue stagnation éthique et théorique de l'Europe : elle corrompt la passion de l'honneur ou le désir de se distinguer en les mettant au service des pouvoirs religieux et d'un conservatisme social. C'est pourquoi Voltaire oppose la « controverse » religieuse qui est une maladie épidémique ou une « peste » aux conflits féconds des idées philosophiques dont les écoles grecques fournissent le modèle positif. Voltaire aime à répéter que malgré la mort de Socrate, d'ailleurs vengée par la démocratie athénienne qui lui a dédié un temple, les écoles philosophiques de la Grèce antique vivaient en paix, tolérant même l'athéisme d'Épicure[2]. De même le XVIIIe siècle est parvenu à un moment favorable où règnent une tolérance et un accord entre les philosophes : les gens de lettres peuvent et doivent alors former une alliance républicaine afin de saisir l'occasion d'une véritable *praxis* politique qui consiste à éduquer les rois, la bourgeoisie et la « populace », pour les mener au souci de la chose publique. Aux yeux de Voltaire, c'est cette cause que Rousseau trahit en divisant le clan des philosophes ou en faisant leur procès.

Ce ne sont donc pas les principes du droit rationnel qui opposent Rousseau à Voltaire, ainsi qu'en témoignent les *Idées républicaines*. Dans cet ouvrage, qui constitue un commentaire critique du *Contrat social*, Voltaire défend comme Rousseau l'abolition de la distinction entre nobles et roturiers, qui perpétue la distinction entre maîtres et esclaves, car tous les hommes sont nés égaux. De plus, il s'oppose également à la division du

1. *Traité sur la tolérance*, M, XXV, p. 21-22/VF, 56c, p. 155.
2. *Ibid.*, M, XXV, p. 41-42/VF, 56c, p. 159-160.

pouvoir législatif, mais au sens où il ne peut y avoir qu'une puissance entièrement civile, c'est-à-dire distinguée de la puissance ecclésiastique. C'est donc bien la volonté générale qui doit effectivement présider à la formation d'un « gouvernement » civil : la loi républicaine est le seul recours du citoyen ou du peuple contre les injustices et les inégalités. Jusqu'ici en effet, les lois ont été injustes et équivoques parce qu'elles n'ont servi qu'à la défense des privilèges. Enfin, ce qui fait obstacle à l'institution de la République, c'est bien l'orgueil humain, la « fureur de commander à ses égaux », fureur qui est la « passion dominante » de l'homme. Il faudrait par conséquent établir un droit conforme à l'intérêt général et faire que la loi soit « interprétable par tous, car tous l'ont promulguée[1] ».

Mais à partir de ces principes communs, les conclusions de Voltaire se présentent comme contraires à celles de Rousseau du fait de l'affirmation du caractère indéracinable des passions, affirmation qui exige la prise en compte de l'état historique des mœurs. Les nations européennes restent pour la plupart monarchiques, et c'est à partir de cet état de fait qu'il faut penser et agir. Un progrès est alors enregistré : les monarques jurent désormais, à leur couronnement, de conserver les « privilèges » de leurs sujets. Il y a donc un « changement dans les temps » qui rend possible un changement dans les lois. La médiation d'une loi ou d'un contrat entre le Roi et le peuple montre que le pouvoir civil et la société commencent à s'affranchir du pouvoir spirituel. Les rois pourraient accélérer ce progrès : il serait notamment opportun de supprimer les lettres de cachet qui contredisent la médiation de la loi puisqu'elles permettent d'emprisonner un citoyen sans information préalable ni formalité juridique[2]. Autrement dit, Voltaire tente de réformer la monarchie de l'intérieur, en partant du point où l'on est, car « tout remède réclame du temps », et si l'orgueil a effectivement autant d'emprise sur l'homme que Rousseau le dit, il faut admettre que les passions ne peuvent que s'équilibrer autant qu'il est possible ou que la nature humaine le permet. Le philosophe doit donc se défier des règles trop générales comme des « exemples trompeurs[3] ». C'est ainsi que Rousseau se trompe lorsqu'il énonce cette règle que la monarchie convient aux grandes nations opulentes, l'aristocratie aux États médiocres en richesse et en grandeur, la démocratie aux États petits et pauvres[4]. À raisonner sans considérer les faits, il peut sembler logique de concevoir que le peuple est effectivement plus écouté dans une « petite république », car « il est plus aisé de faire entendre raison à mille personnes qu'à quarante

1. *Idées républicaines par un membre d'un corps*, M, XXIV, p. 415-417.
2. *Ibid.*, p. 416-417.
3. *Ibid.*, p. 427.
4. *Ibid.*, p. 419.

mille ». Mais la logique pure n'a rien à voir avec l'histoire humaine et sa logique des passions. C'est pourquoi les petites populations comportent également un danger que Rousseau n'a pas vu. À force de se voir de plus près, on peut se haïr davantage, de telle sorte « qu'il arrive quelquefois qu'un petit État soit plus troublé qu'un grand[1] ». L'espace de transparence établi par Rousseau dans la cité républicaine et dans ses fêtes peut être le lieu de la haine plutôt que de la concorde car il autorise une comparaison permanente des hommes entre eux. Cette comparaison risque d'abolir la médiation rationnelle de la loi entre les individus. Voltaire suggère que Rousseau a tendance à confondre son sens finalement traditionnel de la communauté villageoise, toujours prête à retomber dans ses querelles et ses haines ancestrales, avec les mœurs républicaines, auxquelles les grandes villes peuvent être plus favorables car la diversité humaine et sociale permet d'y prendre conscience de la nécessité des lois. Une plus grande machine comporte plus de « frottements » ou de « conflits » et pose donc le problème du bon fonctionnement du tout[2].

Les principes trop systématiques de Rousseau sont alors détruits par l'histoire. C'est ainsi qu'Athènes était riche et démocratique, Rome opulente et républicaine, ce qui prouve que la pauvreté n'est pas une vertu nécessaire à la république et à la démocratie. Dans les temps modernes, l'opulence même de Genève, la patrie de Rousseau, en administre une nouvelle preuve. C'est en effet l'industrie de l'horlogerie qui a permis aux citoyens de Genève de s'enrichir et de passer de l'état de sujets passifs au rôle de citoyens actifs ou de propriétaires[3]. De plus, Jean-Jacques rêve lorsqu'il pose comme principe fondamental de son « contrat » l'abolition des représentants du peuple ainsi que la soumission totale de l'exécutif au législatif. D'une part, seule la démocratie directe peut réaliser cette soumission mais elle reste impraticable dès que la population excède celle d'un village ou d'une ville moyenne. D'autre part, Voltaire doute que cette démocratie soit en accord avec l'exigence rationnelle de rendre la loi « maître » des citoyens et arbitre de leurs conflits[4]. Voltaire se réfère en effet au peuple empirique et non au concept politique de peuple que bâtit Rousseau : il suggère que ce dernier n'a pas su expliquer comment passer du peuple tel qu'il est au peuple tel qu'il devrait être, jouant ainsi sur la difficulté qui consiste à reconnaître que le peuple veut toujours le bien mais ne sait pas toujours où est le bien. Il faut donc éduquer le peuple par les lois, mais à cette fin, il faut assurer à ces officiers de l'État que sont les

1. *Ibid.*, p. 418.
2. *Pensées sur le gouvernement*, M, XXIII, p. 532.
3. *Idées républicaines par un membre d'un corps*, M, XXIV, p. 425-426.
4. *Ibid.*, p. 420.

magistrats qu'ils ne seront pas destitués par le caprice de la populace ni par l'arbitraire des rois. S'il est vrai que la loi ne doit être soumise à aucune volonté particulière, c'est d'un code reconnu par tous qu'il faut attendre cette indépendance de la justice. L'intérêt même du peuple, qui est d'éviter à la fois l'anarchie et la tyrannie, exige alors qu'un magistrat ne puisse être « cassé » par sa volonté [1].

Plus fondamentalement, Voltaire dévoile l'esprit de sa critique lorsqu'il affirme qu'aucun gouvernement n'est exempt de passions : on voit partout « l'intrigue », l'hypocrisie et l'ambition se soumettre le pouvoir ou s'emparer des charges, même s'il est vrai que le gouvernement « le plus tolérable est le républicain, car il s'approche le plus de l'égalité naturelle », ainsi que du droit de chaque homme à être le maître de ses biens et « d'avoir sa voix pour le bien la société » [2]. Les passions sociales sont donc indéracinables parce que naturelles. C'est pourquoi tout doit varier selon les « occasions » : la politique ne saurait être une science analogue aux mathématiques car elle n'a pas le même objet. Lorsque Rousseau condamne sans nuances les représentants, avec une rigueur toute mathématique dans le raisonnement, il s'interdit de comprendre « qu'il peut être utile qu'il y ait deux partis dans une république, parce que l'un veille sur l'autre, et que les hommes ont toujours besoin de surveillants et de médiateurs ». Voltaire reprend ainsi une leçon de Machiavel [3], dont il peut trouver une application dans l'Europe de son temps. De même que les conflits entre le Sénat et le peuple ont permis à la république romaine de « devenir puissante et libre [4] », la république en général a besoin de partis « opiniâtres et sagaces », capables d'interpréter différemment les lois, ce qui instaure un débat public et une « balance » des opinions et des intérêts particuliers. Mais cette règle elle-même, qui fonde la notion d'opinion publique sur le régime des partis, ne saurait être un principe systématique, car personne jusqu'ici n'a su trouver le « point d'appui » exact qui fixerait cette balance des partis et de la pluralité des opinions [5].

On peut résumer l'ensemble de ces objections en disant que pour Voltaire, c'est simultanément le droit et le fait historique des mœurs ou des passions qui doit amener à moduler les principes de la politique. C'est dans

1. *Ibid.*, p. 421-422.

2. *Ibid.*, p. 424.

3. Cette connaissance du Machiavel des *Discours* est confirmée par l'article « Parlement » du *Dictionnaire philosophique* (M, XX, p. 174) : « Machiavel, dans ses remarques politiques sur Tite-Live, dit que les parlements font la force du Roi de France », car il « voyait le Pape comme le plus dangereux monarque de la chrétienté ».

4. Voir Machiavel, *Discours sur la première décade de Tite-Live*, in *Œuvres complètes*, éd. E. Barincou et J. Giono, Paris, Gallimard, p. 390-392.

5. *Idées républicaines par un membre d'un corps*, M, XXIV, p. 426-427.

cette perspective qu'il affirme que « la tolérance est tout aussi nécessaire en politique » que dans le domaine religieux : l'extraordinaire souplesse théorique de cet historien l'incline à se méfier du législateur du *Contrat social* et de sa religion civile. Même à supposer la fin de l'intolérance religieuse, Voltaire estime en effet que l'orgueil reste le germe de l'intolérance[1]. Il repose ainsi le problème rousseauiste du cercle des mœurs et des lois. Si l'on veut que des lois rationnelles adviennent, il faut commencer par agir sur les passions et l'esprit du temps afin que les citoyens puissent se perfectionner par eux-mêmes, ce qui exige une prise de conscience progressive de l'accord entre l'intérêt particulier et l'existence de lois rationnelles. Il y a en ce sens une primauté absolue des mœurs sur la loi qui reste impuissante lorsqu'elle les contredit, car on ne moralise pas en légiférant. Dans cette perspective, il faut nécessairement prendre en compte les passions des différents ordres de la société : Voltaire, à qui l'on reproche souvent de parler du peuple en terme de « populace », ne peut qu'estimer, quant à lui, qu'il a plus de respect envers le peuple tel qu'il est que Rousseau. Faire de la pauvreté une vertu, c'est notamment vouloir un nivellement par le bas qui interdit d'accéder aux lumières comme à l'exercice des talents naturels. D'une façon plus générale, cela signifie que si la loi est bien la chose la plus sainte, cette loi ne peut devenir rationnelle que si l'on se donne la peine de connaître les mœurs et les passions d'un temps, afin de les préparer à l'acceptation d'un droit favorable à l'intérêt général, c'est-à-dire ici d'un droit qui fait justice à tous les intérêts particuliers. Ce verdict s'avère historiquement pertinent dans une France encore régie par une multitude de coutumes féodales, qui n'a pas de juridiction fixe[2], et dont le peuple rural subit passivement sa propre aliénation. Voltaire écrit ainsi dans *Le Prix de la justice et de l'humanité* (1777) : « le monde commence à se civiliser, mais quelle épaisse rouille, quelle nuit de grossièreté, quelle barbarie domine encore dans certaines provinces, et surtout chez ces honnêtes cultivateurs, tant vantés dans des élégies et dans des églogues, chez les laboureurs innocents, et chez quelques curés de campagne, qui traîneraient en prison leur frère pour un écu, et qui vous lapideraient, si une vieille femme, vous voyant passer, criait : à l'hérétique[3] ! ».

Entre le peuple de fait et le peuple de droit il faut donc que la philosophie interpose l'histoire des mœurs, afin d'échapper à l'utopie et à l'intolérance politique qu'elle engendre. S'illusionner sur le peuple, c'est en effet s'interdire de comprendre la nécessité et les mécanismes historiques de l'aliénation politique : c'est renoncer à toute *praxis* réelle. Aussi le

1. *Ibid.*, p. 432.
2. *Pensées sur le gouvernement*, M, XXIII, p. 526.
3. *Le Prix de la justice et de l'humanité*, M, XXX, p. 549.

philosophe ne doit-il vouloir réformer que ce qu'il peut réformer, en se fondant sur un droit qui n'est pas directement défini par la raison, mais par cette raison transformée par l'histoire. Un des écrits de Voltaire porte un titre qui pourrait résumer toute la portée politique qu'il accorde à l'histoire des mœurs et des passions sociales. Il faut savoir « ce qu'on ne fait pas et ce que l'on pourrait faire » (1742), car ce que l'on doit faire est connu de tous et n'exige pas de savoir approfondi. Il ne faut donc ni s'abandonner à cette maxime de moine qui consiste à « laisser aller le monde comme il va », ni bâtir des utopies sentimentales comme l'Abbé de Saint-Pierre, ni même programmer des révolutions sur le papier. L'historien-philosophe se livre à un examen des mœurs, c'est-à-dire de l'économie des passions et de la raison qui caractérise un ordre des choses ou un ordre de la société, afin de créer une « émulation » positive qui excite les hommes au progrès. Sans cette émulation et cet aiguillon, les hommes restent des « ânes qui vont leur chemin lentement[1] ». Or, cette émulation suppose une comparaison, et donc l'usage critique d'une histoire universelle, afin que l'amour-propre et l'orgueil soient mis au service de la raison et de l'intérêt public[2]. Le poids des siècles et la nature humaine, dont la passion dominante est le désir de pouvoir, se conjuguent en effet pour prescrire au philosophe d'écrire de nouveaux traités politiques des passions qui soient en mesure d'utiliser les passions contre elles-mêmes afin d'accomplir notre destinée sociale.

La mise en scène de *Ce qu'on ne fait pas et ce que l'on pourrait faire* est particulièrement significative de ce nouvel usage des passions, qui exige l'exercice de la satire. Nous avons affaire à un conte philosophique où c'est un obscur citoyen romain qui transmet les projets voltairiens de réforme à un Consul, « qui était à sa table, avec le Rhéteur, l'Édile, quelques sénateurs, leurs maîtresses et leurs bouffons ». Le Consul, comme on s'en doute, ne fait guère attention à ce projet et préfère reprendre sa conversation frivole sur le vin de Falerne. Mais un sénateur, « touché en secret de la lecture du mémoire », construit quelque temps après la Voie Appienne. La leçon de politique est ainsi doublement dissimulée, sous une leçon d'histoire elle-même travestie en conte, afin de susciter une généreuse émulation entre les monarques européens. Sans en avoir l'air, Voltaire leur réapprend que les Romains n'étaient pas idolâtres mais donnaient au peuple des images sensibles d'un Dieu en réalité unique, et qu'ils mêlaient à ce panthéon artistique les statues des grands hommes afin d'entretenir la mémoire des mœurs républicaines. Cette leçon qui est parfois administrée sur le mode d'un savoir historique est ainsi reprise mais sur un mode

1. *Ce qu'on ne fait pas et que l'on pourrait faire*, M, XXIII, p. 185.
2. *L'A, B, C, ou dialogues entre A, B, C*, M, XXVII, p. 322.

ironiquement conformiste qui tient compte de l'état des mœurs en France. Voltaire évite de heurter violemment l'orgueil du Roi et des magistrats en substituant le conte au style brutal de la harangue ou du catéchisme moral. Ce conte se définit comme « une semence d'abord obscure » mais qui « germera peu à peu dans la tête des grands hommes[1] ». À l'habileté du papisme et à ses ruses, Voltaire veut substituer une habileté morale qui se sert de l'émulation et de la rivalité entre les hommes pour les contenir les uns par les autres, ou pour susciter un désir de se distinguer en faveur de l'intérêt général. L'intérêt et l'amour-propre restent en effet le ressort de toutes les formes de gouvernement, au point que l'amour de la patrie, par exemple, ne peut être qu'un composé « d'amour-propre et de préjugés dont le bien de la société fait la plus grande vertu[2] ».

On peut en déduire qu'avant d'arriver à la liberté qui consiste, en toute rigueur, à « ne dépendre que des lois », il faut donc faire que « ces animaux accoutumés au joug » que sont les hommes soient menés par leurs passions mêmes au désir de se réformer et de se perfectionner[3]. Mais le poids des habitudes explique qu'il ne suffise pas d'encourager les passions, dans une perspective naïvement libérale ou libertaire : pour obtenir un travail de l'homme sur lui-même, la philosophie doit moduler les exigences de la loi naturelle en fonction des différents ordres de citoyens. C'est pourquoi chez Voltaire, il n'y a pas une mais des politiques, qui reposent sur la claire conscience que les divisions sociales coïncident avec des divisions historiques. Les différents ordres ne participent pas, du point de la vue du progrès de la raison, de la même histoire, car un paysan serf, attaché à sa glèbe, est plus étranger à un magistrat ou à un homme de lettres parisien qu'un Hottentot à un Européen.

Cependant, le souci du peuple qui est terrible quand il régi par le fanatisme et la superstition est toujours présent et primordial dans ces écrits, car la masse ignare constitue l'un des plus grands obstacles au progrès des lumières, à l'abolition des privilèges et à la constitution d'un État de droit. Dès lors, si le peuple a toujours besoin de surveillants, de guides, de grands hommes qui l'aiguillonnent et luttent contre la pesanteur de l'histoire, il ne peut s'agir ni de tyrans, ni de rois-philosophes. Seul le philosophe qui n'a aucun intérêt particulier peut réussir à convaincre et persuader l'ensemble de la nation de réformer la condition populaire. Il faut donc remplacer le pouvoir spirituel de l'Église par le pouvoir de l'intelligence, mais d'une intelligence historienne qui sait ses limites et l'impossibilité d'éradiquer les passions humaines. Lorsque le philosophe parle de

1. *Ce qu'on ne fait pas et ce que l'on pourrait faire*, M, XXIII, p. 186-187.
2. *Pensées sur le gouvernement*, M, XXIII, p. 527.
3. *Ibid.*, p. 526 et 531.

réforme, il est aisé de lui rétorquer : « Voilà un plaisant homme, de vouloir que nous soyons plus heureux que nous ne sommes, ne sait-il pas qu'un abus est toujours le patrimoine d'une bonne partie de la nation ? À cela, je n'ai rien à répondre[1] ».

La politique de Voltaire s'attache donc à mobiliser les passions dans tous les ordres sociaux au profit du peuple et de l'intérêt public : il tente de traiter le problème du passage de la populace au peuple. Cette perspective nous paraît particulièrement féconde pour comprendre la célèbre hantise du Mal dont Voltaire fait preuve depuis le tremblement de terre de Lisbonne (1755). Si notre analyse est juste, on peut en effet faire l'hypothèse que cette hantise des « révolutions » au sens de dégénérescences ne renvoie pas véritablement à une philosophie du malheur ou à une affirmation dogmatique quant au devenir fatal de toute chose, mais qu'elle constitue une arme politique précisément destinée à se servir des passions séculaires de crainte envers la décadence et le chaos, pour amener les privilégiés à se préoccuper du peuple. Les « mendiants », la « populace », le moine séditieux ou le parlementaire vénal et corrompu représentent alors autant de figures d'un mal réformable, sous peine de sombrer dans un mal incurable. En d'autres termes, le thème de la permanence du malheur est ironiquement utilisé par Voltaire parce que les « passions » et les intérêts particuliers ne sont réformables que par le souci de l'honneur ou par la crainte du pire, dont le philosophe ne cesse de brandir le spectre. Il s'agit de faire « trembler » les privilégiés pour les amener à respecter les droits du peuple ou à se soucier enfin de la chose publique. C'est ce que corroborent, à notre sens, les nombreux ouvrages dits « militants » de Voltaire.

1. *Timon*, M, XXIII, 484.

CHAPITRE III

LES ÉCRITS MILITANTS DE VOLTAIRE : DU BON USAGE DE L'HONNEUR ET DE LA CRAINTE

L'histoire est instructive pour Voltaire, en ce sens qu'elle nous apprend que la politique ne peut ressortir que d'un art ou d'une « habileté » philosophique, qui joue sur l'opinion et les passions dominantes de l'honneur et de la crainte pour tenter de les mettre au service de l'intérêt général.

C'est pourquoi, à notre sens, le militantisme de Voltaire se fonde essentiellement sur l'art de la satire. En 1739, Voltaire condamne pourtant la satire et l'oppose à la « critique permise » ou rationnelle qui s'appuie sur le progrès du savoir théorique, par exemple en physique ou en mathématique. La satire ne renvoie alors qu'à une critique passionnelle, partiale, subjective, et s'identifie aux libelles diffamatoires, voire aux calomnies dont les grands hommes ou les inventeurs font toujours l'objet. De plus, cette satire contredit une éthique de la communication qui est fondée sur la sociabilité naturelle de l'homme : Dieu, qui « a voulu que nous vécussions en société », nous a donné une « horreur invincible pour tout ce qui porte le caractère du mépris » ou du « dédain »[1]. On peut alors se demander comment Voltaire, dans son œuvre de maturité, peut avoir recours de façon privilégiée à ce type de discursion. Selon nous, la réponse se trouve dans sa théorie des passions : la satire ne peut devenir une critique philosophique et rationnelle que si l'on présuppose la possibilité d'un bon usage des passions, y compris de cette passion naturelle qui s'identifie à un sens de l'honneur, ou à un amour-propre qui est aussi un sens de la dignité personnelle. C'est sur ce désir naturel de reconnaissance et de respect de soi-même qu'une nouvelle forme de satire peut jouer dans l'espace du

1. *Mémoire sur la satire*, M, XXIII, p. 48-49.

politique, où la preuve et la démonstration didactiques ne peuvent avoir lieu, à la différence de ce qui se passe en physique ou en matière de critique historique. Sur ce point, Voltaire a sans doute retenu la leçon du Shaftesbury de l'*Essai sur l'enthousiasme*[1], auquel il emprunte la célèbre arme du ridicule en la ramenant à son sens platonicien d'après lequel le « risible » est destiné à mettre en scène les contradictions de l'opinion afin de l'amener à avouer elle-même son absurdité. Voltaire précise encore que le rire est plus efficace que la force ou la coercition, car il agit sur les passions et les mœurs, de telle sorte qu'il permet l'intériorisation de la loi rationnelle et des exigences éthiques. C'est ainsi que « le ridicule est attaché aujourd'hui à l'enthousiasme par tous les honnêtes gens, et par tous ceux qui veulent paraître tels[2] ». Le ridicule permet donc de prendre le paraître ou l'hypocrisie du civilisé à leur propre piège en les obligeant à se duper eux-mêmes. La satire permet simultanément d'expliquer le mal et de lui apporter un remède, en suscitant des passions rationnelles ou des passions extérieurement conformes à la raison.

Dans le *Traité sur la tolérance*, Voltaire met ainsi au jour les contradictions propres à une France qui prétend représenter le pays des Lumières, mais qui tolère cependant des affaires telles que l'affaire Calas. D'un côté la France est en effet dans un temps de « dégoût » et de « satiété » envers le fanatisme, ou encore dans un temps qu'on peut saisir comme « une époque et un gage de tranquillité publique », les philosophes ayant réussi à instaurer le « régime de la raison » qui « rend aimable l'obéissance aux lois, plus que la force ne les maintient[3] ». Ce progrès des mœurs qui seules peuvent soutenir les lois ne concerne cependant qu'une partie éclairée de la nation : sur le plan religieux, il reste à traiter le problème d'une populace toujours prête à se mettre au service du fanatisme et du sectarisme. Le *Traité sur la tolérance* établit en effet une opposition entre Paris et la Province, car « la raison l'emporte à Paris sur le fanatisme, quelque grand qu'il puisse être, au lieu qu'en Province, le fanatisme l'emporte toujours sur la raison[4] ». D'une façon plus générale, le tableau d'une populace rurale et fanatique est réactualisée à de nombreuses reprises par Voltaire, en particulier dans le *Cri des nations :* « la plupart des honnêtes gens sont instruits, je l'avoue; les maximes des parlements sont dans nos bouches et dans nos cœurs : mais la populace n'est-elle pas ce qu'elle était du temps de Henri III et Henri IV ? N'est-elle pas toujours gouvernée par des moines ?

1. Shaftesbury, *Characteristics*, t. I, éd. J. M. Robertson, Gloucester (Massachusetts), Peter Smith, 1963, p. 10-11.

2. *Traité sur la tolérance*, M, XXV, p. 38-39/VF, 56c, p. 156-157.

3. *Ibid.*, M, XXV, p. 37-39/VF, 56c, p. 154-157.

4. *Ibid.*, M, XXV, p. 29/VF, 56c, p. 137.

N'est-elle pas au moins trois cent fois plus nombreuse que ceux qui ont reçu une éducation honnête ? N'est-ce pas enfin une traînée de poudre à laquelle on peut mettre un jour le feu[1] ? »

L'affaire Calas ne concerne donc pas seulement le peuple toulousain, « traditionnellement emporté et superstitieux[2] », mais elle révèle une contradiction entre les mœurs des différentes classes sociales. Or, ces contradictions trahissent une situation d'inégalité et une indifférence envers le peuple, malgré le développement d'un nouveau goût philosophique opposé au sectarisme.

Pour rendre manifeste cette inconséquence qui constitue un scandale éthique et qui renvoie à l'hypocrisie du civilisé, Voltaire montre aux hommes instruits et aux pouvoirs civils qu'ils n'ont pas su empêcher ce spectacle à la fois horrible et ridicule qui a précédé le « meurtre » de Calas : « on avait élevé au-dessus d'un magnifique catafalque un squelette qu'on faisait mouvoir, et qui représentait Marc Antoine Calas, tenant d'une main une palme, et de l'autre la plume dont il devait signer l'abjuration de l'hérésie, et qui écrivait en effet l'arrêt de mort du père ». Le peuple toulousain ne pouvait donc qu'être enthousiasmé par cet appareil théâtral qui entraîna les juges à condamner un innocent, contre toute loi et toute logique[3]. Il y eut huit voix contre cinq et des arrêts contradictoires, Calas le père étant publiquement supplicié et le reste de la famille gracié, alors que du témoignage même de sa servante catholique, la famille Calas ne s'était jamais séparée lors de la soirée du prétendu assassinat. Les parlementaires toulousains ne sont pas plus épargnés que le peuple. Voltaire explique qu'il y avait parmi eux de nombreux membres de ces confréries de Pénitents, la blanche, la bleue, la noire et la grise « portant chacune un masque de drap percé de deux trous » : le parlement toulousain rappelle davantage l'Inquisition qu'une véritable cours de justice.

Les arrêts burlesques et injustes de ce parlement sont alors longuement détaillés pour rappeler à la magistrature comme au Roi leur complicité de fait avec un fanatisme qu'ils prétendent réprouver. Le ton apparemment neutre de l'historien permet alors de renouveler la feinte naïveté de Socrate pour faire avouer aux hommes instruits leur lâcheté ou leur complicité envers les abus de la religion dominante. Voltaire rapporte qu'il a fallu trois ans pour que l'alliance du Parlement de Paris, du Conseil du Roi et de l'opinion éclairée parviennent à casser l'arrêt contre Calas, car les parlementaires ne pouvaient qu'être sensibles à l'argument du parti dévot, qui disait hautement qu'il valait mieux immoler un seul protestant innocent que

1. *Cri des nations*, M, XXVII, p. 573.
2. *Traité sur la tolérance*, M, XXV, p. 20/VF, 56c, p. 131.
3. *Ibid.*, M, XXV, p. 21/VF, 56c, p. 131-132.

de souiller « l'honneur » de la magistrature[1]. L'affaire Calas révèle ainsi ce mal ou cette inconséquence que des hommes dégoûtés du sectarisme n'en continuent pas moins de partager une fausse idée de l'honneur, du fait de la ruse religieuse qui consiste à leur conférer la même infaillibilité qu'au Pape. Cette ruse féodale, qui se reproduira lors de l'affaire Dreyfus, révèle que les hommes de loi veulent être au-dessus des lois parce qu'ils pensent encore leur honneur et leur pouvoir sur un mode religieux. Mais Voltaire leur montre qu'en défendant leurs privilèges sur ce mode, ils sont amenés à maintenir le peuple dans la superstition et à détruire leur propre pouvoir législatif et civil.

Plus fondamentalement encore, l'ironie de Voltaire consiste à montrer que la France, à l'exception de l'Alsace où les différentes confessions vivent en paix[2], s'avère inférieure, du point de vue du progrès de la raison éthique, à l'Empire romain lui-même. Voltaire rappelle en effet que les Romains ne professaient pas tous les cultes, car ils ne donnaient pas à tous la sanction publique. Cependant, « ils les permirent tous » pour les affaiblir et les réduire à leurs propres particularismes[3]. Or, ce remède politique serait désormais applicable en France, où il y a des Juifs, des Luthériens, des Molinistes, des Jansénistes, auxquels il faudrait associer les Calvinistes en les incitant à revenir du Refuge, car « plus il y a de sectes, moins chacune est dangereuse; la multiplicité les affaiblit ». Le ridicule retard d'un État français qui se soumet à l'Église apparaît également à travers la comparaison avec le Japon et la Chine modernes : dans ces deux États, les Jésuites ont été bannis dès qu'ils ont fomenté des complots[4]. Enfin Voltaire estime que l'affaire Calas se ramène, historiquement, à un temps où l'État était si faible que la religion a pu « affirmer cette chose monstrueuse, qu'il est permis de déposer, de tuer les souverains qui ne penseraient pas comme l'Église dominante ». C'est ainsi que « le sang de Henri le Grand fumait encore quand le Parlement de Paris donnait un arrêt qui établissait l'indépendance de la Couronne comme une loi fondamentale ». Mais le Parlement resta impuissant : le Cardinal Dupperron, qui « devait la pourpre à Henri le Grand, s'éleva, dans les États Généraux, contre l'arrêt du parlement, et le fit supprimer[5] ».

Sous couvert d'un conformisme qui feint d'adhérer à la monarchie, voire à un despotisme éclairé, Voltaire met ainsi les pouvoirs civils devant leurs propres contradictions. La connaissance historique permet alors de

1. *Ibid.*, M, XXV, p. 25-26/VF, 56c, p. 137-138.
2. *Ibid.*, M, XXV, p. 33/VF, 56c, p. 149.
3. *Ibid.*, M, XXV, p. 43/VF, 56c, p. 162.
4. *Ibid.*, M, XXV, p. 35/VF, 56c, p. 150-151.
5. *Ibid.*, M, XXV, p. 62/VF, 56c, p. 187-188.

renouveler l'art de la satire, en faisant le tableau de notre participation simultanée à des opinions et des mœurs qui ne sont pas contemporaines les unes des autres. Les mêmes procédés ironiques permettent de mettre au jour un système de maux qui expliquent la stagnation de la France non seulement par la confusion de l'Église et de l'État, mais par la permanence de mœurs nobiliaires pour qui le travail productif reste méprisable. Voltaire souligne en effet que malgré le progrès apparent des mœurs, la France se distingue par un immobilisme qui est lié à une singerie généralisée de la noblesse, tant de la part des paysans que de la bourgeoisie éclairée.

D'un côté, il semble qu'un progrès de l'agriculture se soit produit, notamment avec la décision de Turgot d'instaurer la libre circulation des blés dans le Royaume (1774) : cette décision détruit l'ancien monopole des foires et fait enfin participer les paysans à un commerce qui permet « de se procurer son nécessaire où l'on veut et au meilleur compte [1] ». Sans adhérer à la doctrine des Physiocrates, Voltaire souligne ainsi qu'ils ont joué un rôle positif dans le développement de l'agriculture, qui devrait être honorée et devenir l'objet d'une science comme c'est le cas en Chine depuis des millénaires. Aussi loue-t-il les cérémonies du labour, menées par les empereurs chinois accompagnés des seigneurs et des mandarins, et déterminées par un « tribunal des mathématiques, ayant ordre d'examiner le jour favorable » à l'ensemencement. Il faudrait imiter la Chine où l'Empereur et les savants se soucient eux-mêmes de gérer rationnellement le travail afin « d'exciter l'émulation » de tout le peuple. Cette nouvelle conception de la fête républicaine, qui est une fête du travail, comprend des laboureurs de tous les âges qui s'entraident pour disposer la charrue, atteler les bœufs et semer le grain : l'honneur ou la dignité du travail se transmet de génération en génération. De plus, les Empereurs chinois sont censés décerner des récompenses et des dignités à « quiconque défrichera des terres incultes, depuis quinze arpents, jusqu'à quatre-vingts ». Il faut donc reprendre en Europe cette pratique qui allie la beauté des cérémonies et le sens de l'honneur au respect de l'intérêt général [2].

Cependant, Voltaire considère que la prospérité d'une nation ne peut se développer que par la participation au commerce et à l'industrie. La terre en effet n'est pas toujours fertile : dans ses nombreux mémoires sur les Pays de Gex et la Franche-Comté, Voltaire établit une opposition entre la pauvreté d'une contrée agricole et peu fertile et la richesse de la République protestante de Genève qui a su se tourner vers l'industrie, notamment avec le développement de l'horlogerie en véritables manufactures. Les Genevois

1. *Petit écrit sur l'arrêt du Conseil du 13 septembre 1774*, M, XXIX, p. 344-345.
2. *Dictionnaire philosophique*, art. « Agriculture », M, XVII, p. 86-88.

fabriquent pour plus de dix millions de montres par an, dont le produit bien économisé leur a permis de gagner des millions sur le revenu de la France. Voltaire fait appel à l'orgueil national par la construction de ce contraste entre la pauvreté de la France rurale et l'opulence de la Suisse. Il souligne que les paysans de Gex sont obligés d'acheter à Genève tout ce qui est nécessaire à leur subsistance, et cela à des prix « prohibitifs [1] ». On sait que Voltaire a lui-même participé au perfectionnement des pays de Gex et de Bresse en créant des fabriques. Comme Buffon, il se présente à la fois comme un grand propriétaire terrien de l'Ancien Régime et comme un homme des Lumières, ce qui ne peut que rassurer le pouvoir. Jean-Marie Arouet signe en effet ses requêtes « François de Voltaire, Gentilhomme ordinaire de la chambre du Roi, possesseur du petit hameau de Ferney, devenu une communauté d'artistes très utiles » : le monarque est amené à croire qu'il peut compter sur des gentilshommes éclairés pour faire le bonheur du peuple. « Le Sieur Lépine, horloger du Roi », ne vient-il pas d'établir une nouvelle fabrique à Ferney par les soins d'un Voltaire soucieux « de rivaliser avec le commerce de Genève » ?

Il faut donc enrôler le peuple dans la compétition économique entre les États européens, et cela dans l'intérêt général, plutôt que de le laisser stagner dans la misère et la guerre larvée avec l'imposition royale et ecclésiastique. Mais ce projet se heurte au poids de l'habitude qui amène les paysans enrichis à abandonner tout commerce et toute industrie au profit d'un paraître social. La France reste ainsi un pays féodal dont la richesse ne sert qu'à redorer le blason de la noblesse : les fils des riches paysans, « ayant malheureusement appris quelque latin », courent à la ville pour vendre leur domaine et acheter des charges, afin de s'allier à une noblesse qui dilapide leurs biens. Il y a alors une circulation perpétuelle de la pauvreté et de la noblesse, ou un mauvais luxe féodal qui fait stagner l'économie et empêche de fait toute ascension sociale [2]. Ce désir général d'anoblissement, dont Voltaire fait une satire féroce, ruine également l'État, qui ne cesse de vendre des charges et des titres pour faire face à ses dettes, au lieu de développer le commerce et l'industrie.

L'*Histoire du Parlement de Paris* en administre une nouvelle preuve, car la vénalité des charges de justice sert à entretenir une noblesse de robe de plus en plus nombreuse et incapable de se soucier de la misère populaire. Aussi Voltaire rappelle-t-il que les « vrais parlements » sont apparus en 1302. Il s'agissait alors des « assemblées de la Nation », mieux nommées « États généraux » : elles incluaient « les représentants de la Nation

1. *Au Roi en son Conseil*, M, XXIX, p. 307.
2. *Dictionnaire philosophique*, art. « Économie », M, XVIII, p. 456.

entière» et défendaient les intérêts publics, car on n'y avait pas encore «augmenté le nombre des nobles comme aujourd'hui[1] ». De plus, ces parlements populaires ont eu les premiers l'initiative de libérer l'État et les rois de l'influence papale, le Parlement de Paris se contentant de les soutenir prudemment. Mais il y a une contradiction entre l'intérêt public et les intérêts des parlementaires, comme le montrent les États généraux de 1614-1615 qui demandèrent l'abolition de la vénalité des charges de justice ou l'interdiction de les acheter, et de les transmettre de père en fils, moyennant le paiement de la «paulette» ou du soixantième des revenus annuels des magistrats[2]. Le Parlement s'oppose alors aux États généraux et s'y substitue durablement. C'est avec Mazarin que les charges se multiplient jusqu'au ridicule: sous son règne, la magistrature peut enfin réaliser son rêve en achetant des titres de noblesse. Il y a alors une multitude de titres inutiles, des «contrôleurs de bois de chauffage», des «jurés crieurs de vin», des «jurés vendeurs de foin», des «agents de change» et des «receveurs des finances» à ne plus savoir qu'en faire[3].

Ces mœurs sociales et économiques aussi catastrophiques que ridicules dévoilent une nouvelle inconséquence de l'État français, où il ne peut exister de véritable condition moyenne capable de faire la balance entre le peuple et les couches privilégiées. C'est pourquoi le peuple est réduit à la misère et, faute d'emploi, à la mendicité. Dans le *Fragment des instructions pour le Prince royal* de *** (1752), Voltaire rappelle alors cette infamie et ce danger que représente l'existence de quatre cent mille mendiants en Europe, c'est-à-dire d'une populace animée par l'énergie du désespoir et par la haine sociale[4].

Le risque des émeutes populaires devient ainsi le résultat d'un mal ou d'inconséquences dont Voltaire tente de suggérer la réforme : il montre leur ridicule ou fait appel à l'orgueil national c'est-à-dire à une nouvelle idée de l'honneur liée à la prospérité générale et à la compétition économique. Dans cette perspective, le mal se définit donc comme une inconséquence morale et politique qui est susceptible d'être éliminée par un meilleur usage de la passion de se distinguer: l'honneur devrait être lié, selon Voltaire, au développement du commerce et de l'industrie.

On pourrait cependant nous objecter qu'en mettant en scène le règne de la contradiction, les satires de Voltaire développent une philosophie du malheur, car les hommes s'avérent incapables d'être conséquents. Le cas de la France et de son immobilisme économique social et politique n'est en

1. *Histoire du Parlement de Paris*, M, XV, p. 453.
2. *Ibid.*, M, XVI, p. 140.
3. *Ibid.*, p. 38.
4. *Fragment des instructions pour le Prince royal* de ***, M, XXVI, p. 447.

effet qu'un exemple particulièrement représentatif d'une théorie plus générale de l'inconséquence de tout état de fait historique. L'article *Contradictions* du *Dictionnaire philosophique* tire une leçon fondamentale de l'histoire en affirmant que tous les peuples sont régis par des contradictions : leur vie politique est pleine « d'inconséquences ». C'est ce que démontre la possibilité même, pour le despotisme, de subsister malgré l'absence totale de loi. C'est ainsi qu'il existe toujours « un grand Turc » qui « fait couper toutes les têtes qui lui déplaisent et peut rarement conserver la sienne[1] ». Mais les contradictions règnent dans tous les domaines. Voltaire examine d'abord le cas de « l'empire des lettres ». Après avoir multiplié les exemples, il écrit : « Si je voulais continuer à examiner les contrariétés qu'on trouve dans l'empire des lettres, il faudrait écrire l'histoire de tous les savants et de tous les beaux-esprits ; de même que si je voulais détailler les contrariétés dans la société, il faudrait écrire l'histoire du genre humain ». Il y a donc partout des « usages en contradiction avec les lois » car « les hommes sont partout également fous ; ils ont fait des lois à mesure, comme on répare des brèches de murailles. Ici les fils aînés ont ôté tout ce qu'ils ont pu aux cadets, là les cadets partagent également. Tantôt l'Église a ordonné le duel, tantôt elle l'a anathématisé. On a excommunié tour à tour les partisans et les ennemis d'Aristote[2] ».

Cette « folie » universelle ne contredit pas, cependant, la supériorité des modèles antiques, car s'il y a dans tout pays une part de superstition et d'inconséquence, ce sont surtout les lois européennes qui sont accusées d'avoir porté la contradiction à son paroxysme : « tout a été fait, surtout dans notre Europe, comme l'habit d'Arlequin. Les hommes ont emprunté au passé « de vieux lambeaux de toutes les couleurs » et « Arlequin fut ridicule, mais il fut vêtu ». Les nations qui obéissent « au Saint-Empire romain » sont plus particulièrement déchirées par « de grandes contradictions politiques » qui « se divisent en cent mille petites contradictions » dans les usages et dans les rites. L'histoire des hommes illustres est également une histoire des contradictions : Alexandre, par exemple, est à juste titre condamné comme le meurtrier de Clitus, mais il est honoré comme le vengeur de la Grèce et le vainqueur des Perses. César est un débauché et un tyran, mais dont « l'esprit égale le courage ». Cromwell est un fourbe et un fanatique, mais « aussi profond politique que valeureux guerrier ». Il n'y a donc pas chez Voltaire de culte des grands hommes, car ces derniers n'échappent pas à la règle générale qui veut que « l'irrégularité

1. *Dictionnaire philosophique*, art. « Contradictions », M, XVIII, p. 251.
2. *Ibid.*, p. 254-256.

tienne à notre nature » et que le monde moral et politique « ne subsiste que de contradictions[1] ».

Il est donc tentant d'estimer que le militantisme de Voltaire est destiné à ôter ses illusions à la raison éthique et politique.

Cependant, s'il est vrai que Voltaire s'oppose aux illusions dogmatiques et à toute pensée par trop systématique, on peut également comprendre que les contradictions qu'il met au jour fournissent précisément le moyen pour la raison d'intervenir, car elles signifient aussi que l'instinct de justice n'est jamais aboli, sans quoi l'histoire ne serait pas contradictoire mais entièrement « diabolique ». Plus précisément, la satire voltairienne permet de distinguer plusieurs sortes d'inconséquences ou de contradictions. Les unes, comme le cercle vicieux de l'élévation et de la décadence sociale en France constituent un obstacle à la possibilité même d'un perfectionnement : cet obstacle doit être détruit et réduit au ridicule ou à l'absurde. Les autres, comme la double participation de la magistrature à des mœurs féodales et à des mœurs éclairés permettent le progrès, parce qu'elles fournissent l'occasion favorable pour le philosophe de faire appel à une réforme en jouant sur la naissance d'une nouvelle passion de l'honneur, liée à l'émergence de l'esprit philosophique et du souci des droits naturels. C'est ce que démontre, à notre sens, le verdict nuancé que Voltaire porte sur le rôle des parlements français, et en particulier du Parlement de Paris. En faisant l'histoire de ce parlement, il fait œuvre politique : il lui rappelle une grandeur passée, une tradition rationnelle ou une idée de l'honneur qui devrait l'inciter à jouer un rôle actif dans la naissance d'un véritable État de droit en France.

Voltaire souligne en effet que le Parlement de Paris a régulièrement été le gardien fidèle du sentiment patriotique, c'est-à-dire de l'indépendance des rois vis-à-vis des papes, comme le défenseur de l'Église gallicane, par opposition aux Ultramontains. C'est ainsi que les premières remontrances des parlements sont adressées à Louis XI, contre l'Église romaine qui valide alors la nomination des évêques, les mariages et les testaments, moyennant finance. La tradition rationnelle des remontrances au Roi est saluée pour maintenir le droit de « toute compagnie, tout citoyen de porter ses plaintes au Souverain par la loi naturelle qui permet de crier quand on souffre ». Le Parlement de Paris a donc aussi été le défenseur des lois naturelles et n'a pas toujours été vénal : à partir de 1771, il reprend son droit de remontrance et renoue avec cet édit de Louis XII qui veut « qu'on suive toujours la loi, malgré les ordres contraires à la loi, que l'importunité

1. *Ibid.*, p. 258-259.

pourrait arracher au Monarque[1] ». Lorsque Louis XV tente de soumettre ce corps à une police nouvelle, la plupart de ses membres démissionnent et son autorité s'accroît avec la persécution qu'il subit. L'arrêt d'interdiction des Jésuites en 1762 le rend si cher à la nation, que l'ensemble des parlements tente de se constituer en un corps un et indivisible où chaque classe, c'est-à-dire chaque parlement de province, s'octroie un droit de remontrance sur les édits royaux. Par delà le détail historique de cette guerre larvée entre le Roi et les parlements, Voltaire montre que ces conflits ont joué un rôle doublement positif. D'une part, les parlements, réunis en un corps indivisible, réinventent l'usage de ne plus rendre la justice, non plus pour répéter les absurdités de la Fronde, mais pour assurer l'indépendance du pouvoir judiciaire : ils imposent un droit de résistance. D'autre part, le chaos ainsi créé amène le Roi à vouloir se rendre plus populaire que le Parlement de Paris en s'attaquant à l'abus séculaire de la vénalité des charges : Louis XV institue de nouveaux parlements, avec l'injonction de rendre gratuitement la justice sans rien exiger des plaideurs. Même si Voltaire oppose cette « justice » de Louis XV à la « sagesse » ou à la prudence de Louis XVI qui rétablit les parlements cassés par Louis XV, afin de montrer que la justice ne peut être acceptée quand elle est maladroitement imposée d'en haut, il souligne néanmoins le rôle positif de l'opposition parlementaire qui, même vénale, reste la gardienne d'un droit de résistance à l'arbitraire et la seule à pouvoir mobiliser le peuple[2].

Nous retrouvons ainsi un thème cher à Voltaire. C'est seulement le conflit des intérêts particuliers qui peut transformer les inconséquences de l'histoire en heureuses contradictions. Encore faudrait-il régler ces conflits : c'est dans cette perspective que Voltaire feint de croire à l'alliance du peuple et du Parlement, en lui proposant une réforme de la jurisprudence. Les contradictions de la magistrature fournissent bien, alors, les conditions favorables à l'intervention des philosophes : elles leur permettent de jouer sur les passions de l'honneur, de la reconnaissance sociale ou de la popularité, pour amener la magistrature à se soucier du peuple et de l'intérêt général.

Dans son *Commentaire sur le Livre des délits et des peines de Beccaria* (1766), comme dans *Le Prix de la justice et l'humanité* (1777), Voltaire montre en effet le retard des lois sur les mœurs françaises.

C'est pourquoi l'ouvrage sur Beccaria commence par exposer « l'occasion de ce commentaire », à savoir le cas d'une fille-mère qui a recours à l'exposition. Mais l'enfant meurt, si bien que la mère est condamnée à la

1. *Ibid.*, art. « Parlement », M, XX, p. 173-174.
2. *Ibid.*, p. 175-178.

potence. La critique de Voltaire adopte alors un double point de vue : celui de la justice et de l'humanité, et celui de l'intérêt économique de la nation. L'arrêt prononcé est d'abord inhumain et inégalitaire car il condamne la femme plutôt que son séducteur. Enfin, il est pernicieux et contraire à l'intérêt économique dans une province où l'on se plaint de la dépopulation[1]. Voltaire propose alors de donner une nouvelle dimension, préventive plutôt que punitive, à la justice. La prévoyance, qui donne « des secours à quiconque serait tenté de mal faire », n'est pas seulement utile : elle permet de moduler l'universel de la loi en fonction des cas particuliers. Cette prévention, dans le cas considéré, devrait consister dans l'obligation juridique d'une réparation de la part du séducteur et dans l'organisation de maisons pour recueillir les enfants abandonnés[2]. La loi française est en effet accusée de ne fonctionner qu'en faveur des inégalités : la peine de mort est contraire à l'humanité et elle est prononcée pour un simple vol. Les magistrats obéissent donc servilement à la lettre de loi, sans consulter « l'esprit de toute loi » qui est de « n'immoler les hommes que dans une nécessité évidente[3] ». Voltaire s'oppose donc au modèle de l'Inquisition, qui domine la jurisprudence française. L'archaïsme de cette dernière est souligné par cette constatation : désormais la pitié naturelle et le progrès des mœurs inclinent les maîtres volés à se contenter de chasser leurs domestiques, ce qui accoutume ces derniers au brigandage. Les juges sont alors assimilés à des bourreaux qui se réfugient toujours derrière un légalisme selon lequel il faut obéir aux ordres du pouvoir en place, même s'ils sont injustes. Voltaire montre que désormais ce légalisme « révolte l'équité naturelle » : « les exécuteurs, les suppôts de la justice sont aussi criminels que les juges, quand ils mettent à exécution une sentence reconnue évidemment injuste et barbare au tribunal de la conscience de tous les hommes[4] ».

Dès lors, Voltaire peut faire craindre à la magistrature et ses bourreaux d'être les fauteurs de guerres sociales, afin de leur inculquer le souci d'adapter les lois au progrès des mœurs. Ce souci de l'état des mœurs réapparaît à travers la défense même de Beccaria. D'un côté, Voltaire reprend l'idée de transformer la peine de mort en travaux utiles à la société, travaux qui rendraient visible et public l'exercice impartial de la loi. S'il défend ces travaux au nom de l'égalité et de la publicité des peines qui seules peuvent instruire le peuple, Voltaire reconnaît cependant qu'il y a des mœurs qui ne regardent pas la loi, sauf à confondre la loi civile et la loi religieuse. C'est

1. *Commentaire sur le Livre des délits et des peines de Beccaria*, M, XXV, p. 539-540.
2. *Ibid.*, p. 541.
3. *Le prix de la justice et de l'humanité*, M, XXX, p. 540.
4. *Ibid.*, p. 572.

ainsi que la « sodomie » n'est punissable que lorsqu'elle équivaut à la corruption d'enfants, tandis que l'homosexualité des « hommes faits » constitue un tout autre cas : la loi devrait l'oublier et ne prévoir aucune peine, comme c'était le cas sous l'Empereur Justinien[1]. De même, les lois contre l'adultère, qui ne frappent d'ailleurs que les femmes et servent à les transformer en possessions à l'usage des hommes, sont à supprimer, car l'adultère, qui est désormais considéré par les Français comme simplement risible, devrait rester le secret des époux. Ces derniers devraient également être libres de divorcer civilement et définitivement sans être empêchés de se remarier par le droit canon, qui considère le mariage comme un sacrement indissoluble[2]. Voltaire ne prétend donc pas définir une jurisprudence immuable, mais une réforme adaptée aux mœurs françaises de son temps, les applications du droit naturel pouvant toujours être perfectionnées. Il reste en effet à chercher comment diminuer le nombre des délits en jouant sur la passion de « l'honneur » plutôt que sur la crainte : « Pesez ces maximes, *rectifiez-les*, non pour un seul coin du monde, et je ne dirais pas pour le bonheur de la Terre, mais pour l'adoucissement des fléaux dont elle a été tourmentée[3] ». Voltaire fait ainsi appel à l'honneur de la magistrature et à la passion de se distinguer en faveur de l'intérêt général. En ce sens, il y a un message optimiste dans le militantisme de Voltaire car « l'opinion gouverne le monde; mais ce sont les sages qui à la longue dirigent l'opinion », en créant une opinion publique ou un nouvel esprit philosophique[4].

L'appel à la postérité montre cependant qu'il reste conscient des limites de son militantisme politique. Si l'art politique des philosophes permet de montrer que « l'homme méchant » n'est que « celui dont les passions et les talents sont mal employés » par la société[5], il reste que le progrès des mœurs est si fragile et précaire que le retour du mal sur la Terre s'avère toujours possible : « le mal fond rapidement sur la Terre; il la désole et l'abrutit dans des multitudes de siècles; le bien arrive lentement et y séjourne peu de jours[6] ». L'Europe continentale est encore accusée de stagner sur le plan éthique, malgré la culture des « hautes sciences et des arts aimables » qui n'empêchent pas de « conserver des lois plus qu'iroquoises[7] ».

1. *Ibid.*, p. 569-570.
2. *Ibid.*, p. 564-565.
3. *Ibid.*, p. 586. C'est nous qui soulignons.
4. *Conformez-vous au temps*, M, XXV, p. 318.
5. *Dictionnaire philosophique*, art. « Méchant», M, XX, p. 50/VF, 35, p. 348.
6. *Remontrances du Pays de Gex*, M, XXX, p. 343.
7. *Le prix de la justice et de l'humanité*, M, XXX, p. 540.

Dans *Jusqu'à quel point on doit tromper le peuple*, Voltaire explique en effet que l'on continue de traiter les « neufs parts du genre humain comme des singes, car la partie trompante a accumulé le plus de visions qu'elle a pu dans la partie trompée ». Le peuple, lorsqu'il n'est pas analphabète, continue ainsi de lire des almanachs où des astrologues lui apprennent le temps marqué pour se couper les ongles, ou pour fendre du bois[1]. Mais le progrès théorique de la Nation n'empêche pas sa stagnation morale. C'est ainsi que dans le siècle des Locke, Montesquieu et Beccaria, on parle encore de magie et de sorcellerie[2] ou de crime de « lèse-majesté divine », pour justifier le supplice du Chevalier de la Barre[3]. Les finances elles-mêmes sont anarchiques : elles sont ruinées par une foule de bourgeois inutiles, qui se contentent de dépenser les revenus des charges que leurs pères ont acquises. D'une façon générale, la notion de « temps modernes » ou de meilleures lois, qui engendreraient des mœurs plus humaines, semble être récusée par Voltaire qui allègue, par exemple, qu'au XVIIe siècle Louis XIV a donné l'ordre d'embraser le Palatinat et de noyer la Hollande. Si Louis XIV, aidé de son ministre Colbert, « crée tout » en matière de labourage et de manufacture, il n'en demeure pas moins prisonnier de la conception monarchique de la gloire : ses guerres destructrices ruinent l'État[4]. On trouve donc partout « une mesure à peu près égale d'absurdités ou d'horreurs », partout une populace aveugle qui « aime à être séduite[5] », ou des habitudes « barbares » qui font office de « lois »[6]. Le supplice du Chevalier de la Barre montre qu'en France il reste, en plein XVIIIe siècle, une barbarie que rien n'a pu effacer, parce que les juges renoncent encore à leur indépendance au profit du « droit canon ». Aussi Voltaire se demande-t-il parfois si la loi naturelle et universelle n'est pas irréversiblement oubliée par des hommes qui ont contracté l'habitude de la cruauté et se « divertissent » par le spectacle des « supplices[7] ».

L'histoire continue donc à s'opposer à la raison morale, y compris dans les temps les plus éclairés, même si d'heureuses contradictions apparaissent dans les mœurs de ces périodes. C'est ce que corrobore l'idée que les innovateurs ou les Grands Hommes qui tâchent de se rendre utiles à l'humanité sont et seront toujours persécutés. Le plus grand nombre, tout comme le Parlement, reste largement l'ennemi de toute nouveauté, si bien

1. *Jusqu'à quel point on doit tromper le peuple*, M, XXIV, p. 71.
2. *Le prix de la justice et de l'humanité*, M, XXX, p. 549.
3. *Ibid.*, p. 556.
4. *Siècle de Louis XIV*, M, XIV, p. 535-536.
5. *De la Paix perpétuelle*, M, XXVIII, p. 114.
6. *Commentaire sur le Livre des délits et des peines de Beccaria*, M, XXV, p. 543.
7. *Le prix de la justice et de l'humanité*, M, XX, p. 584.

que l'inertie ou la routine régit les mœurs sans que le progrès des lois puisse changer cet état de choses. Aussi y a-t-il toujours « cent gredins, imbéciles et fanatiques pour un citoyen sage » : la méchanceté est la chose au monde la mieux partagée[1]. On peut alors se demander quel est le statut de cette méchanceté et, plus particulièrement, s'interroger sur sa cohérence avec une philosophie de l'engagement. Historiquement, nous avons vu en effet que la loi parvient au moins à contenir les ambitions quand la raison philosophique a réussi à engendrer des mœurs plus douces ou la « politesse ». Mais cette politesse semble simplement masquer ou canaliser les passions sans parvenir à les maîtriser : plus radical, en un sens, que Rousseau, Voltaire affirme qu'il n'y a pas plus de vertu dans les républiques que dans les autres formes de gouvernements. Il y a simplement de meilleures lois, qui nous protègent mieux de la méchanceté et de l'ambition d'autrui. Les limites du politique soulèvent alors le problème de savoir si la disproportion entre les progrès de la raison théorique et de la raison éthique ne constitue pas, chez Voltaire, un mal indéracinable et incurable.

1. *De la Paix perpétuelle*, M, XVIII, p. 114.

CHAPITRE IV

LE MAL ET SES REMÈDES ÉCONOMIQUES ET POLITIQUES

Apparemment, un argument de poids peut être opposé à l'idée d'un Voltaire penseur de la fatalité du mal : il s'agit de la défense de la nation anglaise, qui constitue à ses yeux le modèle le plus avancé de l'Europe.

On peut toutefois se demander quel est le sens et le statut exact de ce modèle. La tradition des commentateurs tend en effet à réduire le modèle anglais à l'apologie du luxe, du commerce, ou plus précisément aux rapports privilégiés que Voltaire entretient avec Bernard Mandeville. Ainsi que Paulette Carrive l'a déjà signalé, le séjour de Voltaire en Angleterre (1726-1728) coïncide avec les multiples débats suscités par l'auteur de la *Fable :* l'ouvrage retient suffisamment son attention pour qu'il incite Madame du Châtelet à le traduire en français en 1735. De plus, la célèbre *Défense du mondain* (1737), ainsi que le commentaire de l'*Essai politique sur le commerce* (1734) de Jean-François Melon[1] montrent l'adhésion de Voltaire à la défense mercantiliste du luxe, mais aussi son intérêt pour l'idée d'une utilité des vices privés et même des crimes[2]. Nous ajouterons que nos propres analyses du militantisme de Voltaire et de sa théorie des passions, avec l'importance qu'elle accorde à l'honneur et à la crainte, reposent le problème de savoir si Voltaire ne renoue pas avec les lucides satires de l'économie politique auxquelles se livre Mandeville. Malgré la négation du péché originel, le *Traité de métaphysique* estime en effet que « nous ne pourrons jamais parvenir à rendre notre raison souveraine de nos

1. J.-F. Melon, *Essai politique sur le commerce*, Amsterdam, 1734.

2. Sur Mandeville et ses rapports à Voltaire, nous suivons Paulette Carrive, dans *Bernard Mandeville, passions, vices, vertus*, Paris, Vrin, 1980, en particulier p. 26-27, p. 32-33 et 103-106. Pour une édition critique, voir *La fable des Abeilles* (1714), éd. P. Carrive, Paris, Vrin, 1990.

désirs[1] ». Dès lors, on peut se demander si Voltaire ne disjoint pas, comme Mandeville, la politique et la raison éthique, en rapportant la première à une raison technicienne et calculatrice qui est la seule à pouvoir gouverner les passions et la méchanceté incurable des hommes. L'opposition à Rousseau pourrait également être comprise en ce sens. Il nous faut donc examiner ce qui caractérise la pensée politique de Mandeville afin de savoir si l'on peut différencier les deux philosophes.

Selon Mandeville, un habile maniement des hommes peut en effet transformer les vices en bienfaits publiques. Les passions fournissent à la société une énergie que les philosophes, les législateurs et les moralistes ne doivent pas entraver, mais canaliser et flatter afin d'inculquer aux hommes « l'idéologie de la rationalité[2] ». En d'autres termes, il faut que les différents acteurs sociaux se dupent eux-mêmes en transformant leur orgueil en sentiment de l'honneur ou, inversement, en sentiment de honte et d'admiration pour les hommes reconnus par la société. Le lien social entre les différentes classes est alors assumé par l'aspiration de tous aux récompenses imaginaires, à la jouissance de l'honneur ou de la distinction sociale, mais aussi au luxe. Les vertus sociales résultent de cet artifice subtil qui gouverne les passions. La ruse du politique consiste, par exemple, à dissimuler que le sacrifice des plaisirs et le travail productif n'est obtenu que par l'appel à l'orgueil, « l'honneur » (*honour*) ou à ce que Rousseau appellera le « désir de se distinguer », et n'est donc pas une vertu entièrement naturelle. Pour civiliser artificiellement l'homme, il faut en effet éviter les dangers des conceptions religieuse et féodale de l'honneur, qui conduisent respectivement à l'ascétisme et à l'esprit de vengeance : il faut relier la passion de l'honneur au désir du luxe et à l'argent. Le gouvernement des passions se rattache ainsi à une économie politique érigée en idéologie. De là naît la question du luxe, que Mandeville met au centre des débats des économistes au début du XVIIIe siècle. Or, il considère que la définition du luxe est relative à celle du nécessaire : elle ressortit d'une évaluation purement subjective et historique. Aussi Mandeville se livre-t-il à l'apologie du luxe. Le luxe est avec l'orgueil un des plus grands moteurs du commerce et de la prospérité : il fait circuler l'argent dans tout le Royaume, où il stimule l'industrie et l'agriculture en multipliant les métiers et la division du travail. Les caprices mêmes de la mode féminine sont positifs, car ils entretiennent une multitude d'arts dont l'émulation entraîne toutes les classes sociales.

1. *Traité de métaphysique*, M, XXII, p. 218-219.
2. P. Carrive, *op. cit.*, p. 63-64.

Le luxe crée donc des emplois et fait échapper les pauvres à la classe dangereuse des mendiants. C'est pourquoi il assure une cohésion sociale, sans avoir pour autant une valeur éthique, mais une valeur civilisatrice qui produit la paix sociale, à condition que son développement soit partiellement réglé. Mandeville estime que la consommation somptuaire doit respecter la balance du commerce et s'opposer à la prodigalité : d'une part, le luxe doit être proportionné au revenu ; d'autre part, il ne peut être entretenu que si l'on maintient la classe des pauvres dans une misère relative qui les oblige à travailler sans relâche.

Le travail est en effet la vraie source de la richesse : il canalise l'énergie des passions et la transforme en puissance d'invention. Il faut alors accroître la division du travail afin que toutes les énergies soient employées et liguées contre l'adversité. Aussi Mandeville défend-il la manufacture moderne, car le travail morcelé et simplifié augmente la production et engendre une classe de pauvres méritants, qui sont assidus, diligents et pénétrés du sens de la hiérarchie[1]. Pour que les pauvres conservent ce sens de la hiérarchie, il faut deux conditions. Leur salaire doit être suffisamment élevé pour qu'il puissent se nourrir et échapper à la misère totale, mais il doit être suffisamment bas pour qu'ils soient obligés de dépenser au fur et à mesure tout ce qu'ils gagnent afin de pouvoir subsister. De plus, ils doivent pouvoir bénéficier d'une éducation religieuse, car la dévotion est la mère de l'obéissance. Aussi faut-il tenir les pauvres dans l'ignorance, ou plus exactement ne leur donner que les connaissances utiles à leur métier, l'ignorance étant elle-même la mère de l'obéissance[2]. Mandeville montre ainsi le cynisme des sociétés modernes et à quel prix elles assurent leur prospérité : c'est en rendant tous leurs membres complices des inégalités sociales. C'est cette complicité qui permet à chacun de faire le bien public en poursuivant son intérêt particulier : Mandeville pense une « harmonie des intérêts » qui n'est ni entièrement naturelle, ni entièrement artificielle, mais qui résulte d'un habile usage des passions et d'une division judicieuse du travail et des compétences[3].

Le même modèle de la division des compétences et de la surveillance réciproque des intérêts particuliers préside à la conception de la politique. La balance entre le pouvoir royal et les deux chambres des Communes et des Lords permet de souder la nation en un corps, afin d'éviter les inégalités trop criantes qui conduiraient à la révolte du peuple. Mandeville signale d'ailleurs que la disproportion de richesses entre les classes inférieures et les classes supérieures anglaises sont moindres qu'en France ou en

1. *Ibid.*, p. 112-113.
2. *Ibid.*, p. 114-116.
3. *Ibid.*, p. 124-126.

Allemagne. Une économie politique avisée produit donc un contrat entre le Roi et le peuple entendu au sens du reste de la nation, mais surtout entre le Roi et la partie la plus riche de la nation. L'histoire de l'Angleterre et les fluctuations du pouvoir respectif des chambres s'expliquent en effet par la répartition de la propriété. C'est ainsi que dans l'Angleterre moderne, les Lords et l'Église ont perdu leurs domaines, et que le « peuple », au sens des classes représentées par la Chambre des Communes, est en possession du trois quart des biens du pays. Cette libre rivalité et le droit à la propriété constituent le fondement même d'une constitution durable, en harmonie avec les exigences économiques de la prospérité, c'est-à-dire aussi avec le jeu des passions et des intérêts particuliers qui la soutiennent.

Sur le plan politique, Mandeville, sans être républicain, s'oppose donc aux théories du pouvoir monarchique comme aux théories de l'obéissance passive. Paulette Carrive note à cet égard l'articulation entre une pensée politique avancée et une absence de compassion à l'égard des pauvres, qui n'est d'ailleurs qu'un des aspects habituels des mentalités au début du XVIIIe siècle[1].

De notre point de vue, la question est donc de savoir si les remèdes politiques et économiques que Voltaire préconise, à travers la référence au modèle anglais, sont exactement ceux que Mandeville analyse.

Il est tentant de répondre par l'affirmative, dans la mesure où Voltaire partage avec Mandeville un certain pessimisme, qui l'amène à faire du bon usage des passions, y compris du souci de paraître, le moteur du progrès. Nul doute non plus qu'il ne soit tenté par un usage technicien et calculateur de la raison, capable d'élaborer une « idéologie de la rationalité » ou une opinion publique inconsciemment droite et éclairée.

Mais, selon nous, ce cynisme est mitigé chez Voltaire par l'idée que l'homme n'est pas « diabolique », contrairement à ce qu'affirme Mandeville, car Dieu nous a fait présent d'une loi morale inaliénable. À notre sens, le bon usage des passions a donc chez Voltaire une visée technicienne, mais qui est mise au service d'une visée éthique et humaniste : il est destiné à transformer réellement l'homme en réalisant un véritable progrès des mœurs et en le rapprochant non seulement d'une « idéologie », mais aussi de la raison naturelle qui est inscrite en chacun de nous. En d'autres termes, notre hypothèse est que le caractère ironiste et satirique de la pensée de Mandeville n'est repris par Voltaire qu'à titre de moyen, pour une prudence ou une habileté de la raison éthique qui doit s'effectuer dans l'espace politique et économique.

1. *Ibid.*, p. 114-116 et 146-147.

À lire les *Lettres anglaises*, on peut ainsi remarquer que Voltaire ne nous entretient pas, comme Mandeville, des vices cachés et utiles au progrès, mais bien de la révolution radicale que l'Angleterre a su opérer dans les mœurs. À ses yeux, l'Angleterre est en effet « la seule nation de la Terre qui soit parvenue à régler le pouvoir des rois en leur résistant » et qui ait réussi à instituer un Parlement capable de réaliser une « balance » des pouvoirs entre la Chambre des Pairs, celle des Communes et l'arbitrage royal. L'Angleterre apparaît comme supérieure à Rome même, où le peuple était regardé par le Sénat comme une « bête féroce » qu'il fallait lâcher sur ses voisins, de peur qu'elle ne dévorât ses maîtres[1]. Voltaire condamne ainsi les guerres de conquêtes, qui ne font que masquer les conflits sociaux et les inégalités. Dès lors, il distingue trois sortes de guerres dont une seule est juste. En dehors des guerres de conquêtes, qui ont toujours fini par ruiner les grandes nations commerçantes, il distingue soigneusement les « séditions » françaises et les « factions » des « révolutions » anglaises, c'est-à-dire deux types de guerres civiles. Les séditions sont au service des privilèges : elles sont ou cruelles et absurdes comme la Ligue, ou ridicules comme la Fronde, dans la mesure où elles ne produisent aucun changement dans l'état des mœurs. Elles tendent même à faire préférer la paix intérieure née de l'absolutisme de Louis XIV, de telle sorte qu'elles servent inconsciemment le despotisme éclairé. Voltaire défend au contraire les guerres civiles anglaises parce qu'elles ont eu « une liberté sage » pour objet.

On peut alors se demander si Voltaire ne s'avoue pas lui-même révolutionnaire au sens strict en défendant la positivité de ce mal qu'est la guerre pour la liberté : « c'est dans des mers de sang qu'on a noyé l'idole du pouvoir despotique », mais les Anglais ont raison d'estimer qu'ils n'ont pas « acheté trop cher leurs lois ». D'une part, en effet, les séditions permanentes des Français ont coûté autant de sang, mais en vain. D'autre part, même le régicide de Charles Ier est défendu par Voltaire, parce qu'il témoigne d'une lutte pour le droit naturel. Charles Ier fut « vaincu en bataille rangée », puis « jugé » et condamné en forme : cette condamnation est celle de l'arbitraire monarchique. Inversement, l'Europe du XVIIIe siècle, qui s'offusque de ce régicide comme nos historiens actuels de la Terreur et du régicide de Louis XVI, ne voit pas que de nombreux rois furent l'objet d'attentats ou de meurtres inspirés par le fanatisme religieux : l'Empereur Henri VII fut assassiné par son chapelain en communiant, Henri III assassiné par un moine et Henri IV par cet illuminé de Ravaillac. Voltaire invite donc les Français à « peser » et à « juger » de la différence

1. *Lettres philosophiques ou lettres sur les Anglais*, M, XXII, p. 103.

entre le régicide juste, qui est le fait du peuple, et les absurdes querelles des pouvoirs civil et ecclésiastique dans l'Europe continentale[1].

Ces considérations anti-monarchiques et anti-ecclésiastiques montrent que Voltaire retient essentiellement de Mandeville sa pensée politique et sa défense du droit à la liberté et à la propriété du peuple. Il remarque, comme Mandeville, que c'est l'accès à la propriété qui a permis aux Communes d'accroître leur pouvoir. Voltaire explique à cet égard que l'Angleterre a d'abord partagé la même histoire que la France pendant des siècles de barbarie où « les barons, les évêques, les papes » voulaient tous commander, tandis que le « peuple », c'est-à-dire « la partie la plus nombreuse, la plus utile et même la plus vertueuse des hommes, composée de ceux qui étudient les lois et les sciences, des négociants, des artisans, des laboureurs enfin » étaient regardés comme des « vilains », c'est-à-dire comme des esclaves dont le travail et le sang appartenaient à leur maître.

Selon Voltaire, le peuple est réellement « vertueux ». De plus, il tient cette vertu d'un travail à la fois intellectuel et manuel. C'est en effet ce travail, d'abord aliéné, qui a permis au peuple de se libérer des Pairs du Royaume ruinés par leurs propres folies et volontairement affaiblis par Henry VII qui permit aux vilains d'acheter leur patrimoine. La grande révolution des mœurs anglaises consiste donc à substituer la valeur du travail à de vains titres de noblesse qui n'ont plus de sens : les rois anglais décernent encore des titres pour opposer la Chambre des Lords à la Chambre des Communes, dont le pouvoir est devenu prépondérant, mais ces titres ne confèrent aucun droit à la propriété ou à l'exemption de l'impôt[2]. L'Angleterre est ainsi devenue une nation à la fois libre et prospère par l'émergence et la prédominance des conditions moyennes, qui ont redonné sa dignité au travail.

On pourrait cependant se demander si le silence de Voltaire sur les « pauvres » et son emploi récurrent du terme de « populace » ne recouvrent pas une adhésion inavouée à la doctrine de Mandeville sur la division du travail et sur la nécessité de maintenir la populace dans la soumission.

On peut apporter une réponse à ce problème en se penchant sur la pensée économique de Voltaire. Cette pensée évolue. L'apologie du luxe est bien développée dans les *Observations sur les ouvrages de Messieurs Jean Lass, Melon et Dutot* (1738), mais elle est nuancée par le souci d'une imposition juste et égalitaire. D'un côté, Voltaire reprend l'idée que le luxe n'est « qu'un mot sans idée précise » dont l'évaluation est subjective. De plus, il admet que l'accroissement du luxe produit une circulation de

1. *Ibid.*, p. 104-105.
2. *Ibid.*, p. 107-109.

l'argent et le développement des arts et de l'industrie[1]. Mais d'un autre côté, ces idées retenues de Mandeville, et propagées par Jean-François Melon, s'accompagnent d'une réflexion sur l'imposition juste et « proportionnellement répartie ». Les *Lettres anglaises* expliquent en effet que la Chambre des Communes décide de l'imposition, la Chambre des Lords n'ayant qu'un droit de veto. Aussi les impôts ont-ils cessé d'être arbitraires en Angleterre, pour devenir proportionnels aux revenus effectifs. C'est pourquoi les paysans y sont prospères et industrieux parce qu'ils ne craignent pas, par exemple, de subir de nouvelles taxes pour avoir augmenté le nombre de leurs troupeaux ou pour avoir amélioré leur habitat[2]. Une nouvelle antithèse est alors construite entre la France et l'Angleterre dans la *Lettre à l'occasion de l'impôt du vingtième* (1749), quand Voltaire explique que les Français confondent tout impôt avec un vol. S'il y a bien en France une multitude d'impôts injustes tels que la « taille » et la « capitation arbitraire », il y a cependant « des taxes » ou des impôts justes que l'on « paye à soi-même », puisqu'ils servent à contribuer « à la défense du Royaume, à la police des villes, à la sûreté des maisons et des chemins », comme à l'hygiène et à l'embellissement des cités : « un État est aussi bien gouverné que la faiblesse humaine peut le permettre, quand les tributs sont levés avec proportion [...], quand on contribue aux charges publiques, non selon sa qualité, mais selon son revenu ». Le « bon citoyen » est défini comme celui qui paye ses impôts pour encourager les « manufactures », les arts et « l'industrie[3] ».

On peut ainsi se demander si le concept de citoyenneté ou d'amour du bien public ne témoigne pas d'un souci de la « populace » qui devient de plus en plus prégnant dans l'œuvre de maturité. Le *Dialogue entre un philosophe et un contrôleur général* (1751) regrette notamment qu'en France « la populace reste toujours dans la profonde ignorance où la nécessité de gagner sa vie la condamne, et où on a longtemps cru que le bien de l'État devait la tenir[4] ». Un progrès est alors enregistré contre le préjugé véhiculé par Mandeville. Voltaire explique qu'il existe désormais un ordre moyen et éclairé quant aux questions économiques, ordre qui est capable d'instruire les grands comme la populace ignorante. Or, les nouveaux principes de cette connaissance économique continuent à faire du travail et du nombre des hommes laborieux la source de la vraie richesse. En ce sens, le propos de Voltaire ne va pas sans quelque ambiguïté. Mais le souci de faire

1. *Observations sur les ouvrages de Messieurs Jean Lass, Melon et Dutot*, M, XXII, p. 363.

2. *Lettres philosophiques ou lettres sur les Anglais*, M, XXII, 107-108.

3. *Lettre à l'occasion de l'impôt du vingtième*, M, XXIII, p. 310-311.

4. *Dialogue entre un philosophe et un contrôleur général*, M, XXIII, p. 502.

partager la prospérité réapparaît à travers la question de l'imposition. L'impôt est en effet défini comme « une certaine quantité de blé, de bestiaux, de denrées » que les possesseurs de terre doivent à ceux qui n'en ont point. L'argent n'étant plus que le signe ou la « représentation » de ces produits du travail, l'impôt ne doit peser « que sur les riches » : « vous ne pouvez pas demander aux pauvres une partie du pain qu'ils gagnent [...], ce n'est pas sur le pauvre, le manœuvre, qu'il faut imposer une taxe[1] ». On pourrait cependant penser que Voltaire renoue avec les ruses dénoncées par Mandeville lorsqu'il ajoute qu'il faut faire « espérer » aux pauvres d'être un jour assez heureux pour payer des taxes. Mais cet espoir apparaît non comme une ruse, mais comme un idéal à réaliser, quand Voltaire écrit que « le peuple le plus heureux doit être celui qui paie le plus d'impôts », car « c'est incontestablement le plus laborieux et le plus riche ». Il faut donc que le labeur et la richesse s'allient, même si Voltaire estime, comme Mandeville, qu'on a « besoin d'hommes qui n'aient que leurs bras et de la bonne volonté ». Ces hommes doivent néanmoins participer au « bonheur » général, en étant « libres de vendre leur travail à qui voudra le mieux payer » : cette liberté « leur tiendra lieu de propriété[2] ». Voltaire emprunte alors à Mandeville ce que sa pensée économique a de plus anti-inégalitaire : l'inégalité est présentée comme un mal ou un besoin nécessairement lié à la division accrue du travail, mais elle doit être minimisée autant qu'il est possible. C'est ainsi que « la cupidité et l'orgueil des nouveaux parvenus » risquent autant de nuire à l'intérêt général que l'ancienne institution de la noblesse et de ses fiefs. Aussi l'État doit-il mettre un frein à la propriété en « fixant l'étendue des terrains » qu'un particulier peut acheter. L'État doit également garantir aux non propriétaires « l'espérance certaine d'un juste salaire », car il faut que « tout prospère, depuis le sceptre, la faux et la houlette[3] ». Ce souci d'un partage aussi égalitaire que possible est corroboré par l'article *Économie*, où Voltaire tente d'apporter une solution au cercle vicieux de la décadence et de l'élévation sociale qui résulte, en France, de la singerie de la noblesse. Il trouve cette solution dans le modèle anglais d'une « économie publique ».

Par « économie publique », il faut entendre une économie soucieuse de la communauté, qui est comparée à une « grande famille » naturelle. C'est pourquoi « un État riche et bien économisé » est celui où « tout homme qui travaille est sûr d'une fortune convenable à sa condition, à commencer par le Roi, et à finir par le manœuvre[4] ». Voltaire prévoit même des palliatifs

1. *Ibid.*, p. 505.
2. *Dictionnaire philosophique*, art. « Propriété », M, XX, p. 293.
3. *Ibid.*, p. 293-294.
4. *Ibid.*, art. « Économie », p. 458.

aux maux qui sont nécessairement engendrés par la division du travail. Les hommes ayant tendance à outrer l'inégalité, il faut que la liberté politique de s'exprimer serve de remède aux déchaînements de ce que nous appellerions un « libéralisme économique » sans frein. Voltaire nous paraît en effet pressentir la naissance, sinon du capitalisme, du moins de la grande industrie manufacturière et de ses dangers, en considérant que « plus il y a d'hommes et de richesses dans un État, plus on y voit d'abus » parce qu'une grande machine comporte plus de « frottements ». Il faut alors imiter l'Angleterre, « où il est permis à tout citoyen de dire ce qu'il pense », tandis qu'en France, on répond aux protestations sur la politique économique par des lettres de cachet [1].

Si Voltaire s'inspire alors de Mandeville, c'est en repensant l'articulation entre le souci de la prospérité économique et le maintien des libertés politiques, non comme une harmonie résultant du jeu des intérêts particuliers, mais comme un conflit nécessaire ou une contradiction. L'État se doit d'instaurer un équilibre artificiel entre le « libéralisme économique » qui produit la pauvreté et l'inégalité, avec la division accrue du travail, et le « libéralisme politique », qui maintient la possibilité pour le peuple de pouvoir s'exprimer. Aussi Voltaire propose-t-il de moderniser l'ancienne pratique des remontrances au Roi. L'Angleterre fournit à nouveau le modèle de cette liberté de s'exprimer et d'imprimer ses opinions. Davantage, ce modèle montre que la liberté de penser et d'écrire ne nuit pas au lien social, mais permet de réguler les conflits engendrés par les inégalités. Il considère « que dès qu'il y a huit cent personnes à Londres qui ont le droit de parler publiquement et de soutenir les intérêts de la Nation » toute entière, « cinq ou six mille prétendent au même honneur », tandis que « le reste s'érige en juge de tous ceux-ci ». Voltaire précise que si chacun est autorisé à faire imprimer ce qu'il pense des affaires publiques, toute la nation se trouve « dans la nécessité de s'instruire [2] ». Voltaire analyse ainsi le processus de la formation d'une opinion publique qui manque à la France. Cette exigence l'amène à une rupture avec Mandeville, car c'est bien « tout citoyen » qui devrait se trouver dans la nécessité de s'instruire et dans la possibilité de s'exprimer.

Cette analyse peut être précisée et confirmée par le deuxième sens que Voltaire donne au terme « d'économique publique ». Pour que la liberté de penser et la citoyenneté active puisse s'exercer, il faut en effet que l'espace de l'économie soit public, au sens de transparent. Contrairement à Mandeville, Voltaire suppose en effet qu'aucune opération économique ne

1. *Ibid.*, p. 463.
2. *Lettres philosophiques ou lettres sur les Anglais*, M, XXII, p. 163.

reste « cachée en Angleterre » où « tout se fait en vertu d'une loi positive ». La confiance dans le remboursement des dettes de l'État est ainsi « établie sur des calculs faits par les représentants de l'État et examinés par tous les citoyens [1] ». Cet idéal de publicité ne concerne pas seulement l'impôt et les dettes publiques, dont le remboursement est garanti par une Banque d'État. Dans son *Petit écrit sur l'arrêt du Conseil du 13 septembre 1774*, Voltaire défend la décision de Turgot d'instituer la libre circulation du blé dans le Royaume. Avant cet arrêt, les « foires » ou les grands marchés de la province bénéficiaient de privilèges onéreux, en obligeant les agriculteurs les plus misérables à payer l'acheminement de leur blé dans les grandes villes et à s'acquitter d'un droit de hallage. Mais Voltaire voit les dangers de ce nouveau libéralisme : il risque d'engendrer des associations de « monopoleurs » qui réaliseraient « un vol public » en faisant monter le prix du blé [2]. Voltaire défend néanmoins la liberté du commerce en expliquant qu'elle produit nécessairement de nouveaux maux, et qu'il serait aussi vain de la refuser que d'interdire aux Parisiens d'aller au spectacle parce qu'ils risquent d'être volés dans la foule. Mais dans ses considérations juridiques, il revient sur ce problème, en estimant qu'une nouvelle juridiction publique devrait s'instaurer afin d'examiner les abus liés à la liberté du commerce, qu'il s'agisse des « banqueroutes frauduleuses » ou des associations de « monopoleurs » : un tribunal « d'experts » ou une juridiction de magistrats-marchands devrait ainsi se situer au-dessus des intérêts particuliers et rendre publiques les lois d'une nouvelle justice économique [3]. Voltaire ne cesse en effet de défendre l'indépendance de la justice et sa publicité. Le secret est condamné dans tous les domaines, tant juridique qu'économique. À cet égard les célèbres interventions de Voltaire dans les procès retentissants de son temps témoignent, à notre sens, de sa volonté de former une opinion publique en alertant tous les citoyens sur telle ou telle cause, parce que la contradiction des opinions permet de former le jugement. C'est également dans cette perspective que Voltaire examine, dans *Le prix de la justice et de l'humanité*, cinq questions fondamentales.

La première est de savoir si tout témoin doit être entendu, quelle que soit sa condition sociale. La réponse est positive, car tout homme peut et doit témoigner, ce qui est un droit et un devoir civils, même si les témoignages doivent être pesés par les juges. La deuxième est le secret de la procédure. Voltaire condamne ce secret, qui apparente la jurisprudence à l'Inquisition. La justice doit donc être publique, car seule cette publicité peut empêcher les témoignages de se réduire à la délation. La troisième, qui concerne la

1. *Dictionnaire philosophique*, art. « Économie », M, XVIII, p. 460.
2. *Petit écrit sur l'arrêt du Conseil du 13 septembre 1774*, M, XXIX, p. 334-346.
3. *Dictionnaire philosophique*, art. « Banqueroute », M, XVII, p. 537-538.

procédure, amène Voltaire à exiger que tout accusé ait un avocat, comme en Angleterre. Il s'agit là d'un « privilège en faveur de l'Univers entier [1] ». La gratuité de la justice, sa procédure publique et réglée permettraient ainsi de rendre la loi respectable aux yeux mêmes du peuple. En quatrième lieu, Voltaire estime que l'incarcération ne doit pas se faire arbitrairement et dans ces cloaques d'infection que sont les geôles d'Europe. Il faudrait donc suivre la loi uniforme et publique des Anglais qui veut qu'en cas d'erreur judiciaire, l'incarcération des prévenus soit indemnisée par le ministère, et cela à raison de deux guinées par heure d'emprisonnement [2]. Enfin, il serait bon de supprimer et les supplices et la confiscation des biens pour les condamnés à mort. D'une façon plus générale, le secret des procès doit être remplacé par une instruction qui tâche d'intéresser l'opinion publique : faute de preuve, tel que le « flagrant délit » qui lui-même ne prouve pas le crime, car « toute action peut avoir diverses faces », il ne s'agit ni de s'en remettre à la conscience du juge, ni aux arguties de la chicane, ni à la simple rumeur, mais à des probabilités qui malheureusement ne souffrent pas la rigueur du calcul [3]. Cependant, ces probabilités seront d'autant plus proches de la certitude que l'opinion publique pourra s'instruire des arguments des différentes parties et se former elle-même à la jurisprudence. À notre sens, cette intervention de l'opinion publique ne consiste pas à s'en remettre à la *vox populi* et à la majorité des avis, mais elle est destinée à faire jouer le temps, c'est-à-dire l'apaisement des passions, en faveur des accusés : l'opinion publique et ses débats incite précisément à s'affranchir de la précipitation des opinions particulières et du désir, de la part des juges, de satisfaire les prises de parti aveugles de tel ou tel ordre de citoyens. La publicité du droit peut ainsi autoriser la constitution d'une culture citoyenne qui oblige chacun à se situer du point de vue de l'intérêt général, car si une justice inégalitaire laisse condamner à mort une servante pour le vol de dix huit serviettes, la populace répond en prenant systématiquement parti contre les nobles et les propriétaires. Il faut éviter ce cercle de la haine sociale par un code uniforme qui permette à chaque citoyen de s'instruire des lois et de la jurisprudence. En intervenant sur les procès retentissants de son temps, Voltaire tente donc bien de former une opinion

1. *Le prix de la justice et de l'humanité*, M, XXX, p. 579-581.

2. *Ibid.*, p 583.

3. *Ibid.*, p. 576. Voltaire nuance donc, par le modèle anglais de l'équité, ce qu'il peut y avoir de rigidement déductif et de formaliste, dans la conception de C. Beccaria, qui compare le raisonnement du juge à un syllogisme rigoureux, dont la prémisse est définie par la loi générale, la mineure par la conformité ou la non conformité de l'action à la loi, d'où découle une conclusion qui est l'acquittement ou la punition. Voir C. Beccaria, *On Crime and Punishment* (1764), trad. H. Paolucci, New York, 1963, p. 15.

publique qui pourrait être le vivier d'une Chambre des Communes à l'anglaise, libérée des coutumes et des particularismes[1].

D'une façon générale la liberté de s'exprimer et d'intervenir dans les affaires publiques, aussi bien économiques que juridiques, est destinée à créer une « balance » entre le libéralisme économique et le libéralisme politique. Voltaire tente de remplacer les contradictions inhérentes à tout gouvernement par des conflits réglés, c'est-à-dire par des lois positives et clairement énoncées. On pourrait multiplier les exemples de cette exigence permanente de transparence, notamment quand Voltaire suggère au Roi de France d'affranchir les paysans du Pays de Gex de leur servage. Après avoir expliqué les nombreuses servitudes qui pèsent sur ces paysans, à qui l'on devrait restituer le droit à la liberté et à la propriété, Voltaire estime que l'édit de ces nouveaux droits est « à faire registrer, publier, observer, nonobstant tout arrêts, jugements, coutumes, ordonnances, actes, traités ou transactions ». La déclaration publique et solennelle de la loi qui crée un espace de transparence est alors opposée aux « secrets » et aux « fraudes », tant économiques que juridiques[2].

Selon Voltaire, il y a donc une coexistence possible des inégalités économiques et d'une égalité politique qui permet d'exercer une surveillance sur les premières. C'est pourquoi le philosophe utilise la peur des émeutes et des révoltes du peuple, pour que le droit naturel à s'exprimer soit de plus en plus reconnu par les mœurs européennes.

Il reste que Voltaire pense ainsi les limites de l'économique et du politique, dont l'équilibre n'est jamais parfaitement réalisé. On est par conséquent tenté de dire qu'il y a un renouvellement incessant du mal sur la Terre, renouvellement qui est engendré par le progrès lui-même. Plus précisément, on peut se demander si l'inégalité liée à la division du travail est véritablement un progrès sur la servitude des temps féodaux et si Voltaire ne reconnaît pas implicitement que le philosophe ne peut apporter que des remèdes imparfaits à un état social et économique qui comporte toujours des contradictions.

Dès lors, une autre question se pose quant aux rapports entre Voltaire et Mandeville. Rappelons que ce dernier juxtapose à sa pensée économique et politique une éthique religieuse qui est si rigoureuse qu'elle est peut-être « sans espérance[3] ». Cette religion, qui reprend les vertus du Christ, tels que la pauvreté ou le renoncement au monde, est toute intérieure : elle accentue la vision pessimiste de l'homme, dont le salut ne saurait passer par le

1. *Le prix de la justice et de l'humanité*, M, XXX, p. 541-542.

2. *Extrait du mémoire pour l'entière abolition de la servitude en France*, M, XXIX, p. 405-406.

3. P. Carrive, *op. cit.*, p. 191.

politique, mais par une religion spirituelle, fondée sur une pureté de l'intention dont les hommes semblent incapables de faire preuve dans l'espace du politique. Il y a alors un double dit de Mandeville sur la religion et la morale, soit qu'on les considère du point de vue de l'homme privé, soit qu'on les considère du point de vue de l'homme public. Dans le domaine public, Mandeville laisse place à une religion raisonnable, proche du déisme et qui encourage la liberté de pensée, de telle sorte que le législateur peut se servir de cette religion contre le fanatisme, ou encore pour maintenir le peuple dans le respect de la hiérarchie.

Voltaire ne saurait adhérer à cette antithèse entre la religion privée et la religion publique dans la mesure où elle produit une misanthropie et une dénonciation du caractère diabolique de l'homme qu'il n'a cessé de combattre, malgré ses propres tendances pessimistes. Cependant, on l'a souvent accusé lui-même de tenir deux discours sur la religion avec l'idée que les croyances religieuses ont un but utilitaire : elles doivent servir à contenir la populace et elles semblent destinées à lui faire accepter les inégalités sociales produites par le progrès des sociétés industrielles. C'est donc cette question du discours religieux de Voltaire qu'il faut maintenant examiner, en se demandant s'il reproduit l'utilitarisme de Mandeville ou s'il ne le transpose pas, une fois de plus, dans un sens humaniste. La question est légitime, car Voltaire ne se pose pas seulement en politique le problème de l'inégalité, mais un nouveau problème qui tend à mettre en cause le seul souci de la prospérité nationale : il s'agit du cosmopolitisme et de la question de la grande république européenne, dont il faut assurer la stabilité. Le *Siècle de Louis XIV* enregistre en effet la formation de cette grande république européenne partagée entre plusieurs États, monarchistes, aristocratiques, mixtes ou populaires, qui ont réussi à instaurer une « balance » à peu près égale des pouvoirs, une communauté de droit public, voire une paix religieuse[1]. Mais les *Fragments des instructions pour le Prince de* *** (1757) reviennent sur ce verdict optimiste en estimant que les Européens n'ont pas pu réinstaurer le droit des gens de l'Antiquité, c'est-à-dire la tolérance religieuse. Si la « politique a su établir une balance entre les puissances de l'Europe », elle n'a pas su le faire pour les opinions et les sectes religieuses, tant à l'intérieur des États qu'entre les différents États[2]. Il manque donc au relatif équilibre économique et politique de l'Europe un fondement éthique. C'est pourquoi, dès 1750, Voltaire estime que les peuples et les rois ont le même intérêt à réformer la religion, en saisissant ce moment opportun où Rome n'est plus qu'un

1. *Siècle de Louis XIV*, M, XIV, p. 459-460.
2. *Fragments des instructions pour le Prince de* ***, M, XXVI, p. 444.

« monument gothique » prêt à être détruit[1]. Les nombreuses réformes religieuses que Voltaire préconise, telles que la suppression des couvents, l'imposition du clergé et l'obligation de travailler pour tous peuvent alors apparaître comme symptomatiques de l'importance qu'il accorde à la religion naturelle. En d'autres termes, il nous faut examiner si la religion dite « populaire » ou publique de Voltaire ne constitue pas le vrai remède au mal en fournissant une assise éthique à chaque État, comme à l'ensemble des États européens. Il s'agit donc de savoir si cette religion n'est pas destinée à rappeler les principes de l'humanité, qui transcendent les classes comme les nations, et si elle peut surmonter les limites du politique en assurant l'accord entre la morale publique et la morale privée, c'est-à-dire entre le paraître et l'être, les lois et les mœurs.

1. *La voix du sage et du peuple*, M, XXIII, p. 467-468.

CHAPITRE V

LE MAL RADICAL ET LE PROBLÈME RELIGIEUX

Le rejet par Voltaire de l'opposition établie par Mandeville entre la morale privée et la morale publique apparaît à travers sa redéfinition de la vertu, redéfinition qui délivre du rigorisme et du désespoir qui lui est attaché. La vertu est en effet conçue par Voltaire comme une bienfaisance qui s'exerce entièrement et uniquement dans la société. L'intériorité morale, et par exemple le fait qu'un solitaire soit un ascète ou un intempérant, est en soi moralement indifférent. La vertu réside toute entière dans le « commerce de bienfaits » entre les hommes. C'est pourquoi, en toute rigueur, l'adjectif « vertueux » ne s'applique ni à un caractère, ni à une pure intention, mais seulement à une action ou un travail dont le motif nous met en relation avec autrui. En ce sens, Néron lui-même a pu être dit à juste titre « vertueux », lorsqu'il a accompli de bonnes réformes [1].

À travers l'exemple de Néron, nous retrouvons cependant l'idée que les hommes restent moralement inconséquents, c'est-à-dire incapables de dépasser le conflit de la loi morale et de leurs intérêts particuliers. Dès lors, on peut comprendre que Voltaire mette souvent l'accent, comme Mandeville, sur la persistance du mal politique et économique. Il fait notamment remarquer que les temps heureux du XVIIIe siècle, où chacun commence à prendre conscience de la nécessité de créer une économie publique et une justice équitable, risquent de n'être qu'une parenthèse éphémère de l'histoire. C'est ainsi qu'en Europe, « il n'y a pas une province où il ne se trouve quelque sage qui travaille à rendre les hommes moins méchants et moins malheureux. Partout de nouveaux établissements pour encourager le travail, et par conséquent la vertu; partout la raison fait des

1. *Dictionnaire philosophique*, art. « Vertu », M, XX, p. 573-574/VF, 36, p. 582-583.

progrès [...]. Profitez de ces moments; peut-être, ils seront courts[1] ». La décadence ou le devenir malheureux restent donc un possibilité, sans qu'on puisse prévoir le devenir. Cette affirmation relance le problème du mal et de la dégénérescence : elle semble redonner un sens définitif aux textes métaphysiques qui concluent au caractère insoluble de ce problème.

On peut cependant tenter d'articuler la pensée économique et politique de Voltaire à cette métaphysique en examinant un thème de son œuvre de maturité. Le *Dictionnaire philosophique* comprend d'abord un article *Tyrannie*, qui tend à réécrire le célèbre *Discours de la servitude volontaire* de La Boétie[2] en reprenant l'idée que la tyrannie se soutient d'elle-même et constitue peut-être un lien social indissoluble, du fait de la multitude des tyranneaux qu'elle produit : « Si un tyran me fait une injustice, je peux le désarmer par sa maîtresse, par son page, ou par son confesseur, mais une compagnie de tyrans est inaccessible à toutes les séductions ». Cette multiplication des tyrans pèse en particulier sur le peuple et sur les agriculteurs : « Si j'ai une métairie dans le voisinage de l'un de nos seigneurs, je suis écrasé; si je plaide contre l'un des parents de l'un de nos seigneurs, je suis ruiné. Comment faire ? J'ai peur que dans ce monde, on ne soit réduit à être enclume ou marteau; heureux celui qui échappe à cette alternative[3] ». Cette reconnaissance de situations incurables, où l'expérience d'un travail libre ne peut naître, pose la question plus générale de la responsabilité et de la destinée humaines, car les « neuf parts » de l'humanité semblent devoir être condamnées à être « enclumes » et à subir le marteau des potentats sans accéder à la responsabilité. Il s'agit alors de savoir si Voltaire ne revient pas à un fatalisme, en ce sens qu'il reconnaît que Dieu laisse s'accomplir dans l'histoire tout le tragique d'une inégalité si radicale qu'elle produit la perte de la responsabilité et de la liberté pour les trois-quarts du genre humain.

Nous sommes ainsi et logiquement renvoyés, dans le *Dictionnaire philosophique*, aux nombreux « pourquoi » qui restent sans réponse. Dans l'examen de ces pourquoi, Voltaire distingue le mal moral qui s'explique par la responsabilité humaine, par la sottise et les passions mal employées. De ce point de vue, on fait bien de se demander « pourquoi l'on ne fait presque jamais la dixième partie du bien qu'on pourrait faire ». C'est là l'occasion de rappeler les thèmes centraux d'une politique qui critique la vénalité des offices, l'absence de liberté et l'injustice qu'il y a à spolier le peuple de son travail par des impôts arbitraires[4].

1. *Le prix de la justice et de l'humanité*, M, XXX, p. 586.

2. Voir *Discours de la servitude volontaire*, Paris, Garnier-Flammarion, 1983, en particulier p. 162-163.

3. *Dictionnaire philosophique*, art. « Tyrannie », M, XX, 544-545/VF, 36, p. 579-580.

4. *Ibid.*, art. « Pourquoi (Les) », M, XX, p. 258-259.

Mais il existe un mal plus profond et pour ainsi dire existentiel qui va jusqu'à mettre en cause l'idée d'un Dieu bon. L'homme est en effet si misérable que la mort n'est pas un grand mal. C'est pourquoi il est légitime de reformuler la question de Leibniz : « Pourquoi existons-nous, pourquoi y a-t-il quelque chose plutôt que rien[1] ? ». La question reste insoluble, car nous ne pouvons même pas affirmer que l'Esprit qui agite la masse corporelle est tout puissant puisque nous n'avons aucune notion de l'infini. Si nous ne connaissons Dieu que par ses effets, nous ne pouvons ni l'accuser du mal, ni exiger, par exemple, que notre vie soit plus longue, car nous ne savons pas si Dieu peut accroître cette longévité. La résistance de la matière à la causalité divine est alors rappelée, de telle sorte qu'il redevient possible que le Grand Être n'ait pu éviter que notre globe ne soit « qu'un vaste champ de destructions et de carnages[2] ». Aucune consolation à ce théâtre du mal moral et physique n'est apportée par les sectes philosophiques, qu'il s'agisse des optimistes ou au contraire des Manichéens. Que Dieu soit tout puissant ou non ne doit donc pas nous « importer » : il faut faire preuve « d'indifférence » quant à une question insoluble, car si nous sentons que nous sommes sous la main d'un Être divin, nous ne devons pas moins nous tourner exclusivement vers ce qui dépend de nous. Voltaire se défend alors « de rabaisser Dieu » en disant qu'il n'a pas pu former l'homme en le délivrant de ces passions qui le conduisent simultanément au perfectionnement et à la fureur de dominer autrui. Dieu, en effet, a agi pour le mieux : Leibniz a raison sur ce point, mais il reste vain d'expliquer le calcul divin des compossibles. Si Dieu a produit cet Univers, « c'est qu'il n'a pu faire mieux » ; par conséquent il faut reconnaître que tout est simplement « le moins mal qu'il est possible », même si cette optimisation divine n'empêche pas la mort des enfants, la peste, la famine et l'Inquisition. La seule solution qui invalide nos « pourquoi » consiste donc à considérer que « tout a été nécessaire[3] ».

Si Voltaire croit encore en Dieu, on ne peut comprendre cette déclaration que comme l'adhésion à un théisme volontairement anthropomorphique, qui se justifie d'abord par l'échec de toutes les autres solutions métaphysiques. Dans cette perspective, il faut considérer que la lutte des grandes théologies du XVIIe siècle contre l'anthropomorphisme a été catastrophique, car elle a remplacé la bonté de Dieu par la nécessité physique, aboutissant au même fatalisme que les athées. La théologie s'est donc auto-détruite par un excès de confiance en la raison : l'anthropomorphisme ne doit pas être dépassé parce qu'il maintient la distinction et

1. *Ibid.*, p. 263-264.
2. *Ibid.*, art. « Puissance, Toute-Puissance », M, XX, p. 296-297.
3. *Ibid.*, p. 298-299.

l'opposition entre la bonté divine d'une part, la nécessité matérielle d'autre part. Voltaire défend ainsi une conception humaniste de Dieu qui nous prescrit de l'imiter, c'est-à-dire d'aller jusqu'au bout de nos facultés de perfectionnement, tout en sachant que nous ne vaincrons jamais le désordre. Dieu apparaît comme l'analogue des vrais conquérants, qui sont des législateurs, mais qui sont obligés de s'adapter à la double nécessité de la finitude humaine et de l'état des mœurs. Dans cette perspective, il suffit que Dieu soit supérieur à l'homme et bon, pour fonder la loi morale.

Il est alors légitime de se demander si Voltaire n'a pas véritablement abandonné la croyance en Dieu, dans la mesure où il se borne à nous dire que s'il y a un Dieu, il ne peut qu'être bon et qu'il a tenté d'éviter le mal, autant qu'il était en son pouvoir. D'un côté, cette affirmation libère bien la philosophie de l'histoire d'un fatalisme théologique car aucune prévision divine ne peut plus programmer les révolutions ou les régressions à venir. D'un autre côté, la permanence du mal ne peut plus s'accorder qu'avec une finalité morale qui consiste, pour l'homme, à construire son histoire de façon indéfinie, en imitant un Dieu qui est lui-même en lutte perpétuelle contre le désordre. Dieu se contente ainsi de fonder la nécessité morale d'un effort permanent, ce qui pourrait bien constituer, aux yeux de Voltaire, la seule façon d'invalider le problème du mal : il y a une finitude généralisée de tout être, divin et *a fortiori* humain.

Voltaire se trouve ainsi très proche du projet matérialiste de recentrer l'existence humaine sur elle-même. S'il prétend refuser l'athéisme, c'est surtout à cause de ses dangers moraux et politiques et parce qu'il risque d'entretenir les débats de la théologie : Voltaire ne voit pas de différence entre l'athéisme pur et simple et un matérialisme athée qui refonde les valeurs sur la vie et sur le devenir ascendant de l'humanité, bien qu'il partage les mêmes valeurs. À ses yeux, ces valeurs deviennent plus persuasives et historiquement plus opportunes si on les fonde sur un principe divin plutôt que sur un matérialisme que le peuple n'est pas prêt à accepter, à moins de sombrer dans l'anarchie et le désespoir. En un sens, le lien social a toujours besoin d'un théisme moral, surtout à une époque où l'on sort à peine de la superstition, mais aussi pour une autre raison qui tient à la sociabilité naturelle de l'homme. On ne peut en effet consoler un être social de sa finitude, du mal et de l'inégalité, par la rupture du rapport à Dieu et donc du lien de fraternité entre les hommes. C'est trop demander aux hommes que de se concevoir seuls et sans soutien. Aussi l'athée devient-il nécessairement méchant et paresseux parce qu'il reste un homme solitaire et sans espoir. La sagesse épicurienne, qui prétend nous délivrer de tout espoir et de toute crainte, reproduit de fait un ascétisme outrancier qui « écrase » la nature humaine. Il y a là une rencontre entre Voltaire et le

Shaftesbury de l'*Essai sur le mérite et la vertu*, où le philosophe anglais accuse l'athéisme de produire le « ressentiment » envers la vie, mais aussi l'aigreur, la mélancolie et toutes les maladies existentielles, car l'athée ne peut s'empêcher de se déchaîner contre le désordre ou de crier contre les pierres, même s'il prétend savoir qu'elles sont sourdes, aveugles et muettes[1]. Le Dieu de Voltaire nous console au contraire des maux physiques, sociaux et économiques, par cette extraordinaire idée d'une finitude divine qui permet de maintenir un lien entre les hommes et Dieu en fournissant à l'homme un modèle moral accessible, bien différent de l'idéal ascétique de Mandeville[2]. Dieu est l'Esprit qui agite la masse matérielle sans parvenir à la spiritualiser, comme Voltaire aime à le répéter. Ce Dieu est donc essentiellement actif et fonde la valeur du travail humain. La distance infinie de Dieu aux hommes n'en est pas moins réaffirmée, car elle est destinée à susciter l'émulation entre l'homme et Dieu. Parce que nous ne pourrons jamais égaler la puissance divine, même limitée, cette puissance supérieure suscite une généreuse émulation entre les individus et les différentes classes mais aussi les différents peuples. Ce Dieu a encore l'avantage de substituer, au mythe du peuple élu, l'idée d'un éternel géomètre et artisan qui nous incline à nous liguer avec lui contre le désordre.

La « solution » que Voltaire apporte au problème du mal est alors métaphysiquement très onéreuse. Elle oblige à soumettre l'idée de Dieu et les croyances déistes à une valeur qui tend à les supplanter, à savoir la valeur du travail, de la lutte contre l'injustice, qui assure la transcendance historique de l'humanité. Voltaire en arrive ainsi à concevoir que notre pensée de Dieu progresse, au sens où l'idée de Dieu est l'expression de notre propre perfectionnement historique. Pour vérifier cette hypothèse, il faudrait examiner en détail la critique biblique à laquelle Voltaire n'a cessé de se livrer, ce qui nécessiterait un ouvrage supplémentaire. On peut toutefois distinguer Dieu lui-même, qui reste à une distance infinie et

1. Pour de plus amples développements sur ce thème, voir notre article « De Shaftesbury à Diderot : contribution à l'histoire du ressentiment », *Actes du Colloque Shaftesbury, philosophie et politique* (Nantes-1996), Champion, 2000, p. 227-256.

2. L'idée que Dieu n'est peut-être pas tout-puissant est déjà présente dans le *Traité de métaphysique*, (1734). Voltaire semble d'abord la réduire à un simple moment du raisonnement : il suffit, en un sens, de poser une cause « plus puissante que moi » pour invalider le problème du mal, et faire pencher la balance sceptique des raisons en faveur de l'existence de Dieu (M, XXII, p. 194/VF, 14, p. 426-427). L'exigence de ne pas régresser à l'infini dans la recherche des causes conduit cependant à poser l'existence d'un être éternel, qui est « tout-puissant » (M, XXII, p. 194-195/VF, 14, p. 428). Mais le doute se réinstalle, quand Voltaire tente d'invalider le problème du mal moral, en alléguant l'incapacité humaine à concevoir « l'idée de perfection », ou à « savoir si on pouvait mieux faire » que Dieu ne l'a fait. Il assume alors les « difficultés » du théisme, par opposition à « l'absurdité » de l'athéisme (M, XXII, p. 200-201/VF, 14, p. 436-437).

demeure incompréhensible pour les hommes, et notre idée de Dieu telle qu'elle s'explicite à travers l'histoire et l'esprit d'un temps, car cette distinction nous paraît confirmée par l'importance accordée à Job dans l'Ancien Testament[1]. Si notre analyse est juste, on peut en effet comprendre la figure de « Job, mon ami », non pas comme l'emblème d'une condition humaine nécessairement malheureuse, mais comme le symptôme d'un progrès des mœurs tel que le malheur et l'inégalité incitent à poser à Dieu la question du mal et à revendiquer l'alliance du bonheur et du travail[2]. Job devient l'ancêtre symbolique des théistes. C'est pourquoi Voltaire souligne que Job n'est pas un de ces privilégiés qui oublient Dieu et les hommes : il est représentatif de l'homme du XVIIIe siècle, conscient que l'on ne peut connaître un Dieu qui reste à une distance infinie, mais qui ne peut s'empêcher, du fait du perfectionnement des mœurs, de lui poser la question du mal et de la misère sociale, dans un esprit républicain[3]. Il est cependant difficile d'apprécier le statut exact que Voltaire accorde à ce Dieu volontairement conçu à l'image de l'homme et qui permet de perfectionner la prudence polythéiste des Romains en donnant une image sensible de l'Être Suprême. S'il croit encore en Dieu, Voltaire ne peut qu'adhérer à un Dieu lointain et inconnaissable, ainsi qu'en témoignent la récurrence du thème de l'émanation et le refus permanent de penser cette émanation en terme de continuité.

L'idée de Dieu pourrait alors, en restant distinguée de Dieu lui-même, constituer une arme politique fondamentale qui appartient désormais à la nouvelle étude historique des mœurs : cette idée est soumise à une science politico-historique qui comprend une histoire comparée et raisonnée des différentes religions. L'histoire détruit notamment le préjugé selon lequel seul le christianisme serait un monothéisme. Toute société éclairée n'a cru qu'en un seul Dieu rémunérateur et vengeur, si bien qu'elle a assimilé les autres dieux des nations étrangères ou conquises à une image sensible de ce Dieu unique. Pour réaliser un lien social d'esprit également républicain, ce Dieu est nécessaire car les lois ne punissent que l'extérieur des actes, tandis que l'idée d'un Être rémunérateur et vengeur peut agir dans le secret du cœur humain de façon à accorder les mœurs et les lois, l'homme privé et l'homme public[4]. Le progrès de la politique, possible au XVIIIe siècle, et en

1. Sur l'importance que Voltaire accorde à la figure de Job, voir Stanislas Baczko, *Job, mon ami*, Paris, Gallimard, 1997, en particulier p. 87-89, où Job représenterait la figure d'un mal indéracinable, malgré l'espoir dans le progrès humain.

2. Dans ses premières *Remarques sur les Pensées de Pascal* (1728), Voltaire oppose à la critique pascalienne du divertissement et de la prévoyance, un Job qui « a bien dit que l'homme est né pour le travail comme l'oiseau pour voler » (M, XXII, p. 42).

3. *Dictionnaire philosophique*, art. « Job », M, XIX, p. 504/VF, 36, p. 245-246.

4. *Traité sur la tolérance*, M, XXVI, p. 100/VF, 56c, p. 242.

particulier l'effort pour stabiliser le système européen, trouverait donc son aboutissement dans cette idée de Dieu, dont l'élaboration dépend de nous et qui peut servir de frein à la dégradation des mœurs. Le philosophe-historien extrait des mœurs les plus avancées une idée de Dieu afin de les fixer et de nous faire prendre conscience de leur perfectionnement. À travers cette idée, il fournit une sorte de miroir moral à l'humanité, qui doit alors se réfléchir en Dieu.

L'affirmation que le droit des gens de l'Antiquité a commencé par l'hospitalité divine est fondamentale pour corroborer ce propos. Si Voltaire insiste sur ce thème, c'est que l'Europe doit perfectionner ce modèle, ce qui signifie, par exemple, qu'il faut militer pour la réintroduction d'un protestantisme rationnel en France, car ce protestantisme a la vertu d'agir sur les mœurs en produisant des « peuples industrieux » qui mettent l'accent sur les œuvres et non sur la foi. C'est ce que démontre encore l'examen de la « religion de la Chine » qui est le seul État qui n'ait jamais été soumis au sacerdoce et à la théocratie [1]. La religion chinoise est en effet le produit, non pas de prophètes ou de visionnaires prétendument inspirés, mais du rationalisme éthique des sages et des lettrés tels que Confucius : cette religion se réduit à un théisme moral. Voltaire souligne à cet égard la supériorité de la civilisation chinoise sur celle des peuples européens, qui n'ont su cultiver que les lumières théoriques : « Il (Confucius) recommande le pardon des injures, le souvenir des bienfaits, l'amitié, l'humilité. Ses disciples étaient un peuple de frères. Le temps le plus heureux et le plus respectable qui ne fut jamais sur la Terre, fut celui où on suivit ses lois [2] ». Plus remarquable encore pour notre propos, Voltaire explique pourquoi les Chinois n'ont pas cru à l'immortalité de l'âme ou à des « peines et des récompenses après la mort ». Cette religion de sages, qui n'admet que l'existence d'un Dieu bon, est justifiée non seulement par le caractère indécidable de ce que nous « ne pouvons savoir », mais surtout par le souci d'une police exacte des mœurs : « Ils se contentèrent d'exhorter les hommes à révérer le ciel et à être justes. Ils crurent qu'une police exacte, toujours exercée, ferait plus d'effet que des opinions qui peuvent être combattues ; et qu'on craindrait plus la loi toujours présente qu'une loi à venir [3] ».

Voltaire peut alors tirer de l'antithèse implicite qu'il bâtit entre les progrès théoriques de l'Europe qui s'accompagnent de sa stagnation morale, et la supériorité éthique de la Chine, néanmoins solidaire d'une

1. *Dictionnaire philosophique*, art. « De la Chine », M, XVIII, p. 150-151/VF, 35, p. 543-544.

2. *Essai sur les mœurs*, M, XI, p. 176.

3. *Ibid.*, p. 58-59.

« médiocrité sous le rapport des sciences et des arts [1] », une nouvelle idée de Dieu adaptée à l'état des mœurs européennes du XVIIIe siècle. S'il est permis, en Chine, de douter de l'immortalité de l'âme du fait de l'intériorisation séculaire de bonnes lois, il est cependant nécessaire, en Europe, de conserver l'idée d'un Dieu rémunérateur et vengeur, car notre histoire a été régie par les passions de pouvoir, par la fureur de dominer autrui et par l'amour séculaire de la guerre. On peut cependant imiter la prudence des lettrés Chinois en représentant aux Européens un Dieu qui n'est plus un Dieu de gloire et d'orgueil, comme chez Malebranche par exemple, mais un Dieu industrieux et bienfaisant, de façon à soutenir simultanément notre perfectibilité morale et théorique, mais aussi afin de réconcilier toutes les classes et toutes les nations de l'Europe.

L'histoire comparée des religions vient ainsi achever la pensée politique de Voltaire. Il faut, de ce point de vue, examiner après les modèles fournis par les Romains, les Chinois et les Anglais, le modèle plus spécifique des Quakers.

Ces derniers sont particulièrement intéressants pour l'Europe du XVIIIe siècle, car leur religion est plus apte que les autres à fonder un idéal cosmopolitique de paix, tant à l'intérieur des États que dans les rapports entre les différentes nations. Les *Lettres philosophiques* permettent de reconstituer ce lien entre la religion des Quakers et l'avancée politique des Anglais, lien qui devrait nous servir de leçon. On se souvient que Voltaire recherche dans les *Lettres* les raisons de la spécificité anglaise. Il est significatif, à cet égard, que l'ouvrage comporte l'histoire des sectes anglaises, et notamment celle des Quakers que Voltaire réhabilite. Les Quakers constituent en effet « un peuple extraordinaire » plutôt qu'une « secte » au sens strict. Ce peuple renoue avec les vertus morales de Jésus et des premiers Chrétiens. Il refuse le Baptême, les sacrements comme les institutions ecclésiastiques [2]. De plus, les Quakers sont animés par un esprit et des mœurs républicains. Voltaire les lave du ridicule apparent de tutoyer les rois comme les charbonniers ou de ne jamais saluer en ôtant leur chapeau. Cela signifie d'abord qu'ils n'ont pour les hommes « que de la charité, et du respect que pour les lois » et non pour les privilèges. Les Quakers, plus subtilement, pensent ainsi marquer la distinction du pouvoir politique et de la religion. C'est pourquoi ils refusent de prêter serment, même en justice, car « le nom du Très-Haut ne doit pas être prostitué dans les débats misérables des hommes ». Il refusent encore d'être enrôlés à la guerre, non par crainte de la mort, mais parce que le devoir d'humanité leur interdit de participer à des

1. *Ibid.*, p. 173-174, voir aussi *Dictionnaire philosophique*, art. « De la Chine », M, p. 150-151/VF, 35, p. 541.

2. *Lettres philosophiques ou lettres sur les Anglais*, M, XXII, p. 81-82.

massacres toujours gouvernés par des intérêts particuliers, notamment dans les guerres coloniales qu'ils désapprouvent [1]. L'histoire des Quakers représente alors une sorte de deuxième Réforme : elle montre que le protestantisme est riche d'une possibilité de perfectionnement car il peut engendrer une église théiste et sans prêtres. Cette religion est à la superstition catholique et romaine ce que l'astronomie est à l'astrologie : elle est toute intérieure, morale, sans dogme pernicieux. La biographie de Georges Fox, qui convertit quelques soldats de Cromwell, permet de rassurer les rois sur ces pacifistes, incapables de régicide puisqu'ils ne se battent point. L'Angleterre ayant rétabli Charles II sur le trône, les Quakers sont cependant persécutés, seulement pour avoir défendu « de payer des dîmes au Clergé, pour tutoyer les magistrats », et « refuser de prêter serment [2] ». Voltaire s'attache alors à montrer combien les Quakers ont contribué aux progrès des mœurs, notamment en Hollande et en Amérique. Avec l'illustre Guillaume Penn que le Roi Charles II fit souverain de la Pennsylvanie, on voit naître ce prodige : un nouveau souverain posant comme première loi de ne maltraiter personne au sujet de la religion et de regarder comme frères tous ceux qui croient en un Dieu, y compris les indigènes du pays. Ces « prétendus sauvages », doués de raison et supérieurs à nos paysans abrutis par le servage, ne se trompèrent pas sur ce « spectacle bien nouveau d'un roi que tout le monde tutoyait, d'un souverain sans prêtres, d'un peuple sans armes, de citoyens tous égaux, à la magistrature près, et de voisins sans jalousie [3] ».

Cette révolution n'a cependant lieu que dans le Nouveau Monde car elle abolit, de fait, la monarchie. L'Angleterre a « raté » l'occasion favorable à cette abolition comme le suggère la critique du puritanisme de Cromwell, mais aussi la défense du régicide de Charles Ier, qui n'est jamais qu'un épisode des guerres civiles pour la liberté.

Nous avons vu que Voltaire distingue les régicides et les guerres justes des régicides et des guerres injustes. À partir de là, son républicanisme et son opposition à un nationalisme étroitement lié à la monarchie ne fait pas de doute. L'échec relatif de l'histoire anglaise, qui cesse alors d'être un modèle quelque peu idéalisé pour redevenir un modèle instructif, est ainsi souligné à travers l'histoire de la persécution et de la disparition des Quakers. En Angleterre, c'est sous Guillaume III et son parlement que les Quakers, comme toutes les sectes anglaises, sont librement admis. Mais cette tolérance s'affaiblit : Voltaire note que les Quakers sont maintenant en voie de disparition parce qu'une des sectes a réussi à devenir la religion

1. *Ibid.*, p. 84-86.
2. *Ibid.*, p. 89-91.
3. *Ibid.*, p. 93-94.

dominante. En Angleterre comme en Irlande, on ne peut avoir d'emploi sans être de l'Église anglicane, qui ressemble à l'Église catholique et romaine car elle reçoit des dîmes, et ses vicaires s'avèrent aussi ambitieux que les nôtres[1]. Les Quakers ont néanmoins servi de modèle aux partis politiques anglais qui sont parvenus à soumettre l'Église à l'État. Dans l'Angleterre du XVIIIe siècle, les évêques ne tirent leur autorité que du Parlement et non des Apôtres, de telle sorte que c'est l'État qui s'incorpore à l'Église et non l'inverse. C'est pourquoi le clergé anglican est contraint de faire de longues études à Oxford et Cambridge, ce qui le tient à distance des affaires publiques. Il est encore autorisé à se marier, mais il ne peut accéder aux hautes charges de l'armée comme de l'Église qu'après avoir rendu de longs services[2]. Faute de pouvoir réaliser l'idéal des Quakers, c'est-à-dire une religion sans Église et une république égalitaire et sans roi, les Anglais ont cependant multiplié les églises afin de les affaiblir, ce qui reste le remède le plus efficace[3].

Il faudrait pourtant aller encore plus loin pour extraire de la religion de Guillaume Penn et de sa république américaine le souci éthique de réaliser une grande république européenne, voire une grande république humaine, vivant enfin en paix et délivrée de toute tyrannie.

Si l'on peut en effet reprocher à Voltaire de s'être désintéressé des peuples à ses yeux sans histoire, soit parce que leur religion en fait un peuple élu qui se sépare du reste de l'humanité comme dans le cas des Juifs[4], soit parce qu'ils entretiennent le cercle vicieux des guerres tribales et vendent leurs prisonniers de guerre comme esclaves ainsi que les font les peuples africains[5], il faut lui reconnaître le mérite de s'être interrogé sur l'équilibre européen, mais aussi sur la constitution d'une république cosmopolitique, par son double souci du Nouveau Monde et de la Russie qui redonne une finalité positive à la diversité des « races », à l'exclusion, il est vrai, des Africains.

Voltaire voit en effet poindre le développement de deux nouvelles civilisations, à travers l'Amérique du Nord et la Russie. Aussi Catherine II est-elle parfois louée pour avoir fait avancer l'histoire russe à pas de géant,

1. *Ibid.*, p. 95-96.
2. *Ibid.*, p. 96-97.
3. *Ibid.*, p. 99-100.
4. *Dictionnaire philosophique*, art. « Juifs », M, XIX, p. 518-519/VF, 36, p. 375. Rappelons toutefois qu'il ne faut pas confondre antisémitisme et anti-judaïsme : Voltaire critique la religion juive, parce qu'elle a ôté au peuple juif la possibilité de construire une histoire civile.
5. Sur le « silence », ou la « complicité » de Voltaire, quant au Code de Louis XIV (1724), qui réglemente l'esclavagisme, voir Louis Sala-Molens, *Le Code noir*, Paris, PUF, 1998, en particulier p. 10. Nous ajouterons, sur ce point, que l'européocentrisme de Voltaire est incontestable, et ne saurait être défendu.

car la Russie constitue en fait, pour Voltaire, un enjeu capital pour la survie de l'Europe et de sa « manière de civiliser ». Il va jusqu'à louer Diderot de s'être occupé des progrès de la Russie, parce qu'elle tient la balance des destinées guerrières entre l'Orient et l'Occident. De plus, Catherine II devance souvent le progrès des mœurs européennes. Voltaire la salue pour avoir introduit dans le droit pénal une nouvelle tolérance avec l'instauration de travaux publics, ou pour s'être efforcée de transférer les lumières européennes à Petersbourg[1]. Sans être dupe du caractère féodal d'une Russie où les paysans restent serfs, Voltaire milite ainsi en faveur d'une grande Europe, capable de se stabiliser par la contagion de la « politesse » et par l'adoucissement des mœurs. *Le Tocsin des rois* dénonce donc la sottise des monarques qui s'allient aux Turcs pour affaiblir la Russie ou leurs voisins trop puissants. Ce dangereux jeu d'alliances détruit l'équilibre des nations européennes : il pourrait bien sonner le tocsin de l'Europe elle-même[2]. Mais Voltaire s'intéresse surtout à l'Amérique du Nord, à la Pennsylvanie des Quakers, ou à la Caroline qui a su emprunter sa constitution au sage Locke. Dans ces deux États, il décèle la possibilité d'une révolution radicale qui l'amène à concevoir que dans l'avenir ce pourrait bien être l'Amérique qui vienne civiliser les peuples européens retournés à la barbarie, ainsi qu'une Grèce autrefois emplie de philosophes[3]. Le cosmopolitisme n'est donc ni une chimère, ni seulement une fin morale inscrite par Dieu dans ce que la diversité humaine et historique a de positif, mais une nécessité, voire une urgence pour la politique européenne.

Voltaire vise donc une réforme originale de la religion qui explique l'obsession anti-chrétienne qu'on lui a souvent reprochée. Cette obsession anti-chrétienne prend paradoxalement sa source dans l'importance historique qu'il accorde à l'idée de Dieu : seule cette idée peut cimenter l'État ou même la grande république des nations en surmontant la contradiction que voit Rousseau entre le patriotisme et le cosmopolitisme. Il est vrai en effet de dire que tout bon patriote est dur aux étrangers, mais cela pour deux raisons. Plus une société s'accroît, en passant du village et de la cité à la Nation, plus le sentiment patriotique s'affaiblit en tant que sentiment républicain : il devient le masque de l'ambition, d'une volonté de puissance et d'enrichissement national qui n'a jamais profité qu'à quelques individus. Tout bon patriote, même le vertueux Caton, veut donc nécessairement que Carthage soit détruite et que les pays voisins se dévorent entre eux[4]. Ce « malheur » inhérent aux passions humaines et à leur mécanisme qui limite

1. *Le prix de la justice et de l'humanité*, M, XXX, p. 548.
2. *Le Tocsin des rois*, M, XXVIII, p. 465.
3. *Dictionnaire philosophique*, art. « Climat », M, XVIII, p. 199-200.
4. *Ibid.*, art. « Patrie », M, XX, p. 184-186/VF, 36, p. 415.

la sympathie pour autrui concerne tout autant les républiques que les monarchies modernes. Cet état des choses ne peut alors être dépassé que par une intériorisation de la même idée de Dieu, car seule cette idée peut constituer le socle commun d'une civilisation européenne, en attendant la constitution d'un véritable cosmopolitisme où l'homme se penserait comme citoyen de l'Univers, par delà la différence des classes, comme des « races » humaines et de leurs mœurs. Mais la prudence veut que l'on s'attache d'abord, non pas à encourager le patriotisme à la façon de Rousseau, mais à dépasser le particularisme des mœurs. La religion naturelle est donc fondamentale pour l'humanité, car de religion civile et patriotique, elle peut devenir le lien social de l'Europe, à condition d'extraire sa définition d'une histoire universelle et raisonnée des différentes religions passées et présentes. Un cosmopolitisme religieux doit donc précéder le cosmopolitisme moral et politique, l'histoire montrant que « l'opinion » dominante a plus de force que les armes, car c'est elle qui fonde les lois en les transformant en mœurs ou en convictions intérieures : elle gouverne les passions et les consciences sans les violenter. Le problème rousseauiste du législateur est ainsi traité, et l'opposition de Mandeville entre la religion publique et la religion privée est rejetée, car si ce n'est Dieu, c'est une idée rationnelle de Dieu qui peut donner des lois aux hommes. Cette idée fournit donc un double remède au mal, de nature théorique et éthique. Il est alors légitime de dire que Voltaire veut créer un sens commun religieux en soumettant la métaphysique à un intérêt populaire. Le gouvernement du monde est donc bien laissé à l'homme, car l'idée de Dieu reste, en un sens, un artifice historique. Mais la religion trouve une effectivité en s'identifiant à des lois morales, politiques et économiques, dont l'histoire décèle la réalité à travers l'analyse cosmopolitique des mœurs.

Il y a ainsi, chez Voltaire, la juxtaposition de deux discours sur Dieu, l'un pour les philosophes, l'autre pour l'ensemble du peuple[1]. D'un point de vue strictement philosophique, les thèmes communs aux *Éléments* et au *Dictionnaire* montrent que Dieu se contente d'assurer la fixité, l'ordre et les lois d'une nature qui permettent à l'homme de prévoir et d'avoir une histoire. Mais l'abîme entre le monde physique et un monde humain ou moral livré à la démesure et au désordre ne peut être comblé que si l'on

1. Cette « double doctrine » ne ressort donc pas, à notre sens d'une « imposture », ou d'une méfiance de Voltaire envers la « populace », qui témoignerait de son attachement à la monarchie, voire au despotisme éclairé, comme le suggère R. Pomeau, *op. cit.*, p. 398-406, mais elle renvoie au souci sincère et particulièrement sérieux, pour Voltaire, d'une prudence morale, qui tente de faire progresser les mœurs populaires, comme les mœurs des monarchies européennes. R. Pomeau lui-même nuance ce « pragmatisme » de Voltaire, mais par l'idée métaphysique que « l'immortalité de l'âme » et le dogme d'un Dieu rémunérateur et vengeur constituent la seule réponse possible au problème du mal (*ibid.*, p. 401-406).

soumet la métaphysique à une philosophie de l'histoire soucieuse de l'état général des mœurs et de leur perfectionnement. Dès lors, la temporalisation du religieux ne renvoie pas seulement à une désacralisation des dogmes chrétiens et des pouvoirs ecclésiastiques, mais à cette certitude que le progrès de l'humanité et notamment la lutte contre l'inégalité dépend de la religion comme lien social irremplaçable, mais capable de se perfectionner. L'opposition au matérialisme, toujours confondu avec un athéisme nihiliste, ne se comprend que dans cette perspective, de la part d'un philosophe dont on peut finir par se demander s'il croit vraiment à l'Être Suprême, et qui se pose cependant la question de savoir si la nature humaine n'exigera pas toujours le modèle d'un Dieu bon. C'est ce que corrobore, à notre sens, l'opposition de Voltaire aux « révolutions populaires ». Les révolutions populaires et aveugles ne font en effet qu'aggraver le malheur car elles finissent toujours par être écrasées. Elles reconduisent le règne des habiles et des puissants parce qu'elles ne savent pas obéir aux lois de l'histoire qui veulent qu'on ne puisse faire table rase du passé : les « lots » sont toujours déjà « faits[1] » dans la mesure où « les puissants ont l'argent » qui est « maître de tout dans un État[2] ». En ce sens, il y a chez Voltaire une anticipation d'une « science sociale » du religieux qui annonce les philosophies du XIXe siècle, et en particulier la religion de l'humanité d'Auguste Comte qui reproche aux socialistes athées de son temps de vouloir faire table rase du passé sans savoir tenir compte du poids de l'histoire[3].

C'est à partir de cette « science », encore mal distinguée de l'histoire des mœurs et de l'esprit des temps, que l'on peut trouver une cohérence aux différentes déclarations de Voltaire sur la question de la méchanceté humaine, déclarations qui semblent, en première lecture, contradictoires. Ces appréciations varient selon la longue, moyenne ou courte durée de l'histoire sociale et religieuse de l'humanité.

À long terme et par nature, l'homme est souvent présenté comme un être despotique ou un être de démesure, animé par un appétit de savoir et de pouvoir sans limite. C'est ainsi que tout homme naît avec un penchant violent pour la domination, la richesse et les plaisirs et avec beaucoup de goût pour la paresse : « par conséquent tout homme voudrait avoir l'argent et les femmes ou les filles des autres, être leur maître, les assujettir à tous ses caprices, et ne rien faire, ou ne faire que des choses très agréables ». Ces belles dispositions, liées à l'ambivalence de la perfectibilité, expliquent

1. *Dictionnaire philosophique*, art. « Égalité », M, XVIII, p. 475/VF, 36, p. 36.

2. *Ibid.*, VF, 36, p. 46.

3. Sur la religion de l'humanité d'Auguste Comte et sa critique du socialisme, voir P. Arbouste-Bastide, *La doctrine de l'éducation universelle dans la philosophie d'Auguste Comte*, Paris, PUF, 1957.

non seulement la naissance de l'inégalité, qui n'est pas toujours un « malheur réel » car les talents et les goûts sont naturellement différents, mais de la « dépendance » ou de l'inégalité artificielle et injuste qui oblige à obéir à qui vaut moins que soi[1]. Cette déclaration, qui a pu suggérer à de nombreux commentateurs l'idée d'une fatalité du malheur, serait pourtant contradictoire avec le refus du péché originel si elle ne conduisait à ce verdict nuancé, à savoir que « les hommes sont rarement dignes de se gouverner eux-mêmes[2] ». De là, il faut conclure qu'ils doivent être gouvernés par la religion, ou plus exactement par une religion capable d'exciter leur perfectionnement ou de maintenir la volonté d'une transcendance historique. Mais cette religion rationnelle n'a pu se constituer que lentement, de telle sorte que le mal réside alors dans les contradictions ou les inconséquences historiquement nécessaires de l'humanité. Lorsque les lumières théoriques se perfectionnent, les lumières morales, économiques et politiques stagnent, parce que la religion reste longtemps dogmatique et que son emprise sur les passions s'avère plus durable que les empires eux-mêmes. C'est ce qu'indique les transformations de la notion de « sens commun » qui désigne, chez les anciens Romains, les valeurs cosmopolitiques de l'humanité et de la sensibilité. Après L'Empire Romain et jusqu'au XVIIIe siècle, le sens commun ne désigne plus, selon Voltaire, qu'une « raison commencée » et un accord de la pensée avec elle-même qui est « fort rare », car la raison morale est arrêtée dans ses progrès par la peur des punitions divines : « Cet Arabe, qui sera d'ailleurs un bon calculateur, un savant chimiste, un astronome exact, croira cependant que Mahomet a mis la moitié de la Lune dans sa manche[3] ». La raison commencée et le désir de connaître sont alors historiquement liés à la « terreur panique » que suscitent les représentations dogmatiques de Dieu[4]. Mais cette inconséquence, ou cette dissociation de la raison théorique et de la raison morale, n'est liée qu'au poids de l'histoire : une nouvelle révolution peut s'accomplir dans les mœurs lorsque l'intérêt public et le souci des droits naturels dominent sur la religion dogmatique. C'est alors l'occasion pour la saine philosophie de Newton de se développer et de se rattacher à une religion morale.

Le prestige de Newton permet en effet aux philosophes de s'emparer de l'opinion, par la défense d'une éthique religieuse qui tente d'assurer un lien social de type républicain et égalitaire en fondant la pratique d'un enga-

1. *Dictionnaire philosophique*, art. « Égalité », M, XVIII, p. 475-476/VF, p. 36, 46 et 44.
2. *Ibid.*, art. « Patrie », M, XX, p. 185/VF, 36, p. 415.
3. *Ibid.*, art. « Sens commun », M, XX, p. 417-418/VF, 36, p. 525-526.
4. *Dernières remarques sur les Pensées de Pascal*, M, XXXI, p. 27-29/*Dictionnaire philosophique*, VF, 36, p. 526-527.

gement, ou même d'un journalisme philosophique. Ce journalisme se sert de la courte durée de l'événementiel, mais d'un événementiel symbolique tel que l'affaire Calas, pour développer la conscience des droits naturels et des valeurs de l'humanité dans l'ensemble de la Nation, voire dans l'ensemble de l'Europe. Le philosophe peut alors jouer à son tour sur la « terreur panique » du fanatisme, à moins qu'il ne le ridiculise, dénonçant ainsi la persistance du mal et du désordre. La menace d'un retour aux guerres de religions et aux maux qu'elles engendrent est brandie pour nous inculquer un doute envers la croyance naïve dans le progrès et pour établir une religion à la fois rationnelle et sensible au cœur, c'est-à-dire reliée aux nouvelles valeurs cosmopolitiques de l'égalité, du travail, de la paix et du bonheur. C'est alors qu'on peut également tenter de consoler les hommes des maux qui ne dépendent pas d'eux par l'idée d'un Dieu qui agite la masse matérielle sans parvenir à la spiritualiser. La religion descend du ciel sur la Terre : son idée d'un Dieu éternellement actif ligue les consciences contre l'ennemi commun qu'est l'inertie de la nature physique et l'inertie des habitudes historiques. Le malheur universel, figuré par Job, devient la source d'un nouveau lien social qui tente de substituer la compassion et le travail collectif aux passions d'émulation et de rivalité. Les contes philosophiques, où les rois deviennent esclaves, les riches pauvres, où les chimères de l'Eldorado sont toujours déçues, pourraient être relus en ce sens. Il s'agit moins de pessimisme historique que de nous faire accomplir un voyage cosmopolitique qui nous plonge dans la misère commune à toute l'humanité, pour montrer que le mal s'instaure selon des lois ou des systèmes de mœurs sur lesquels nous devons agir autant que nos lumières et nos facultés le permettent. De même que la médecine travaille à soigner le malade au lieu de le plaindre, l'homme doit s'efforcer de remédier aux injustices, car c'est un « orgueil » insensé et une mauvaise foi qui nous font imputer à Dieu plutôt qu'à nos « détestables lois » tous les maux sous lesquels nous sommes accablés[1]. Le jeu des passions et des intérêts particuliers peut ainsi être régulé en s'inscrivant dans une histoire de la raison théorique et morale qui est l'histoire de ses rapports avec l'imaginaire religieux. Cette religion philosophique est donc douée d'une dimension éthique. C'est pourquoi Voltaire considère que le retard moral et politique de l'Europe ne peut être comblé que si l'idée de Dieu progresse et si la religion naturelle instaure une éthique commune aux différents États européens, éthique qui peut nous laisser l'espoir de donner une effectivité aux droits naturels comme à un véritable droit des gens.

1. *Remarques sur les Pensées de Pascal*, M, XXII, p. 44.

Mais le philosophe n'est pas un prophète inspiré : il ne saurait annoncer ni un devenir fatal, ni un perfectionnement nécessaire de l'humanité. L'ambivalence de la nature humaine et de son travail reste en effet indépassable. En ce sens, Voltaire n'est pas loin de considérer que tout progrès entraîne de nouveaux conflits et de nouveaux problèmes pour l'humanité. Nous avons vu que le développement du commerce, par exemple, pose le problème de la naissance des monopoles, de la colonisation et de l'inégalité. De même, sur le plan théorique, le newtonianisme représente une réussite et une révolution, mais il aggrave le problème du savoir du vivant qui devient, en toute rigueur, inconnaissable. On pourrait multiplier les exemples de cette ambivalence du travail humain à partir des écrits historiques de Voltaire, qui souligne, par exemple, qu'au Moyen Âge le commerce avec l'Orient est responsable de nouvelles maladies épidémiques telles que la peste [1]. Le travail de l'homme sur la nature et l'histoire ne peut donc qu'avoir des limites, mais dont nul n'est responsable. On ne comprendrait guère comment Voltaire parvient à admettre que Dieu n'est peut-être pas tout puissant, tout en en faisant un Esprit qui agite la masse matérielle, si cette idée de Dieu n'était pas destinée à consoler l'homme de sa propre finitude, c'est-à-dire à le soutenir dans le « travail assidu » auquel les désordres naturels et historiques le condamnent. Chez Voltaire, on peut alors dire que les hommes sont condamnés à se rendre libres et égaux par leur travail, ou plus précisément par un travail perpétuel, toujours inachevé. Mais ils sont soutenus dans cet effort moral par une nouvelle religion qui autorise un anthropomorphisme intelligent dans la conception de Dieu. Cet anthropomorphisme rationnel s'oppose précisément au dangereux et stupide anthropomorphisme qui consiste à attribuer à Dieu les passions humaines et, par exemple, la passion de la gloire ou de la vanité, ou encore l'intolérance, ce qui revient à confondre « la grandeur infinie » du divin avec la « bassesse extrême » des despotes [2]. L'idée d'un Dieu en lutte contre l'inertie de la matière constitue donc un nouvel « élément » d'une philosophie de l'histoire où l'homme devient à la fois le sujet et l'objet d'une science de l'esprit.

Au terme de cette étude, il est légitime d'affirmer qu'il n'y a ni une téléologie naïve, ni une philosophie fataliste du malheur chez Voltaire. Si l'homme en effet n'a jamais affaire à l'absolu, il doit résolument s'installer dans sa condition en se livrant à la difficile tâche d'évaluer les limites de ses pouvoirs que sont le travail, la prévoyance ou l'imagination active : ces pouvoirs l'obligent à affronter les maux issus de la nécessité naturelle,

1. *Essai sur les mœurs*, M, XI, p. 322.
2. *Dictionnaire philosophique*, art. « Gloire », M, XIX, p. 267/VF, 36, p. 175-176.

historique et économique. L'humanité n'a donc pas à s'embarrasser de vains « pourquoi » spéculatifs ; elle ne doit pas non plus prétendre restaurer le substrat intemporel de la raison. Aussi n'y a-t-il pas chez Voltaire de restauration cartésienne de la raison. Nous avons plutôt affaire à une philosophie qui trouve sa source dans la destitution malebranchiste du *cogito* cartésien, mais qui radicalise cette destitution en substituant à la recherche d'un *logos* divin une histoire collective de la raison humaine, de ses errements et de ses progrès dans l'usage des passions. C'est à travers ses différentes expériences historiques et cosmopolitiques, y compris l'expérience religieuse, que l'humanité peut se connaître, mais sans jamais atteindre une origine ou un fondement, Dieu restant inconnaissable et l'âme n'étant que l'effet connu d'une cause inconnue. On en arrive ainsi à un point de vue original, dans la mesure où la réflexion historique fait de l'homme à la fois le sujet et l'objet de la philosophie. C'est pourquoi cette philosophie détruit la théologie, mais aussi la métaphysique et l'anthropologie rationnelles, en leur substituant une histoire réfléchie de la raison qui procède par analyse ou induction, c'est-à-dire par l'étude des effets ou des phénomènes propres au monde humain. L'examen de ce que les écrits historiques appellent « l'esprit d'un temps », « les mœurs d'une nation » ou le « génie » d'un peuple permet alors de transformer le progrès économique et politique en une tâche indéfinie, la transcendance d'un Dieu toujours actif servant à soutenir cet effort perpétuel de l'humanité pour vaincre ses contradictions.

CONCLUSION

Au point de vue de la méthode historique, l'œuvre de Voltaire nous paraît confirmer l'idée que le débat entre les partisans d'une histoire continuiste et les défenseurs d'une histoire faite de ruptures et de discontinuités constitue, en un sens, un faux problème. Nous serions tentés de dire la même chose de l'opposition entre la profondeur d'une « archéologie du savoir » qui restituerait l'inconscient ou l'impensée de l'épistémè et l'histoire superficielle des auteurs et de leurs querelles. Toute continuité représente bien en elle-même une reprise ou une transformation continuée, qui finit par aboutir à une rupture radicale. C'est la nécessité, pour l'historien de la philosophie, de restituer patiemment cette transformation des épistémès qui légitime précisément l'étude des œuvres individuelles : cette étude permet de repérer les points précis de tension, de rupture, à l'intérieur même de la continuité. Si nos analyses sont justes, nous pouvons désormais reconstituer l'évolution philosophique de Voltaire à partir de ses thèmes les plus originaux, c'est-à-dire en inversant l'ordre d'exposition, au profit de l'ordre historique des raisons.

L'œuvre de Voltaire témoigne en effet de la complexité de l'âge classique, parce qu'elle finit par identifier la philosophie et l'histoire en transformant le substrat intemporel de la raison en une loi naturelle. Cette loi est à la fois immanente et transcendante à l'homme, et il s'agit d'un cadre élémentaire ou général, dont l'actualisation peut connaître de véritables progrès ou des « révolutions » au sens de ruptures radicales. Le projet de Voltaire est ainsi d'articuler une pensée de la nature physique comme fixe et immuable et une philosophie de la perfectibilité théorique et morale de l'humanité, qui invente une conception historique de la rationalité. Ce travail d'invention trouve, en fait, son résultat le plus achevé dans l'étude des mœurs universelles et cosmopolitiques. Dans ce domaine, l'on peut dire que le perfectionnement ne se borne pas, comme l'affirme E. Cassirer, à restaurer un substrat toujours identique, afin d'obéir à un commandement divin.

Si l'homme est en effet soutenu par la loi divine et si les principes du juste et de l'injuste constituent une « morale universelle », cette morale peut néanmoins connaître dans son effectuation de multiples perfectionnements. La prudence humaine ou la diversité des mœurs, qui renvoie au « génie » ou à « l'esprit » de chaque peuple, a en effet plus de réalité et de contenu que les principes simples et communs de la loi naturelle. C'est cette pensée de la prudence historique de l'humanité qui fait basculer la philosophie de Voltaire dans le siècle des Lumières, et cela, malgré la permanence de la loi au sens d'un commandement divin. C'est pourquoi l'homme peut coopérer avec Dieu dans la lutte contre le désordre physique, tandis que le mal moral, économique et politique, qui résulte de l'histoire, offre une sphère encore plus large à son travail et à sa liberté. C'est également pourquoi le progrès de cette liberté se réfléchit lui-même en Dieu et se mesure au progrès qu'il fait subir à la religion : Voltaire suit l'esprit de son temps en transformant progressivement la religion naturelle en un simple théisme moral, où l'idée de Dieu est anthropomorphiquement et intelligemment construite pour assurer un lien social et politique entre les hommes, de façon à fonder les nouvelles mœurs républicaines. La religion doit en effet persister, car les lois, même républicaines, ne peuvent que réformer extérieurement les mœurs et canaliser les passions, alors que la religion parvient à redoubler leur transcendance morale et politique par une transcendance éthique qui fonde la possibilité de leur intériorisation : Dieu veille sur « le secret des cœurs » que ni la loi, ni les magistrats ne peuvent connaître.

Mais il y a alors un renversement des rapports de l'homme à Dieu, et donc du statut de la loi morale, qui trouve sa source en l'homme et qui progresse en même temps que les mœurs, le temps devenant créateur d'une nouvelle idée de Dieu, c'est-à-dire de la vertu : le Voltaire du *Dictionnaire philosophique* défend ainsi la nécessité de bâtir une « sociologie » de la religion avant la lettre, afin de fournir un fondement éthique au droit, y compris au droit des gens. Si l'idée de Dieu est conservée, c'est parce que les hommes du XVIIIe siècle ne sortent qu'à peine du fanatisme, de la crasse et de la rouille des siècles, et surtout parce que l'humanité a encore besoin de l'idée de Dieu pour fixer le progrès de ses mœurs. Le thème de la curiosité insatiable et de l'inquiétude perpétuelle s'avère donc fondamental pour poser le problème de la perfectibilité et pour redéfinir la loi naturelle. Selon Voltaire, l'inquiétude fait que l'homme est né pour réfléchir et travailler et qu'il est condamné à être libre, c'est-à-dire ici à opérer un choix exclusif entre le perfectionnement et la régression. Nous pensons avoir apporté de nombreuses preuves de ce perfectionnement véritable qui affranchit les révolutions historiques du modèle des révolutions astronomiques. Il est frappant, par exemple, de constater que pour Voltaire les mœurs républicaines progressent et que l'Angleterre du XVIIIe siècle s'avère supérieure à l'ancienne République Romaine, où l'on divertissait le peuple considéré comme une bête stupide et féroce par des guerres de conquêtes incessantes. Plus fondamentalement, Voltaire différencie les « révolutions » qui changent véritablement les mœurs des « frondes » ou des « séditions » qui n'opèrent que des révolutions, au sens d'un retour en arrière ou d'une lutte pour le maintien des privilèges.

C'est que le naturel n'est pas exactement « l'inné » au sens cartésien, et que la loi morale désigne un germe dont Dieu assure la permanence, mais dont il ne peut avoir préformé le développement sous peine de retomber dans le fatalisme inconscient des théodicées optimistes issues de Leibniz. Aussi les écrits politiques de Voltaire considèrent-ils que la « populace » ou le peuple empirique est capable de se transformer en un peuple de droit, la bourgeoisie vénale et corrompue en une condition moyenne apte à assurer la balance des pouvoirs, et enfin la noblesse en une classe industrieuse d'agriculteurs et de commerçants. Dans les trois cas, il s'agit de prendre conscience de l'honneur et de la valeur républicaine du travail, conscience qui doit libérer le peuple de ses multiples servitudes et affranchir la bourgeoisie de la singerie d'une noblesse oisive et frivole. Aussi, et dans cette perspective, le progrès des mœurs est-il créateur d'une nouvelle conception de la vertu, qui est redéfinie comme une action ou un travail uniquement social, un homme solitaire ne pouvant être ni vicieux ni vertueux, et cela quel que soit son rapport à Dieu. Sur ce dernier point, Voltaire condamne l'ascétisme ou la misanthropie autant que le fait Diderot.

Mais avant de parvenir à cette nouvelle conception d'un progrès indéfini qui fonde les réformes du droit et de la religion sur la valeur du travail et du lien social qu'il institue entre les hommes, Voltaire a dû se livrer à un examen de la raison théorique et de son histoire, avec le grand événement que représente la physique newtonienne. Dans ce domaine, Voltaire reste simultanément cartésien et newtonien, en ce sens qu'il entretient avec le newtonianisme le même rapport que Malebranche à Descartes : le newtonianisme lui permet de définir un cadre de rationalité qu'il considère comme indépassable et seulement susceptible de « réformation », bien que la réinterprétation de Newton prépare déjà la philosophie de l'histoire.

En procédant de façon récurrente à partir de la réussite newtonienne, dont nous avons souligné qu'il a une conscience exceptionnelle au début du XVIIIe siècle, Voltaire s'intéresse, dans le cartésianisme, et en particulier dans la *Recherche de la vérité* de Malebranche, à ce qui peut légitimer une conception historique de la rationalité. C'est pourquoi il emprunte à cet ouvrage la critique des génies, de l'autorité des auteurs et plus généralement des défauts des hommes d'étude, critique qu'il utilise dans une double perspective. D'une part, elle lui permet d'établir que la « révolution » opérée par Newton est radicale et renvoie la physique cartésienne à l'ère des « génies » ou des imaginations fortes qui inventent perpétuellement de nouveaux systèmes. Le Descartes physicien se voit ainsi réévalué à la lumière d'un doute encore cartésien et malebranchiste. Ce doute suppose que la recherche de la vérité est toujours grevée par les passions de la gloire ou le souci du paraître, passions qui dominent les « visionnaires de l'imagination » et en particulier les génies du siècle de Louis XIV. Mais la référence à Newton et aux mœurs républicaines de l'Angleterre transforme ce soupçon chrétien lié, chez Malebranche, au dogme du Péché Originel, en une problématique de l'inconscient politique du savoir et du désir de connaître, problématique dont Diderot tirera lui-même le plus grand profit. Cependant, et à la différence de Diderot, Voltaire reste encore fidèle au Descartes des *Méditations*. D'autre part en effet, la critique des mœurs des génies ou de leur individualisme despotique permet de faire converger le refus cartésien du vraisemblable avec le précepte newtonien de ne pas feindre d'hypothèse, pour définir ce qu'est la science ou la théorie scientifique par opposition à la « conjecture » ou au « rêve ». Aussi Voltaire considère-t-il qu'une théorie ne peut être dite scientifique qu'à condition d'être apte à démontrer qu'elle est la seule à pouvoir rendre compte de l'ensemble des phénomènes construits par la cité scientifique. En ce sens, Newton n'est pas un génie, ou il désigne, si l'on veut, une nouvelle espèce de « génie » animé de mœurs républicaines, car le vocabulaire philosophique de Voltaire est aussi souple que sa propre pensée : Newton a bien découvert de nouvelles lois, mais en faisant la synthèse des réussites de Copernic, Galilée, Gassendi ou Kepler, reproduisant ainsi dans la société des savants les mœurs politiques de l'Angleterre.

Les progrès théoriques dépendent donc du progrès des mœurs, et c'est pourquoi la raison expérimentale n'a pu naître qu'en Angleterre, du fait de ses libertés religieuses et politiques. Voltaire aboutit alors à une représentation de l'histoire des sciences qui n'est pas sans annoncer le Bachelard de *La Formation de l'esprit scientifique*, en tant qu'il oppose le savoir périmé ou pré-scientifique au savoir sanctionné, à partir duquel les théories cessent de s'invalider l'une l'autre ou de recommencer à chaque auteur pour pouvoir se rectifier. La psychanalyse de l'esprit scientifique que nous avons discernée dans les *Singularités de la nature*, par exemple avec la dénonciation des rêveries catastrophistes sur l'histoire de la Terre, constitue alors une purification de « l'esprit systématique » ou de « l'esprit d'ordre », car la connaissance des erreurs et des extravagances n'est utile que pour pouvoir les éviter : ces erreurs ou ces extravagances représentent autant d'obstacles à la fois moraux et théoriques aux progrès de la saine raison. Pour Voltaire, le newtonianisme représente une éthique du savoir et un cadre de rationalité indépassables. C'est ce newtonianisme qui lui permet de distinguer les limites provisoires et les limites définitives de la connaissance. Tous les phénomènes de la vie restent ainsi de l'ordre des « ignorances éternelles » : leur étude fait nécessairement régresser un Needham ou un Buffon à l'ère des génies, des inventeurs de systèmes, ou des rêveries individuelles sur les curiosités de la nature. Les phénomènes chimiques, quant à eux, soulèvent le problème des lois encore inconnues mais connaissables des attractions à petite distance.

Cependant, Voltaire commence à rompre avec le cartésianisme, car le cadre de rationalité dans lequel s'inscrit le progrès à venir du savoir a un double statut. En un sens, les « éléments » de la philosophie de Voltaire fonctionnent comme les notions primitives de Descartes et tendent à redonner à la métaphysique un rôle fondateur et architectonique pour la recherche physique. L'affirmation qu'il existe des ignorances éternelles est ainsi fondée sur une métaphysique déiste, pour qui Dieu s'est réservé les secrets de la vie et a instauré dans le monde, au niveau des atomes, un ordre fixe et inaltérable qui fait que ni la nature ni les espèces vivantes ne peuvent avoir d'histoire. En un autre sens, ce cadre de rationalité désigne également des « éléments », au sens de lois de la pensée ou de principes premiers, mais qui ne sont premiers que par rapport à nous, parce qu'ils sont tirés d'un examen historique des différents systèmes physiques et métaphysiques. Dans cette perspective, Voltaire annonce la méthode généalogique des encyclopédistes et la notion « d'éléments de la philosophie », telle qu'elle se développera chez d'Alembert et Diderot.

C'est donc à juste titre que Voltaire se présente comme celui qui a mis fin à la métaphysique dogmatique et à l'ère des systèmes, pour redéfinir la rationalité à partir d'une analyse *a posteriori* des anciennes métaphysiques et de leurs nombreuses « inconséquences ». Voltaire bâtit alors les éléments d'une nouvelle philosophie de l'esprit qui considère que le savoir théorique a suffisamment été mené à son terme. Cette nouvelle philosophie exige de renoncer non seulement à la vaine curiosité quant aux secrets de la vie, mais aussi aux spéculations sur la Création, les attributs de Dieu, ou la nature de l'âme, qui devient le principe inconnu d'effets connus. La métaphysique, mais aussi la psychologie rationnelles sont détruites, et l'histoire peut s'y substituer en excluant toute anthropologie dogmatique comme toute théodicée optimiste, de telle sorte que le souci du progrès éthique prime sur le souci de la connaissance. Le refus apparemment conservateur de l'histoire naturelle libère en effet ce que Malebranche appelle la « science de l'homme » du problème de l'union au corps, pour la recentrer sur l'union sociale, économique et politique avec les autres hommes, c'est-à-dire sur ce nouveau champ de recherche que constitue l'histoire universelle et cosmopolitique des mœurs. On peut comprendre, de ce nouveau point de vue, que le « génie » de chaque peuple comme les grands hommes du siècle de Louis XIV soient revalorisés, car la loi morale est susceptible d'être satisfaite par une multiplicité indéfinie d'inventions et d'expériences historiques. Dans ce domaine, Voltaire procède effectivement et essentiellement en newtonien, c'est-à-dire par « analyse » ou par un examen critique des événements ou des révolutions déjà accomplies : cette démarche lui permet de définir ce qu'est une loi juste et adaptée aux mœurs d'un temps. Il apparaît bien alors que le naturel n'est pas l'inné et que l'homme est radicalement responsable d'une histoire dont il invente le sens ou « l'esprit ». C'est aussi dans cette perspective que l'on peut appréhender la politique de Voltaire et son rapport critique à Rousseau, dont il partage pourtant les principes républicains. Selon Voltaire, il ne faut pas écarter ces faits historiques que sont les différents usages des passions de l'honneur et de l'amour-propre, car leur analyse fournit les moyens de réaliser les principes républicains, c'est-à-dire de discerner dans chaque cas considéré « ce qu'on pourrait faire, et ce que l'on ne fait pas ». Dès lors, le mal historique ne peut avoir un statut analogue à celui des ignorances éternelles de la raison théorique, c'est-à-dire le statut d'un problème radicalement insoluble.

L'examen de la raison théorique et celui de la raison morale convergent en effet pour apporter au moins quatre éclairages sur le célèbre problème du Mal. En premier lieu, la destruction de la métaphysique dogmatique ne saurait conserver qu'une idée négative de la finalité, afin d'expliquer l'existence du mal physique : Dieu laisse volontairement des désordres dans l'Univers au niveau des composés matériels, car il s'agit d'un Dieu bon qui fait appel au travail et à la liberté de l'homme afin de perfectionner son œuvre. En second lieu, et par voie de conséquence, la hantise du mal physique et moral est utilisée comme une arme politique pour amener les passions elles-mêmes à se mettre au service de l'intérêt général ou des lois républicaines. Les mêmes passions, qui ont fait obstacle au progrès éthique, doivent alors devenir le moteur du perfectionnement ou d'un temps créateur : les écrits dits « militants » de Voltaire reposent sur cette idée que le désir de se distinguer, l'orgueil, l'ambition sont à eux-mêmes leurs propres remèdes, parce qu'ils peuvent se satisfaire par de nouvelles lois qui tentent de surmonter l'opposition de l'intérêt particulier et l'intérêt général. Le même résultat peut d'ailleurs être obtenu par des guerres civiles pour la liberté, qui comprennent en Angleterre le régicide de Charles Ier, ou encore par le conflit réglé des partis et des classes dans une république parlementaire. Cette historicisation radicale des traités cartésiens des passions, qui donne les règles politiques de leur bon usage tend donc, et en troisième lieu, à réduire le Mal à la « crasse » et à la « rouille » des siècles auxquelles l'on peut et l'on doit remédier par les réformes économiques, politiques et juridiques que Voltaire ne cesse de proposer.

En quatrième et dernier lieu, le refus d'une téléologie naïve conduit néanmoins au constat que même les âges les plus heureux et les plus avancés de l'humanité présentent toujours le spectacle de la méchanceté et du désordre. Les maladies, les injustices et l'inégalité sont bien, en ce sens, permanentes. Mais Voltaire n'en reste pas à ce constat : il invente une histoire comparée des religions afin de consoler l'homme et de le réconcilier avec la temporalité et la finitude par cette extraordinaire idée d'un Dieu co-éternel à la matière, qui n'est pas tout puissant et qui lutte donc perpétuellement avec l'humanité contre le désordre. Nous assistons alors, et après la destruction de la métaphysique et de l'anthropologie rationnelles, à la destruction de la théologie, y compris déiste, au profit d'une politique religieuse ou théiste qui adapte l'idée de Dieu à l'état des mœurs européennes. À notre sens, il n'y a là ni utilitarisme plat ni hypocrisie religieuse, mais un souci éthique de rationaliser la religion en faisant progresser l'idée de Dieu, de façon à fonder un nouveau lien social. Il n'y a donc pas d'antinomie, chez Voltaire, entre une philosophie du progrès et une philosophie du malheur, mais une véritable philosophie de l'histoire qui ne pose pas de limites définitives à la perfectibilité morale et politique de l'humanité : seules les limites de chaque civilisation peuvent être discernées, et cela par analyse et induction, c'est-à-dire par une étude critique de l'histoire déjà accomplie.

BIBLIOGRAPHIE

I. *Œuvres de Voltaire citées dans cet ouvrage*

Œuvres complètes de Voltaire, éd. Louis Moland, Paris, Garnier-Frères, 1877-1885.
Œuvres complètes de Voltaire/Complete Works of Voltaire, Oxford, Voltaire Foundation, 1968.

II. *Éditions séparées des œuvres de Voltaire*

Correspondance choisie, éd. J. Hellegouarc'h, Paris, Librairie Générale Française, 1990.
Dialogues et anecdotes philosophiques, éd. R. Naves, Paris, Garnier, 1940.
Dictionnaire philosophique, éd J. Benda et R. Naves, Paris, Garnier, 1936.
Histoire de la guerre de 1741, éd. J. Mourens, Paris, Garnier, 1971.
L'Affaire Calas et autres affaires, éd. J. Van den Heuvel, Paris, Gallimard, 1975.
Le Siècle de Louis XIV, éd. A. Adam, Paris, Garnier-Flammarion, 1966.
Lettres philosophiques, éd. J. Pol Caput, Paris, Larousse, 1972.
Romans et Contes, éd. E. Guitton, Paris, La Pochothèque, 1994.
Romans et contes, éd. R. Pomeau, Paris, Garnier-Flammarion, 1966.
Traité sur la tolérance, éd. R. Pomeau, Paris, Flammarion, 1989.

III. *Études portant sur la Renaissance, le cartésianisme et Voltaire*

ALQUIÉ (Ferdinand), *Le Cartésianisme de Malebranche*, Paris, Vrin, 1974.
BELAVAL (Yvon), *Leibniz, Aspects de l'homme et de l'œuvre*, Paris, Aubier-Montaigne, 1968.
CASSIRER (Ernst), *La Philosophie des Lumières*, Paris, Fayard, 1966.
DEPRUN (Jean), « Le Dictionnaire philosophique et Malebranche », *Annales de la Faculté des Lettres d'Aix*, XL, 1966, p. 73-78.
FICHANT (Michel), *Physique et métaphysique dans Descartes et Leibniz*, Paris, PUF, 1998.
FOUCAULT (Michel), *Les Mots et les choses*, Paris, Gallimard, 1966.
GOULEMOT (Jean-Marie), *Le Règne de l'histoire*, Paris, Albin-Michel, 1996.

MARTIN-HAAG (Éliane), « Diderot et Voltaire, lecteurs de Montaigne : du jugement suspendu à la raison libre », *Revue de Métaphysique et de Morale*, 3, 1997, p. 272-288.

IV. *Études portant sur Voltaire, ses contemporains, ses sources anglaises*

SPEAR (Frederik A.), *Bibliographie analytique des écrits relatifs à Voltaire*, (1966-1990), Oxford, Voltaire Foundation, 1992.

Cette bibliographie, qui constitue un ouvrage de référence indispensable, nous autorise à n'indiquer que les études citées ou utilisées dans cet ouvrage :

BACZKO (Stanislas), *Job, mon ami*, Paris, Gallimard, 1997.

BARBER (William H.), « Voltaire and Samuel Clarke », *SVEC*, 179, 1979, p. 47-61.

BARBER (William H.), WALTERS (Robert L.), « Introduction aux *Éléments de la philosophie de Newton* », 1992, VF, 15, p. 3-179.

CARRIVE (Paulette), *Bernard Mandeville. Passions, vices, vertus*, Paris, Vrin, 1980.

– *La pensée politique anglaise de Hooker à Hume*, Paris, PUF, 1994.

CHARBONNAUD (René), *Les Idées économiques de Voltaire*, Angoulême, M. Despujols, 1907.

DAGEN (Jean), *L'Histoire de l'esprit humain dans la pensée française de Fontenelle à Condorcet*, Paris, Klincksieck, 1977.

CRÉPON (Marc), « La Double philosophie de l'histoire de Voltaire », dans *Sens du devenir et pensée de l'histoire au temps des Lumières*, éd. F. Tinland et B. Binoche, Paris, Champ Vallon, 2000, p. 76-84.

DESNÉ (Roland), « Voltaire et les Juifs. Antijudaïsme et antisémitisme. À propos du *Dictionnaire philosophique* ». Dans *Pour une histoire qualitative : études offertes à Sven Stelling-Michaud*, Genève, Presses universitaires romandes, 1975, p. 131-145.

EHRARD (Jean), *L'Idée de nature en France dans la première moitié du XVIIIe siècle*, Paris, Slatkine, 1981.

GOUHIER (Henri), *Rousseau et Voltaire*, Paris, Vrin, 1983.

GROULT (Martine), *D'Alembert et la mécanique de la vérité dans l'Encyclopédie*, Paris, Champion, 1999.

GUERLAC (Henry), *Essays and Papers in the History of Modern Science*, Baltimore-London, John Hopkins University Press, 1977.

GUSDORF (Georges), *L'avènement des sciences humaines au siècle des Lumières*, Paris, Payot, 1973.

KOTTA (Nuçi), « Voltaire's Histoire du Parlement de Paris », *SVEC*, 41, Oxford, 1966, p. 219-230.

LOJKINE (Stéphane), « La Manipulation des sources dans l'*Essai sur les mœurs* de Voltaire », dans *Sens du devenir et pensée de l'histoire au temps des Lumières*, éd. F. Tinland et B. Binoche, Paris, Champ Vallon, 2000, p. 85-96.

MALHERBE (Michel), *D'Alembert, Discours Préliminaire de l'Encyclopédie*, Paris, Vrin, 2000.

MARTIN-HAAG (Éliane), « Un Aspect de la *Lettre sur les aveugles* : Diderot contre Voltaire », *Dioti*, 6, 1999, p. 272-288.

– *Un Aspect de la pensée politique de Diderot : savoirs et pouvoirs*, Paris, Ellipses, 1999.

– « De Shaftesbury à Diderot : contribution à l'histoire du ressentiment », *Actes du Colloque Shaftesbury, philosophie et politique* (Nantes- 1996), Paris, Champion, 2000, p. 227-256.

MERVAUD (Christiane) et *al.*, « Introduction au *Dictionnaire philosophique* », 1994, dans VF, 36, p. 3-278.

PAPPAS (John), « Le rousseauisme de Voltaire », *SVEC*, 57, Oxford, 1967, p. 1169-1181.

POMEAU (René), *La Religion de Voltaire*, Paris, Nizet, 1995.

– *Voltaire en son temps*, Oxford, Fayard, Voltaire Foundation, 1995.

PONZO (Giovanni), « Voltaire e la storia del Parlamento di Parigi », *Storia e politica*, 8, 1969, p. 433-465.

ROGER (Jacques), *Les Sciences de la vie dans la pensée française au XVIIIe siècle*, Paris, Armand Colin, 1971.

– *Buffon*, Paris, Fayard, 1989.

SALA-MOLENS (Louis), *Le Code noir*, Paris, PUF, 1998.

SENNELART (Michel), *Machiavélisme et raison d'État*, Paris, PUF, 1989.

SMEATON (W. A.), WALTERS (Robert L.), « Introduction à l'*Essai sur la nature du feu* », 1991, dans VF, 17, 3-27.

TINLAND (Franck), « perfectibilité humaine, hasard des événements, logique des enchaînements historiques et liberté selon Jean-Jacques Rousseau », dans *Sens du devenir et pensée de l'histoire au temps des Lumières*, éd. F. Tinland et B. Binoche, Paris, Champ Vallon, 2000, p. 19-33.

V. *Autres œuvres et études*

ARBOUSTE-BASTIDE (Pierre), *La doctrine de l'éducation universelle dans la philosophie d'Auguste Comte*, Paris, PUF, 1957.

BACHELARD (Gaston), *La Formation de l'esprit scientifique*, Paris, Vrin, 1993.

BECCARIA, *On Crime and Punishment* (1764), trad. H. Paolucci, New York, 1963.

BUFFON, *Œuvres complètes*, Paris, Baudoin Frères, 1827.

CHARLETON (Walter), *Darkness of Atheism*, Londres, 1652.

– *Physiologia-Epicuro-Gassendo-Charltona*, 1654.

CUDWORTH (Ralph), *True Intellectual System*, Londres, 1678.

DESCARTES, *Œuvres*, éd. P. Alquié, Paris, Garnier, 1963-73.

DIDEROT, *Œuvres*, éd. L. Versini, Paris, Robert Laffont, 1994-1997.

HUME, *Dialogues sur la Religion naturelle*, éd. M. Malherbe, Paris, Vrin, 1997.

KOYRÉ (Alexandre), *Études newtoniennes*, Paris, Gallimard, 1968.

LEIBNIZ, *Protogée*, dans *Écrits concernant la médecine, l'histoire naturelle et les arts*, éd. J. Peyroux, Paris, Blanchard, 1991.

LOCKE, *Essai philosophique concernant l'entendement humain*, (éd. P. Costes, 1755), Paris, Vrin, 1972.

MACHIAVEL, *Œuvres complètes*, éd. E. Barincou et J. Giono, Paris, Gallimard, 1952.

MALEBRANCHE, *Œuvres complètes*, éd. G. Rodis-Lewis et *al.*, Paris, Vrin, 1977-1994.

MANDEVILLE (Bernard), *La Fable des abeilles* (1714), éd. P. Carrive, Paris, Vrin, 1990.

MAUPERTUIS, *Système de la nature*, dans *Œuvres*, éd. J.-M. Bruysset, 1761.

MELON (Jean-François), *Essai politique sur le commerce*, Amsterdam, 1734.

METZGER (Hélène), *Newton, Stahl, Boerhaave et la doctrine chimique*, Paris, Alcan, 1930.

PICHOT (André), *Histoire de la notion de vie*, Paris, Gallimard, 1993.

ROUSSEAU, *Écrits politiques*, dans *Œuvres Compètes*, t. III, éd. B. Gagnebin, M. Raymond, Paris, Gallimard, 1966.

SHAFTESBURY, *Characteristics of Men, Manners, Opinions, Times, etc.*, Londres (1711), éd. J. M. Robertson, Gloucester-Massachusetts, Peter Smith, 1963.

TATON (René), *Histoire générale des sciences*, Paris, PUF, 1995.

TABLE DES MATIÈRES

DEUXIÈME PARTIE
L'HOMME DES LUMIÈRES, OU LA MÉTAPHYSIQUE SOUMISE À LA PHILOSOPHIE DE L'HISTOIRE

Imprimerie de la Manutention à Mayenne – Janvier 2002 – N° 21-02
Dépôt légal : 1er trimestre 2002